KRISENKAPITALISMUS.
WOHIN ES GEHT,
WENN ES SO WEITERGEHT

DIETZ BERLIN | ROSA LUXEMBURG STIFTUNG

KRISENKAPITALISMUS. WOHIN ES GEHT, WENN ES SO WEITERGEHT

DIETER KLEIN

EINUNDZWANZIG

Dieter Klein:
Krisenkapitalismus. Wohin es geht, wenn es so weitergeht
Reihe: einundzwanzig / Rosa Luxemburg Stiftung, Bd. 1
Berlin: Karl Dietz Verlag Berlin 2008

ISBN 978-3-320-02165-8

Gesamtgestaltung/Satz: umbra dor
Druck und Verarbeitung: MediaService GmbH BärenDruck und Werbung
Printed in Germany

DIE HIER VORLIEGENDE PUBLIKATION IST AUS INTENSIVEN DISKUSSIONEN IN DER ZUKUNFTSKOMMISSION DER ROSA-LUXEMBURG-STIFTUNG HERVORGEGANGEN.

WICHTIGE GEDANKEN WURDEN VOR ALLEM AUS DORT VORGELEGTEN ARBEITEN VON EFFI BÖHLKE, ULRICH BRAND, MICHAEL BRIE, MARIO CANDEIAS, JUDITH DELLHEIM, ALEX DEMIROVIC, HORST DIETZEL, HORST KAHRS, SABINE NUSS, RAINER RILLING, CHRISTOPH SPEHR UND PETER WAHL AUFGENOMMEN.

INHALTSVERZEICHNIS

0. NEOLIBERALER KAPITALISMUS – DIE NEUE PHASE DES KAPITALISMUS 16

0.1. Neoliberalismus – Marktradikalismus – Moderne 17
0.2. Sieben Grundtendenzen des neoliberalen Kapitalismus 25
0.3. Herausforderungen 31

1. HIGH-TECH-KAPITALISMUS ODER KAPITALISTISCHE WISSENS- UND INFORMATIONSGESELLSCHAFT – DAS PRODUKTIVKRAFTSYSTEM DES GEGENWÄRTIGEN KAPITALISMUS 36

1.1. Informations- und Kommunikationstechnologien im High-Tech-Kapitalismus 42
1.2. Chancen und Gefahren der Gentechnik 44
1.3. Kapitalistische Wissensgesellschaft und die Frage nach einer Grundidee der Linken 47
1.4. Arbeitsverhältnisse und Subjektivität im High-Tech-Kapitalismus 52
1.5. Umwälzungen der Produktivkräfte und Grundprozesse des neoliberalen Kapitalismus 56
1.6. Welche Zukünfte könnten aus den hochtechnologischen Umwälzungen resultieren? 59

2. KAPITALISTISCHE GLOBALISIERUNG UND MARKTRADIKALER WANDEL DER REGULATIONSWEISE 62

2.1. Janusköpfige Globalisierung 63
2.2. Europäische Union zwischen Fortschritt und Destruktion 67
2.3. Globale Feminisierung der Arbeit 70
2.4. Einschneidende Veränderung der Regulierungsweise 72
2.5. Globale Deregulierung – nicht unausweichlich 80
2.6. Internationale Erfahrungen: Soziale Alternativen statt neoliberaler Sozialabbau 84
2.7. Welche Zukünfte könnten aus Globalisierung und marktradikalem Wandel der Regulationsweise resultieren? 89

3. FINANZMARKT-KAPITALISMUS 92

3.1. Das Neue des Finanzmarkt-Kapitalismus 93
3.2. Folgen des Finanzmarkt-Kapitalismus 106
3.3. Re-Regulierung der Finanzmärkte als ein Grundelement demokratischer Alternativen 109
3.4. Welche Zukünfte könnten aus der Dominanz des Finanzmarkt-Kapitalismus entspringen? 111

4. ÖKONOMIE DER ENTEIGNUNG UND SOZIALEN DESINTEGRATION 114

4.1. Ein neuer Schub der Enteignung 117
4.2. Gegenstrategien in der Eigentumspolitik 129
4.3. «Deutschland – eine Klassengesellschaft» 134
4.4. Neoliberal gewandelte Geschlechterverhältnisse 140
4.5. Aneignung der eigenen Lebensbedingungen statt Ökonomie der Enteignung 144
4.6. Welche Zukünfte könnten aus der Ökonomie der Enteignung erwachsen? 150

5. IMPERIALE UND IMPERIALISTISCHE POLITIK 154

5.1. Imperialität 155
5.2. Imperiale Kriege und «neue Kriege» 160
5.3. Alternative Politik: Friedenspolitik 166
5.4. Welche Zukünfte könnten aus imperialen und imperialistischen Tendenzen folgen? 168

6. POSTFORDISTISCHE NATURVERHÄLTNISSE – ZUNEHMENDER KONFLIKT ZWISCHEN KAPITALLOGIK UND LOGIK DER NATURREPRODUKTION 170

6.1. Neue Produktivkräfte und Umwelt 176
6.2. Globalisierung, postfordistische Regulationsweise und Umwelt 177
6.3. Finanzmärkte und Umwelt 181
6.4. Ökonomie der Enteignung und Umwelt 183
6.5. Krieg, Rüstung und Umwelt 185
6.6. Komplexe Nachhaltigkeit als Anforderung an emanzipatorische Alternativen 188
6.7. Zu welchen Zukünften könnte der Konflikt zwischen Kapitallogik und Logik der Naturreproduktion führen? 192

7. WANDEL DES STAATES UND EROSION DER DEMOKRATIE 194

7.1. Transformation von Staat und Politik 195
7.2. Erosion der parlamentarischen Demokratie und Missachtung von Menschenrechten 200
7.3. In welche Zukünfte könnten die Transformation des Staates und die Erosion der Demokratie führen? 207

8. DIALEKTIK DES NEOLIBERALEN KAPITALISMUS - STÄRKEN UND SCHWÄCHEN 210

9. MÖGLICHE ZUKÜNFTE – ENTWICKLUNGSWEGE IM 21. JAHRHUNDERT 220

9.1. Szenario I: geschwächter neoliberaler Kapitalismus angelsächsischen Typs 230
9.2. Szenario II: Neoliberaler Kapitalismus gemäßigten Typs 236
9.3. Szenario III: Wohlfahrtsstaatlich-grüner Kapitalismus 239
9.4. Szenario IV: Emanzipatorische Alternativen 241
9.5. Szenario V: Entzivilisierter Kapitalismus 250

10. WAS DAFÜR SPRICHT, DASS ES SO NICHT WEITERGEHT 252

LITERATURVERZEICHNIS 264

EINLEITUNG

Die Lebensbedingungen der Menschen rund um die Erde und damit auch die Handlungsbedingungen der Linken sind seit den siebziger Jahren des vergangenen Jahrhunderts von einem globalen Umbruch aller gesellschaftlichen Verhältnisse bestimmt. Die Krise des sozialstaatlich regulierten Nachkriegskapitalismus in der OECD-Welt setzte etwa zeitgleich mit dramatisch fortschreitender Gefährdung und Zerstörung der ökologischen Kreisläufe (Club of Rome, 1972) und mit dem Übergang zu einer hochtechnologischen kapitalistischen Wissensgesellschaft ein – vor dem Hintergrund des Niedergangs und der Implosion des Staatssozialismus in Europa und einer tiefen Krise der verschiedenen Entwicklungsmodelle in der «Dritten Welt».

«Wer die mögliche ‹andere Welt› ansteuern will, muss die Welt – wie-sie-ist – kennen, denn in ihr versucht er zu steuern.» WOLFGANG FRITZ HAUG; 2003 A: 30

«Wohlstand für alle» – so hatte die Verheißung der zweieinhalb Jahrzehnte nach dem Zweiten Weltkrieg in Deutschland gelautet. So hatte es der «Vater der sozialen Marktwirtschaft», Ludwig Erhard, im Titel seines programmatischen Buches versprochen. Burkhard Lutz kennzeichnete diese Zeit als den «kurzen Traum der immerwährenden Prosperität». Der Arbeitsmarkt bot für fast jede und jeden eine Chance – für Frauen allerdings keineswegs zu gleichem Lohn für gleiche Arbeit. Doch ihr Zuverdienst beschleunigte den Einzug von Fernsehapparaten und Waschmaschinen in die überwältigende Mehrheit der Haushalte. Eine Urlaubsreise nach Italien oder Spanien wurde für viele erschwinglich. Vor allem erschien die Zukunft in freundlichem Licht. Die westdeutschen Unterhaltungsfilme der fünfziger und sechziger Jahre atmeten eine überzeichnete optimistische Fröhlichkeit, brachten aber damit einen Grundton des Zeitgeistes zum Ausdruck.

Richard Sennett beschrieb gemeinsam mit Jonathan Cobb die gleiche verbreitete Stimmung für die USA in seinem Buch mit dem charakteristischen Titel «The Hidden Injuries of Class». Die Ungerechtigkeiten zwischen den Klassen waren zeitweilig verdeckt – jedenfalls im Vergleich zu früheren Zeiten schärfster Klassenkonflikte. 1998 erschien ein weiteres Werk Sennetts. Er nannte es «The Corrosion of Character». Darin analysierte er den Zeitgeist der neuen, neoliberal geprägten Phase des Kapitalismus im Vergleich zu den vorangegangenen Nachkriegsjahrzehnten und ihre Wirkung auf die betroffenen Menschen. Zu den für dieses Werk

Interviewten gehörten der eingewanderte Hausmeister Enrico und seine Frau Flavia. Sennett schrieb über seinen Eindruck aus den Gesprächen mit ihnen: «Am stärksten war mir an Enrico und seiner Generation aufgefallen, wie linear die Zeit in ihrem Leben verlief. Jahr um Jahr gingen sie Arbeiten nach, die sich von Tag zu Tag kaum unterschieden. ... Enrico und Flavia überprüften jede Woche das Anwachsen ihrer Ersparnisse und maßen ihr häusliches Leben an den verschiedenen Verbesserungen und Anschaffungen für ihr Holzhaus im Ranchstil. Schließlich war auch die Zeit, in der sie lebten, berechenbar. Die Umwälzungen der Weltwirtschaftskrise und des Zweiten Weltkrieges waren vorüber und ihre Arbeitsplätze durch Gewerkschaften geschützt; obwohl Enrico erst vierzig Jahre alt war, als ich ihn traf, wusste er schon genau, wann er berentet wird und über wie viel Geld er dann verfügen würde (Sennett, 1998: 16).
Fünfundzwanzig Jahre danach begegnet Sennett auf einem Transatlantikflug Rico, dem Sohn des Hausmeisters. Am teuren Anzug eines arrivierten Geschäftsmannes schon äußerlich erkennbar, hat er es weiter als sein Vater gebracht. Zugleich hat er dessen Sicherheiten verloren. Entlassungen haben ihn verunsichert. Er hatte gerade den vierten Wohnungswechsel in Anpassung an die Anforderungen der Konkurrenz hinter sich. Zurzeit ist er als Chef seiner eigenen kleinen Consultingfirma auf ständiger Jagd nach Aufträgen, ähnlich wie seine Frau. Sie verlieren dabei Freunde und soziale Wurzeln «unter der Angst, die Kontrolle über ihr Leben zu verlieren. Diese Angst ist sozusagen in ihre Arbeitsgeschichte eingebaut». (ebenda: 21) Sie fürchten, ihre Kinder «könnten ‹Mall-Ratten› werden, die nachmittags ziellos auf den Parkplätzen vor Einkaufszentren herumhängen, während die Eltern unerreichbar in ihren Büros sitzen». (ebenda: 24) Gute Betreuung der Kinder in öffentlichen Einrichtungen liegt offensichtlich außerhalb von Ricos Erfahrungswelt.

GRUNDWERT SOLIDARITÄT

Ein Grundgedanke alternativer Zukunftsvorstellungen, dem Grundmotiv einer Komposition vergleichbar, drängt sich als Antwort auf die Zerstörung zwischenmenschlicher Bindungen auf: Selbstbestimmung der Einzelnen bedarf der Erneuerung der verlorenen Solidarität, um zu gedeihen. Dieser Zusammenhang wird uns in der gesamten Publikationsreihe «einundzwanzig» begleiten, die mit der hier vorliegenden Arbeit eröffnet wird.

Die unterschiedlichen Lebensgefühle ENRICOS und seines Sohnes RICO spiegeln den tiefen Bruch zwischen dem wohlfahrtsstaatlich regulierten Kapitalismus der Nachkriegsjahrzehnte und dem marktradikalen

Kapitalismus danach wider. RICOS Generation hat die Lebenssicherheiten der Generation vor ihr verloren. Solidarität gewinnt größte Bedeutung als Gegengewicht zu zentrifugalen Kräften in der Gesellschaft, die die Menschen in Individualisierungsprozessen voneinander entbindet. Doch mit der Zerstörung tradierter Bindungen – beispielsweise in der patriarchalen Kleinfamilie – werden zugleich Möglichkeiten individueller Emanzipation und neuer Gemeinschaftsbeziehungen freigesetzt, die der Ausschöpfung harren.
In Deutschland läuteten die Kommission für Zukunftsfragen der Freistaaten Bayern und Sachsen unter Leitung von Meinhard Miegel (Kommission für Zukunftsfragen, 1997) und Gerhard Schröders langjähriger pragmatischer Konzeptionsmacher Bodo Hombach (Hombach, 1998) den gleichen neoliberalen Bruch ein, dessen Wirkungen Sennett beschrieb. Hombach berief sich dabei auf den «fundamentalen Wandel in der wohlfahrtsstaatlichen Philosophie, der seitdem nirgendwo so radikal durchgesetzt wurde wie in den USA.» (Hombach, 1998: 146) Die Logik dieser gewandelten Philosophie, die in Deutschland allerdings nur abgemildert zur Geltung gebracht werden könne, sei die: «... nachhaltige Streichung von Leistungen sorgt für materiellen Leidensdruck, der wiederum die Arbeitsaufnahme beschleunigen soll.» (ebenda: 151) «Vieles deutet darauf hin, dass wir von den USA vor allem die höhere Flexibilität am unteren Ende des Arbeitsmarktes lernen können.» (ebenda: 144) Mit der Agenda 2010 und den Hartz-Gesetzen wurden in diesem Lernprozess Nägel mit Köpfen gemacht. Einer dieser Nägel traf den bis dahin allein erziehenden Sozialhilfeempfänger PETER JÄGER und seine neunjährige Tochter.

Vom 1. Januar 2005 an ist Peter Jäger Empfänger von Arbeitslosengeld II. Nach den Angaben des Erfurter Sozialamts erhält er monatlich knapp 55 Euro mehr als bisher, im Jahr also 657 Euro mehr. Aber er hat keinen Anspruch mehr auf Erlass der Rundfunk- und Fernsehgebühren. Gestrichen ist eine verbilligte Monatskarte der Erfurter Verkehrsbetriebe. Er hat kein Anrecht mehr auf die bisherige jährliche Bekleidungspauschale, nicht auf ein Weihnachtsgeld, nicht auf eine Lernverbrauchsmittelpauschale für die Tochter und nicht auf eine Beihilfe zur Beschaffung der Schulbücher. Peter Jägers Sozialeinkommen verringert sich real um 82 Euro im Monat und um etwa 980 Euro im Jahr. Allerdings zahlt die Bundesagentur für Arbeit jetzt einen Rentenbeitrag für ihn ein, der seine Monatsrente jährlich um 2,64 Euro erhöhen wird! (Angaben aus: Gillen,

2004: 49 ff.) Dafür hat Peter Jäger nun jede ihm nachgewiesene Arbeit, sofern sie nicht sittenwidrig ist, anzunehmen. Für sechs bis neun Monate können das auch Ein-Euro-Jobs sein. Mitbestimmung, Kündigungsschutz, Tarifregelungen und Lohnnebenkosten entfallen für solche Traumjobs aus Unternehmersicht, bei denen die Betroffenen im Status von Langzeitarbeitslosen verbleiben.

Es ist der gleiche tiefe Umbruch von der wohlfahrtsstaatlichen Phase des Kapitalismus zum neoliberalen Kapitalismus, der die äußerlich durchaus verschiedenen Lebensumstände des Hausmeistersohns Rico und des Peter Jäger verbindet. Dieser Bruch wirkt rund um die Erde und verknüpft die Einzelschicksale von Hunderten Millionen, von denen uns einige in diesem Band begegnen werden. Eine der Betroffenen ist Mercedes Rivera. Sie wurde von diesem Wandel in die Arbeitslosigkeit gestürzt und hat versucht, ihrer aussichtslose Lage in Kolumbien durch Flucht nach Deutschland in die Schwarzarbeit zu entkommen. Aber die Chancenlosigkeit für ihresgleichen war auch in Deutschland schon eingezogen, als sie dort ankam (Seite 76). Bernard Njonga hat der marktradikale Geist in Kamerun in Gestalt des Ruins vieler Bauern durch die Öffnung der einheimischen Märkte für Geflügelfleischimporte aus Westeuropa ereilt (Seite 71). Seitdem die Wasserversorgung auch in Südafrika privatisiert ist, muss Agnes Mohapi erleben, dass ihr das Wasser gesperrt wird, wenn sie nicht vor dem Verbrauch in den Wasserzähler eingezahlt hat – aber sie hat das Geld dafür nicht (Seite 115). Die Kapitalströme der entfesselten Weltmärkte sind mit Strömen von Tränen und Blut vermischt – im Kongo wie in vielen anderen Ländern in den Gemetzeln um die Aneignung von Naturressourcen. Faida Mugangu hat die Sprache verloren, als vor ihren Augen ihr Mann erschossen und ihre drei Kinder mit der Machete getötet wurden (Seite 163). Der indische Professor Babu Mathew klagte auf einem Tribunal während des Weltsozialforums in Nairobi die gewaltsame Vertreibung indischer und afrikanischer Bauern von ihrem Land an, die Teil der erdweiten Privatisierungsprozesse ist (Seite 144)

Was ist geschehen? Was liegt den Veränderungen der Verhältnisse zu Grunde, in die RICO und seine Frau JEANETTE aus dem gehobenen Mittelstand und erst recht PETER JÄGER und dessen Tochter im «abgehängten Prekariat» geraten sind? Was ist der Kern des Bruchs, der die in dieser Schrift exemplarisch berührten Lebensumstände von Einzelnen in verschiedenen Kontinenten und von Millionen Individuen so einschneidend verändert hat?

Der Umbruch in der kapitalistischen Entwicklung seit den siebziger Jahren des letzten Jahrhunderts ist der Gegenstand des hier vorliegenden Buches.

Aber in die seit etwa drei Jahrzehnten zu beobachtenden Folgen dieses Einschnitts in der Gestalt der Herausbildung einer neoliberalen Entwicklungsphase des Kapitalismus schiebt sich nun gegen Ende der ersten Dekade des neuen Jahrhunderts bereits der nächste große Bruch hinein.

Er wird markiert durch die seit dem Sommer 2007 eskalierende globale Finanzkrise. In der Scheidewegkonstellation der siebziger Jahre setzte sich ein marktradikaler Wandel des Kapitalismus durch. Nun aber, dreißig Jahre danach, tritt in schweren Erschütterungen der kapitalistischen Welt zutage, dass der neoliberale Kapitalismus unfähig war, die Probleme zu lösen, die schon in den siebziger Jahren zur Krise des sozialstaatlichen Kapitalismus führten. Wohin wird die Reise diesmal gehen? Viele Beobachter der gegenwärtigen Krisenprozesse erwarten mit Blick auf die sich abzeichnenden Mechanismen der Kontrolle und Aufsicht über die Finanzmärkte und auf die neue Staatsintervention das Ende der Deregulierung. Ist also ein Buch zur Analyse der Grundqualitäten und Trends des neoliberalen Kapitalismus gar nicht mehr auf der Höhe der Ereignisse, weil diese Phase des Kapitalismus bereits passé ist? Solche Meinung wäre kurzschlüssig. Diese Schrift wird deutlich machen, dass der neoliberale Kapitalismus vor allem durch sieben miteinander eng verflochtene Grundprozesse gekennzeichnet ist, die mit neuen Regulierungen der Finanzmärkte keineswegs aus der Welt geraten. Wahrscheinlich ist eher, dass sich erst im Laufe einer Dekade oder in einem noch längeren Zeitraum heftiger gesellschaftlicher Auseinandersetzungen herauskristallisieren wird, ob und wie der neoliberale Kapitalismus noch eine Verlängerung seiner Laufzeit erleben wird oder ob andere Entwicklungswege ihn ablösen werden. Aber welche könnten das sein? Wie auch immer, die kommenden Entwicklungen werden aus den Widersprüchen des gegenwärtigen neoliberalen Kapitalismus hervorgehen. Deren Analyse muss den Blick in mögliche Zukünfte erhellen.

0.

NEOLIBERALER KAPITALISMUS — DIE NEUE PHASE DES KAPITALISMUS

0.1. NEOLIBERALISMUS – MARKTRADIKALISMUS – MODERNE

> «Jede Analyse, sei sie ökonomischer oder sonstiger Art, wird nie mehr als eine Feststellung der in einem Beobachtungsobjekt vorhandenen Tendenzen enthalten können. Diese sagen uns niemals, was mit dem Objekt geschehen wird, sondern nur, was geschehen würde, wenn sie weiterhin wirkten, wie sie in dem Zeitabschnitt wirksam waren, den unsere Beobachtung umfasst und wenn keine anderen Faktoren aufträten.» (JOSEPH A. SCHUMPETER, 1987: 105)

Die Linke muss sich ein Bild über den Charakter der gegenwärtigen Epoche machen, in der sie seitdem handelt. Sie bedarf einer Verständigung über die Haupttendenzen und -kräfte der Gegenwart und über mögliche Alternativen. Anstöße dafür gewinnt sie aus den Erfahrungen sozialer Bewegungen und anderer gesellschaftlicher Kräfte. Dringlich wird in Zeiten des Umbruchs, das eigene intellektuelle Potenzial der Linken auszuschöpfen und sich des Zugangs zu den wissenschaftlichen Einsichten anderer zu vergewissern. Kritisch denkende Wissenschaftlerinnen und Wissenschaftler befinden sich in einer historischen Situation von der Art, über die Max Weber einst schrieb: «Irgendwann wechselt die Farbe: die Bedeutung der unreflektiert verwerteten Gesichtspunkte wird unsicher. Der Weg verliert sich in der Dämmerung. Das Licht der großen Kulturprobleme ist weiter gezogen. Dann rüstet sich auch die Wissenschaft, ihren Standpunkt und ihren Begriffsapparat zu wechseln.» (Weber, 1988: 214) Einstweilen herrscht – allerdings nach den Schocks der jüngsten Krisen einstweilen überlagert von Rufen nach rettender Staatsintervention – die Auffassung weiter vor, dass als Antwort auf die Herausforderungen unserer Zeit die Unterwerfung unter die Zwänge der globalen Verdrängungskonkurrenz unausweichlich sei. Der Mainstream des Denkens und der Politik bewegt sich in dem bornierten Rahmen eines nahezu religiösen Glaubens an die Weisheit der Weltmarktzwänge, aus denen genau das als unausweichliches Gebot folge, was die Herrschenden tun; besonders dann, wenn ihre Weisheitsfindung durch mäßige staatliche Regeln künftig erleichtert würde. Dies führt zu schwerwiegender Begrenzung der Wahrnehmungsfähigkeiten, vergleichbar mit dem Horizont des Blicks in einen Tunnel. Mit dem Bild von Realitäts-Tunneln hat der amerikanische Autor Robert Anton Wilson die allgegenwärtigen marktfixierten Denkstrukturen beschrieben. Über das Paradigma der Betrachtung unserer hochkomplexen Welt aus einem einzigen, auf den Markt verengten Gesichtswinkel urteilte John Maynard Keynes schon 1926 in seiner berühmten Vorlesung «The End of Laissez-faire» an der Berliner Universität: «Die Schönheit und Einfachheit dieser Theorie ist so groß, dass man leider vergisst, dass sie nicht den wirklichen Tatsachen entspricht, sondern sich aus einer der Einfachheit halber angenommen unvollständigen Hypothese ableitet» (Keynes, 1929: 24) – aus der einseitigen Betrachtung der Gesellschaft als pure Marktgesellschaft.Diese Betrachtungsweise spiegelt inzwischen die Grundrichtung der realen kapitalistischen Entwicklung ebenso wider, wie sie zugleich die geistigen und konzeptionellen Orientierungen für diesen Realprozess liefert: Für einen neoliberalen Kapitalismus als dominante Antwort der globalen Machteliten auf die Krise des sozialstaatlich regulierten Kapitalismus, des Fordismus.

Seit der Implosion des Staatssozialismus herrscht die Auffassung vor, dass Transformationsprozesse nur eine Richtung haben, dass sie Übergang der ehemals staatssozialistischen Länder zu kapitalistischen Marktwirtschaften bedeuten. Aber dabei blieb es nicht. Der Kapitalismus selbst transformierte sich in marktradikaler Richtung. Des Druckes der Auseinandersetzung mit dem anderen System entledigt, vollziehen die meisten bürgerlich-kapitalistischen Gesellschaften der OECD-Welt mit fatalen Folgen einen antisozialen und antidemokratischen Systembruch innerhalb des kapitalistischen Systems, der zudem die Umwelt belastet und das Wachstum langfristig dämpft.

Gegen diesen sozial und ökologisch destruktiven, für die Konzentration globaler Kapitalmacht und die Profite der Gewinner auf den globalen Finanzmärkten jedoch sehr erfolgreichen Weg muss nun der Einstieg in einen alternativen Entwicklungspfad gesucht werden. Wer Auswege sucht, muss sich vergewissern, welches die Grundtendenzen des gegenwärtigen Kapitalismus sind. Ein verhängnisvoller Fehler wäre, unter dem Eindruck gegenwärtiger allgemeiner Distanzierung von einer in der Finanzkrise gelandeten «zu weit gegangenen» Deregulierung zu glauben, dass nun der neoliberale Kapitalismus bereits erledigt und seine Kritik ad acta zu legen sei.

DEUTUNGEN DES GEGENWÄRTIGEN KAPITALISMUS

Zu fragen ist nach den für den jüngsten postfordistischen Typ des Kapitalismus charakteristischen Qualitäten des Kapitalismus, die das Besondere seiner Entwicklung nach den Jahrzehnten sozialstaatlicher Regulierung bestimmen.

In der hier vorliegenden Schrift wird die Auffassung vertreten, dass sich nach dem sozialstaatlich regulierten Kapitalismus, dem Fordismus, der sich seit den dreißiger Jahren vor allem in den skandinavischen Ländern, aber tendenziell auch mit dem New Deal in den USA herausbildete und nach dem Zweiten Weltkrieg bis in die siebziger Jahre in den meisten OECD-Ländern bestimmend wurde, ein anderer Typ historischer Entwicklung des Kapitalismus durchgesetzt hat.

Manche bezeichnen ihn einfach unspezifisch als Postfordismus. Aber die wohlfeile Silbe «post» lässt im Dunkeln, was das Neue «danach» eigentlich ist. Viele nennen die gegenwärtige Gesellschaft eine globalisierte Welt. Joseph Stiglitz beschreibt, was damit in der Regel gemeint ist: «Im Grunde genommen versteht man darunter die engere Verflechtung von Ländern und Völkern der Welt, die durch die enorme Senkung der Transport- und Kommunikationskosten herbeigeführt wurde, und die Beseitigung künstlicher Schranken für den ungehinderten und grenzüberschreitenden Strom von Gütern, Dienstleistungen, Kapital, Wissen und (in geringerem Grad) Menschen.» (Stiglitz, 2002: 24) Mit dem Verweis auf die neue Intensität globaler Interdependenzen werden wichtige Veränderungen hervorgehoben. Aber die übliche Unverbindlichkeit in der Verwendung des Begriffs Globalisierung lässt offen, was diese für die Machtverhältnisse, für das soziale und ökologische Gesicht der Weltordnung, für ihre Widersprüche und Tendenzen bedeutet.

Andere Autoren heben zur Beschreibung der gegenwärtigen bürgerlich-kapitalistischen Gesellschaften den Charakter der Produktivkräfte hervor, auf denen sie vorrangig beruhen. Die modernen Gesellschaften seien Wissens- oder Informationsgesellschaften. Damit wird richtig auf einen zentralen Grundtrend der Produktivkraftentwicklung verwiesen. Aber dass diese Gesellschaften eine kapitalistische Grundstruktur haben, geht im Begriff der Wissensgesellschaft unter. Treffender ist schon ihre Definition als High-Tech-Kapitalismus (Haug, 2003), als Knowledge-Based Economy of Capitalism (Jessop, 2006) oder Informationeller Kapitalismus (Nuss, 2006). Damit wird ein wesentlicher Charakterzug des gegenwärtigen Kapitalismus hervorgehoben, das Ganze seines Wandels begrifflich aber auch nicht ausreichend erfasst.

Manuel Castells versucht, zwei Sichten auf den gegenwärtigen Kapitalismus in ihrem wechselseitigen Zusammenhang zu betrachten: «Globalisierung und Informationalisierung, die durch Netzwerke von Reichtum, Technologie und Macht verwirklicht werden, sind dabei, unsere Welt zu konformieren.» (Castells, 2003: 75) Im Teil 1 seiner Trilogie «Das Informationszeitalter» bezeichnet er die «Netzwerkgesellschaft» als Grundtrend der Gegenwart. Er hebt aber selbst die Notwendigkeit hervor, den sozialen Inhalt des Begriffs Netzwerkgesellschaft deutlich zu machen.

Rainer Fischbach mahnt begründet eine kritische Prüfung des Konzepts der Netzwerkgesellschaft an: «Hier ist alles unterschiedslos durcheinandergemischt: Das Internet, das ja eine technische Infrastruktur ist, Vernetzung im Sinne eines Geflechts sozialer Beziehungen ... und, davon abgeleitet, das immer und überall beschworene vernetzte Denken und Handeln.» «Das Netz ... sei ... die Formel, nach der die Weltgesellschaft der Zukunft sich aufbaue und organisiere.» (Fischbach, 2005: 8) So die Auffassung der Netzwerk-Enthusiasten. Das Bild des Netzes suggeriere fälschlich die Vorstellung eines nicht hierarchischen erdumspannenden Raumes der Kooperation und Kommunikation. Es verdecke die Zentralisierung von ökonomischer und politischer Macht, die soziale Polarisierung und die Zerstörung des öffentlichen Raumes (ebenda: 12; 16).

Aus der Perspektive der auffälligsten Veränderung in den Eigentums- und Regulationsverhältnissen wird der gegenwärtige Kapitalismus als finanz- oder vermögensgetriebener Kapitalismus oder knapp als Finanzmarkt-Kapitalismus bezeichnet (Aglietta 2000; Boyer, 2000; Chesnay, 2000; Bischoff, 2006; Huffschmid, 2002; Brie, 2006). Diese Kennzeichnung des gegenwärtigen Kapitalismus trifft den ökonomischen Kern seines Wandels, aber wiederum nur eine, wenn auch eine entscheidende Seite.

Vom Standpunkt der sozialen Wirkungen dieses Kapitalismus ist von einer «Ökonomie der Enteignung» die Rede (Harvey, 2003; Zeller, 2003). Es liegt allerdings auf der Hand, dass diese soziale Grundtendenz nicht das Ganze der kapitalistischen Gegenwart erfasst.

Mit Verweis auf die aggressive Politik der USA und auch der NATO, auf Kriege «alten» und «neuen» Typs haben die Begriffe des «New Imperialism» (Harvey, 2003), aber auch die Analyse imperialer Tendenzen (Rilling, 2007) und des «Empire»(Hardt, Negri, 2002) Konjunktur in linken Diskussionen. Sie heben in unser Bewusstsein, dass die gegenwärtige Phase kapitalistischer Entwicklung durch einen starken und aggressiven Expansionismus gekennzeichnet ist und dass schroffe Hierarchisierungen die neu entstehende Ordnung der Welt kennzeichnen.

Andere Autoren betonen die Veränderungen im Charakter und in der Funktionsweise des Staates und die Erosion der Demokratie unter den

Bedingungen der Globalisierung (Hirsch, Jessop, 2001: Hirsch, 1995; Eppler, 2005; Brand/ Brunnengräber/ Schrader/ Stock/ Wahl, 2000). Die Stärke der meisten dieser Arbeiten ist ein konzentriertes Herausarbeiten wesentlicher neuer Merkmale oder Tendenzen des gegenwärtigen Kapitalismus. Die Schwäche mancher Analysen besteht in einer Neigung zur Einseitigkeit der Betrachtungen und zur Unterkomplexität im Verhältnis zur vieldimensionalen Wirklichkeit. Es ist sicher eine Gefahr, durch eine mehrdimensionale Analyse und Kritik des gegenwärtigen Kapitalismus im Vergleich zu pointiertem Herausheben und eingehender Analyse eines einzelnen seiner Charakterzüge an Einprägsamkeit zu verlieren. Doch diese Gefahr wird hier in Kauf genommen, weil die Hochkomplexität des neoliberalen Kapitalismus gegen vereinfachte Alternativvorstellungen spricht. Ihr ist dadurch zu begegnen, dass in einer kritischen Gesellschaftsanalyse die Hauptveränderung in den Tiefenstrukturen der postfordistischen Gesellschaften hervorgehoben wird, die in einigen anderen für die gegenwärtigen westlichen Gesellschaften charakteristischen Grundprozessen ihren konkreten Ausdruck findet:

NEOLIBERALER KAPITALISMUS

Zur Grundstruktur der meisten bürgerlich-kapitalistischen Gesellschaften und der Weltordnung ist ein neoliberaler Kapitalismus geworden. Ein marktradikaler Wandel in Wirtschaft und Gesellschaft hat die Phase des sozialstaatlich regulierten Kapitalismus durch eine neue historische Phase abgelöst, durch einen neoliberalen Kapitalismus eben. Liberalisierung, Deregulierung und Privatisierung bestimmen die Entwicklung. (Candeias, 2004; Plehwe/Walpen, 2007; Lieber, 2007; Klein, Naomi, 2007)

Die neoliberal geprägte Herrschaftsstruktur ist mit einer zweiten großen Trennlinie in der Gesellschaft, der zwischen den Geschlechtern, verbunden. Patriarchale Macht von Männern über Frauen und deren Diskriminierung durchzieht die ganze Gesellschaft. Die historischen Wurzeln des Patriarchats reichen viele Jahrhunderte zurück und sind keineswegs eine Folge der Kapitalherrschaft. Wohl aber sind beide Formen der Unterdrückung und Ausbeutung eng miteinander verbunden (siehe Abschnitt 4.4.).

DIALEKTIK DER MODERNE

Allerdings sind die modernen bürgerlich-kapitalistischen Gesellschaften nicht auf Kapitalismus und auf patriarchale Geschlechterverhältnisse reduzierbar. Sie haben die Zivilisationsergebnisse der Menschheitsgeschichte in sich aufgehoben (Elias, 1968). Trotz der Schande des Hungers und des Elends in weiten Regionen der Erde bieten sie in ihren Zentren großen Teilen der Bevölkerung einen materiellen Wohlstand, der vor einigen Generationen noch unvorstellbar war. Trotz vielgestaltiger Zerstörung des produzierten Reichtums treibt die Konkurrenz die Produktivität auch weiter voran und bringt neue Möglichkeiten der Persönlichkeitsentfaltung hervor. Die repräsentative pluralistische Demokratie, die politischen Bürgerrechte und der Rechtsstaat sind – trotz aller Begrenzungen und Gegentendenzen – bereits existierende Grundlagen für bessere Zukünfte. Doch sie bedürfen der Abwehr antidemokratischer Tendenzen, ihrer Erneuerung, Entfaltung und weitreichender Ergänzung durch partizipative Demokratie. Der Sozialstaat ist die zweite Säule, auf der eine künftige gerechte Gesellschaft ruhen könnte. Aber er befindet sich in einem Erosionsprozess, bedarf gleichfalls der Erneuerung seiner Grundlagen auf solidarischer Basis und neuer Elemente, wie einer bedarfsorientierten Grundsicherung. Eine dritte Säule zukunftsfähiger Entwicklung existiert erst in blassen Umrissen: Die gesellschaftlichen Naturverhältnisse müssen durch einen sozialökologischen Umbau von Wirtschaft und Gesellschaft überlebensgerecht verändert werden.

Die westlichen Gesellschaften als machtvollster Teil der Weltgesellschaft sind kapitalistisch dominierte Gesellschaften, doch sie sind entschieden mehr als Kapitalismus. Sie verfügen über Basisinstitutionen mit dem Charakter von Evolutionspotenzialen. Eine realistische Gesellschaftsanalyse hat die Dialektik von zivilisatorischer Entwicklung und destruktiven Wirkungen der Herrschaftsverhältnisse, von Soziallogik einerseits und Kapitallogik sowie patriarchaler Logik andererseits zu erfassen. Erst aus dem Ganzen resultieren mögliche Zukünfte. (Klein, 2002: 79 ff.; Brie, 2006: 29 ff.)

MARKT-RADIKALISMUS

Diese Dialektik wirkt auch in der neuen Entwicklungsphase des neoliberalen Kapitalismus weiter. Allerdings ist der Rückbau sozialstaatlicher Regulierung mit erheblicher Schwächung der schon erreichten zivilisatorischen Standards moderner Gesellschaften verbunden. Eben dieser Rückfall zeichnet den neuen Marktradikalismus, das heißt die radikale Profitdominanz aus.

Die Wurzeln des Neoliberalismus als Ideologie und Politik reichen bis in die liberale Klassik zurück. Neoliberales Denken knüpft insbesondere an Adam Smith' zentraler These vom Markt als Wohlstand sichernder «Invisible Hand», als unsichtbar lenkender Hand, an. Die Radikalität der gegenwärtigen Marktregulation hebt sich dadurch von der Wirkung der

freien Konkurrenz im aufstrebenden Kapitalismus ab, dass sie neuen Vorrang ausgerechnet gewinnt, nachdem die Marktregulation in der Großen Weltwirtschaftskrise 1929/32 und in nachfolgenden Krisen eklatant versagt hat. Der neoliberale Marktradikalismus wird paradoxerweise durchgesetzt, nachdem sozialstaatliche Korrekturen der Marktdefizite im fordistischen Kapitalismus – die allerdings der Erneuerung bedürfen – bereits praktisch erprobt wurden. Der neoliberale Marktradikalismus gewinnt im Vergleich zur früheren freien Konkurrenz besondere Wucht dadurch, dass die wichtigsten Märkte von mächtigen Monopolen bzw. Oligopolen beherrscht werden und die monopolistische Konkurrenz um ein Vielfaches härter als die freie Konkurrenz ist.
Am meisten kennzeichnend für den Marktradikalismus ist jedoch, dass sich die Warenförmigkeit in allen Sphären der Gesellschaft einnistet. Alles hat sich nach Maßstäben des Marktes zu «rechnen». Die Bürgerinnen und Bürger werden zu Marktbürgerinnen und Marktbürgern. Sie werden danach gemessen, wer zahlungsfähig ist und wer nicht. Gleiches Recht für alle wird unterlaufen, wenn die einen sich teure Rechtsanwälte und Steuerberater leisten können und andere nicht. Gleiches Recht auf medizinische Betreuung verdampft in den Differenzen zwischen den Leistungen der gesetzlichen und der privaten Kassen. Die Reichen erkaufen sich Sicherheit durch die Zahlung privater Wachleute. Die Bevölkerungsmehrheit fühlt sich verunsichert – öffentliche Sicherheit kostet zuviel. In modernen Formen der Sklaverei werden sogar Menschen selbst zur Ware. Längst hat das große Geld die Moral unterwandert. Wenn dies beispielsweise in Steuerhinterziehungs- oder Korruptionsskandalen besonders spektakulär zutage tritt, pflegt allgemeines Wehklagen über angebliche Ausnahmen von der Regel der Ehrbarkeit durch das Land zu gehen. Aber der Skandal ist die Verfasstheit der Regelwirklichkeit selbst.
Der Neoliberalismus nimmt zwar die liberale Grundidee von der Freiheit des Individuums auf, die sich in den Grundforderungen der Großen Französischen Revolution niederschlug und den epochalen Fortschritt der bürgerlichen Gesellschaft gegenüber feudaler Despotie und Leibeigenschaft markierte. Aber der Neoliberalismus unterwirft die individuelle Freiheit radikaler als zuvor dem Diktat der globalen Märkte. Liberalität wird dem Wirtschaftsliberalismus geopfert. Und zur Herausforderung für den demokratischen Sozialismus wird, die Liberalität in sich «aufzuheben», also in veränderter Weise zu bewahren.

Marktradikalismus ist der Kern des neoliberalen Kapitalismus. «Idealtypisches Leitbild des Neoliberalismus für die Bevölkerungsmehrheit ist der vermarktete Mensch, Unternehmer seiner eigenen Arbeitskraft und Daseinsvorsorge, hochflexibel und im Idealfall bindungslos, um sich dem ständigen Wechsel profitbestimmter Anforderungen anpassen zu können.» (Klein, 2003: 75)

DAS NEOLIBERALE LEITBILD

Seit Jahrzehnten geistig und organisatorisch vorbereitet (Plehwe/Walpen, 2000) sahen die konservativen Exponenten des Großkapitals und vor allem des Finanzkapitals, die Superreichen und Spitzenmanager großer Unternehmen, Banken, Investmentfonds und Versicherungskonzerne und die mit ihnen verbundenen politischen und militärischen Machteliten die Chance für einen anderen Kapitalismus gekommen, als in den siebziger Jahren der Niedergang des Staatssozialismus akut wurde und der sozialstaatlich regulierte, keynesianisch operierende Sozialstaat in die Krise geriet (Klein, 2003; 44 ff.). Der Neoliberalismus ist gegenwärtig nicht mehr allein Ideologie, theoretisches und politisches Programm, sondern bestimmt weitgehend auch die realen Verhältnisse der meisten bürgerlich-kapitalistischen Gesellschaften und die Weltkonstellation.

ÜBERGANGSSITUATION ODER NEOLIBERALE ENTWICKLUNGS-PHASE?

Manche Autoren halten die Entwicklung im Gefolge der Krise des Fordismus für noch offen. Sie sprechen von einer Übergangssituation und lehnen die Einschätzung ab, dass sich bereits eine neue Phase, Stufe oder Formation im Rahmen des Kapitalismus herausgebildet habe. Joachim Bischoff beispielsweise verweist auf die soziale Zerklüftung der Gesellschaft als «Grund dafür, dass sich weder ausgehend von der Akkumulationsdynamik noch von den Verteilungs- und Umverteilungsverhältnissen, geschweige denn der sozialen Infrastruktur (Bildung, Gesundheit, soziale Sicherheit) eine neue Formation der kapitalistischen Gesellschaft ausbilden kann». (Bischoff, 2006: 85) Eine nächste Phase gesellschaftlicher Entwicklung sei erst möglich, wenn die Akkumulation «nicht mehr von der Profitlogik dominiert» werde (ebenda: 66). Bis dahin sei eher «die Hypothese einer anhaltenden Krisenkonstellation zu verfolgen, die nur durch einen höheren Grad der gesellschaftlichen Regulation überwindbar ist, als ihn die sozialstaatliche Modifikation der Kapitalakkumulation darstellt.» (ebenda: 82) Mit anderen Worten, wir befänden uns seit über 30 Jahren in einer Dauerkrise des Kapitalismus, die sich als Übergangskrise zu einer nichtkapitalistischen Gesellschaft erweisen werde.

Die hier vertretene Auffassung lautet dagegen, dass der sozialstaatlich eingeengte fordistische Kapitalismus längst von einer neuen neoliberalen Entwicklungsphase des Kapitalismus abgelöst worden ist, die gegenwärtig selbst in die Krise gerät. Alternative Akteure sind mit einem neu formierten neoliberalen Block der Herrschenden konfrontiert. Solche Einschätzung wird durch die im Folgenden zu behandelnden Grundprozesse als Eigenschaften des neoliberalen Kapitalismus gestützt. Diese Prozesse deuten ebenso auf verstärkte Instabilitäten des gegenwärtigen Kapitalismus wie darauf hin, dass er nach wie vor über Entwicklungspotenziale verfügt, die vorerst durchaus in andere Entwicklungsvarianten als in eine emanzipatorische Gesellschaft sozialökologischer Nachhaltigkeit münden könnten.

«Der Kampf gegen den Kapitalismus, wie er jetzt ist, zielt auch und zunächst auf einen globalgesellschaftlich und ökologisch regulierten Kapitalismus ab.» (Wolfgang Fritz Haug, Zur Dialektik des Antikapitalismus: 27)

Für das Nachdenken über mögliche Zukünfte bedeutet diese Einschätzung: Ohne weitreichende Veränderung der gesellschaftlichen Kräfteverhältnisse, ohne einen Strom des Widerstandes in einer Vielzahl der Formen und einzelnen Ziele, ohne Solidarität demokratischer Akteure untereinander, ohne viele Schritte sozialer und ökologischer Veränderung des Veränderbaren und ohne Vision von einer emanzipatorischen, gerechten Gesellschaft über das Heute hinaus würde die Zukunft von dieser oder jener Variante des neoliberalen Kapitalismus bestimmt sein. Gravierende Probleme werden dann ungelöst bleiben und können in Katastrophen münden. Aber die hier vorgelegte kritische Gesellschaftsanalyse wird zeigen, dass es Alternativen gibt. Anstelle von TINA, There are no alternatives, gilt: TAMARA: There are many and realistic alternatives.

0.2. SIEBEN GRUNDTENDENZEN DES NEOLIBERALEN KAPITALISMUS

Was aber sind die besonderen Grundtendenzen des neoliberalen Kapitalismus, die seine Spezifik im Vergleich zu vorangegangenen Gestalten oder Phasen kapitalistischer Entwicklung – von Anhängern der Regulationsschule auch als «Formationen» bezeichnet – kennzeichnen? Die Beantwortung dieser Frage ist deshalb so wichtig für die Linke, weil sie wissen muss, auf welche Prozesse und Zukünfte sie sich einzustellen hat, gegen welche Gefährdungen sie ihre Kämpfe richten und welche Fortschritte sie aus herrschaftlichem Missbrauch befreien und in alternativem Wandel «aufheben» sollte.

«Aufheben hat in der Sprache den gedoppelten Sinn, dass es soviel als aufbewahren, erhalten bedeutet und zugleich soviel als aufhören lassen, ein Ende machen. Das Aufbewahren schließt schon das Negative in sich ein, dass etwas seiner Unmittelbarkeit ... entnommen wird, um es zu erhalten. So ist das Aufgehobensein ein zugleich Aufbewahrtes, das nur seine ... Haltbarkeit verloren, aber darum nicht vernichtet ist.» (Georg Friedrich Wilhelm Hegel, 1963: 124)

GRUNDPROZESSE DES NEOLIBERALEN KAPITALISMUS

Anknüpfend an kapitalismuskritische, antikapitalistische, ökologische, feministische, kulturkritische, ethisch-liberale und sozialreformerische internationale Diskurse können als charakteristische Grundprozesse der gegenwärtig dominierenden Gestalt des Kapitalismus, des neoliberalen Kapitalismus, die folgenden angesehen werden:

1. HERAUSBILDUNG EINER KAPITALISTISCHEN WISSENS- UND INFORMATIONSGESELLSCHAFT, EINES HIGH-TECH-KAPITALISMUS (KRITERIUM: PRODUKTIVKRAFTSYSTEM)

Erst das hochtechnologische Produktivkraftsystem erfordert und ermöglicht die transnationale Struktur von Großunternehmen und das Funktionieren internationaler Finanzmärkte als Herzstück marktradikaler Globalisierung. Aber mit dem modernen Produktivkraftsystem gewinnen Bildung und Wissen, Individualität und Subjektivität als entscheidende Produktivkraft eine derart zentrale Bedeutung, dass anstelle des Marktradikalismus eine Gesellschaft näher rückt, die die Persönlichkeitsentfaltung aller aus den Zwängen der Kapitalverwertung zu befreien vermag.

2. GLOBALISIERUNG UND MARKTRADIKALER WANDEL DER REGULATIONSWEISE (KRITERIUM: HERRSCHAFTSRAUM UND REGULATIONSWEISE)

Mit der Globalisierung weitet sich der Operationsraum transnationaler Banken, Investmentgesellschaften und Industriekonzerne derart erdumspannend aus, dass die (sozial)staatliche Regulierung durch die Wirkungsmacht der monopolitisch-oligopolistisch beherrschten Weltmärkte gravierend geschwächt wird. Der Marktradikalismus kommt durch den Globalisierungsprozess erdumspannend zur Geltung, ruft jedoch globale antikapitalistische und kapitalismuskritische Bewegungen auf den Plan.

3. ÜBERGANG ZUM FINANZMARKT-KAPITALISMUS (KRITERIUM: BESTIMMENDES EIGENTUMSVERHÄLTNIS)

Vieles spricht dafür, die Durchsetzung des Finanzmarkt-Kapitalismus als den für den neoliberalen Kapitalismus am meisten charakteristischen Grundprozess anzusehen. Die Finanzmärkte sind am weitesten dereguliert und unkontrolliert. Sie verleihen dem Marktradikalismus den größten Schub.

4. HERAUSBILDUNG EINER ÖKONOMIE DER ENTEIGNUNG UND SOZIALEN DESINTEGRATION (KRITERIUM: SOZIALE WIRKUNG)

Die Wirkung des Globalisierungsprozesses, des marktradikalen Wandels der Regulationsweise und speziell der Finanzmärkte ist eine erdumspannende soziale Polarisierung, die einen neuen Schub der Enteignung zugunsten der ökonomischen Machteliten einschließt. Die Rückkehr der Klassengesellschaft in veränderter Gestalt führt notwendig zur Suche nach emanzipatorischen Alternativen.

5. ERNEUERUNG UND VERSTÄRKUNG IMPERIALER UND IMPERIALISTISCHER TENDENZEN (KRITERIUM: ROLLE DER GEWALT – VERHÄLTNIS VON HERRSCHAFT UND HEGEMONIE)[1]

Marktradikalismus als neoliberale Entfesselung des Kapitals mündet in verstärkte Imperialität. Die inneren Konflikte der Gesellschaft veranlassen Teile der Machteliten zur Suche nach Lösungen durch den Einsatz von verstärkter Gewalt in den äußeren Beziehungen. Gemeinsame und komplexe Sicherheit wird zu einer erstrangigen Aufgabe alternativer Kräfte.

6. FORTSCHREITENDE GEFÄHRDUNG UND ZERSTÖRUNG DER UMWELT (KRITERIUM: SOZIALÖKOLOGISCHE NACHHALTIGKEIT)[2]

Der durch Liberalisierung, Deregulierung und Privatisierung entfesselte Marktradikalismus führt zu scharfer Kollision zwischen Kapitallogik und Logik der Naturreproduktion. Existenzielle Gefährdungen großer Teile der Menschheit sind die für den neoliberalen Kapitalismus charakteristische Folge und werden zur zentralen Herausforderung des 21. Jahrhunderts.

7. WANDEL DES STAATES UND GEFÄHRDUNG DER DEMOKRATIE (KRITERIUM: CHARAKTER DES STAATES / VERHÄLTNIS VON STAAT UND GESELLSCHAFT)[3]

Der neue Marktradikalismus tritt in der Verwandlung des Sozialstaats in den nationalen Wettbewerbsstaat zum Wohle der Konkurrenzstärke «seiner» Unternehmen hervor. Die Internationalisierung des Staates dient überwiegend der Liberalisierung und Deregulierung der Weltwirtschaft. Die Demokratie wird auf weitere Erdregionen ausgeweitet, zugleich aber in vielen Formen abgebaut und geschwächt – als weiterer Grundprozess des neoliberalen Kapitalismus und als elementare Herausforderung für alle demokratischen Kräfte.

Diese Prozesse sind die verschiedenen Gesichter ein und desselben Grundphänomens, des neoliberalen Kapitalismus. Ihre durch den Marktradikalismus vermittelte Verflechtung bestimmt die gegenwärtige, seit den siebziger Jahren herausgebildete Gestalt der durch die Kapitalverwertung dominierten Gesellschaft. Ihre Dauer ist noch nicht absehbar. Sie besitzt aber trotz erheblich tieferer Konflikte und Instabilitäten im Vergleich zur vorangegangenen fordistischen Entwicklungsstufe eine beträchtliche Reproduktions- und Durchsetzungsfähigkeit.

1 Ein gesonderter Band in der Reihe «einundzwanzig» wird sich der Sicherheits- und Friedenspolitik in Europa zuwenden. — **2** Eine weitere Publikation in der Reihe «einundzwanzig» wird dem Thema sozialökologischer Umbau gewidmet sein. — **3** Erneuerung der Demokratie wird Gegenstand einer anderen Schrift in der Reihe «einundzwanzig» sein.

NEOLIBERALER KAPITALISMUS:
SEIN MARKTRADIKALER KERN UND SEINE 7 GRUNDPROZESSE:

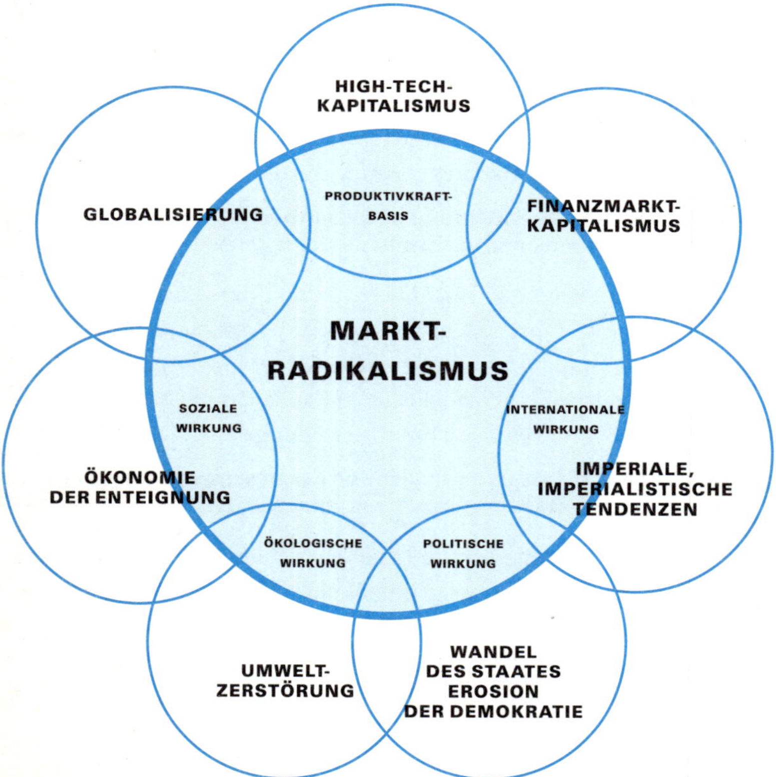

PETER JÄGER mag es einstweilen gleichgültig sein, nach welchen Kriterien ihm 980 Euro im Jahr abgenommen werden. Aber wenn diese Enteignung seine Tochter von Schulausflügen ausschließen sollte, wenn die Gewalt auch ihren Schulhof erreicht, wenn in den heißen Sommern der Gegenwart schon die Umweltgefahren für ihr späteres Leben stecken, könnten ihn die verschiedenen Entwicklungstendenzen des gegenwärtigen Kapitalismus doch stärker interessieren. Was ihm da immer wieder in verschiedenen typischen Prozessen begegnet, ist deren Gemeinsames:

Das ist das Wesentliche der postfordistischen Entwicklungsphase bürgerlich-kapitalistischer Gesellschaften: der Marktradikalismus, die verstärkte Ausprägung der Profitdominanz also. Dies ist der Grundprozess der neoliberalen Gegenrevolution. Sie zielt auf die Befreiung der Märkte von sozialstaatlicher Regulation; Deregulierung ist das Zauberwort dafür. Sie weitet privat beherrschte Märkte auf bisher öffentlich regulierte Sphären aus; Privatisierung lautet die Leitorientierung. Sie erzwingt die Öffnung bisher geschützter Märkte schwächerer Konkurrenten; Liberalisierung lautet der Schlachtruf erdweit. Aber die jüngste Finanzkrise ist das Signal ihres begonnenen Niedergangs.

Ganz im Gegensatz zu den Idealmodellen der neoliberalen Marktlehre und zum ursprünglichen Konkurrenzkapitalismus werden nicht freie Märkte gestärkt, sondern Märkte, die von transnationalen Monopolen/Oligopolen beherrscht werden. Und in Wahrheit ist die Absicht der Neoliberalen keineswegs, den Staat schlechthin zu verdrängen. Er soll seine sozialen Funktionen minimieren, aber seine Potenzen für die Funktionsfähigkeit hochkonzentrierter Kapitalmacht auf den Märkten und für die Unterdrückung des Widerstandes dagegen mobilisieren. Sennets Bericht über die Verschiedenheit des Lebensgefühls von zwei amerikanischen Generationen ist nicht das Resultat allerlei unabhängig voneinander wirkender Veränderungen in der Gesellschaft. Er spiegelt eine einzige Grundtatsache wider: Das Leben der Generationen seit den siebziger Jahren ist von dem Leben der Sozialstaatsgeneration davor in den meisten OECD-Ländern durch den Umbruch zum neoliberalen Kapitalismus unterschieden. Die Verschlechterungen, die über sie gekommen sind, haben überwiegend ihre Ursache in der Zentralität, die der Marktradikalismus gewonnen hat.

Eine Grundthese dieser Schrift, die im Laufe der Darstellung erhärtet werden wird, lautet, dass der Marktradikalismus samt seiner sozialen und ökologischen Blindheit nicht durch die Reaktion der Herrschenden verschwinden wird. Er muss durch Veränderung der Machtverhältnisse, durch gestaltende demokratische Politik und durch die Einbettung neukonditionierter Marktmechanismen in eine Strategie nachhaltiger Entwicklung überwunden werden. Das wird allerdings noch langer Such- und Erprobungsprozesse bedürfen.

Die hier vorliegende erste Publikation der Reihe «einundzwanzig» ist jedoch auf die Analyse des neoliberalen Kapitalismus und seiner charakteristischen Entwicklungstrends in dessen Zentren, insbesondere in Deutschland beschränkt. Wie stark und mit welchen Modifikationen der neoliberale Kapitalismus Russland, die früheren Sowjetrepubliken und die anderen ehemals staatssozialistischen Länder dominiert, ist nicht Gegenstand dieser Arbeit. Außer Betracht bleiben auch die gegensätzlichen Auffassungen über China und Vietnam, nach denen die chinesische Gesellschaft als sozialistische Marktwirtschaft, neoliberaler Kapitalismus oder Staatskapitalismus, als Kapitalismus ohne Demokratie oder peripherer Neoliberalismus bezeichnet wird. Nicht behandelt wird die widersprüchliche Entwicklung in China, nicht das Verhältnis von zentralistischer staatlicher Macht der kommunistischer Partei und Marktregulation und nicht die Überwindung der Armut von rund 150 Millionen Menschen schon bis zum Jahre 2000 (UNDP, 2003: 53) und die gleichzeitige Vertiefung der Kluft zwischen Armut und Reichtum in der chinesischen Gesellschaft.

Nicht betrachtet wird hier ferner, wie sich die gesellschaftlichen Verhältnisse in Lateinamerika entwickeln. Dort erobern links gerichtete oder antineoliberale Parteien staatliche Machtpositionen, vielfach getragen oder auch getrieben von sozialen Bewegungen wie der Landlosenbewegung MTS, den Piqueteros und indigenen Kräften. Doch sie stoßen auf die tief eingewurzelte Macht der alten Eliten.

Im Rahmen der WTO verweigert sich eine wachsende Zahl von Ländern der einseitigen Liberalisierung des Welthandels. Selbst in Afrika haben sich eine Reihe von Ländern aus der Kreditabhängigkeit vom IWF gelöst und widersetzen sich seinen Auflagen. Auch diese Prozesse sind ebenso wenig Gegenstand der vorliegenden Analyse wie die hochdifferenzierte Situation im Inneren Afrikas. Dort ist Südafrika weitgehend in die globalen Märkte einge-

bunden, während im subsaharischen Afrika in einer Reihe zerfallener Staaten eine Raubherrschaft von Staatseliten existiert und subsistenzwirtschaftliche und kleinbäuerliche Produktionsweisen ebenso unter diesem Druck wie unter Bürgerkriegen und dem Import ausländischer Waren leiden.
In Abhängigkeit von den jeweils spezifischen Bedingungen können in den verschiedenen Erdregionen entweder die Dynamisierungseffekte des neoliberalen Kapitalismus für das Wachstum oder stärker seine destruktiven Wirkungen hervortreten. Wie weit er die gesamte Verfasstheit der unterschiedlichen Gesellschaften bestimmt, hängt vor allem von den jeweiligen sozialen und politisch-kulturellen Wurzeln, von den vorangegangenen Phasen der Entwicklung und vom Kräfteverhältnis der Akteure ab. (Schmidt, 2008) Der neoliberale Kapitalismus dominiert bei aller Unterschiedlichkeit in den verschiedenen Weltregionen die globale Entwicklung. Gemessen am Reichtums- und Machtzuwachs der Kapitaleliten ist er erdumspannend erfolgreich. Gemessen an den Hoffnungen auf Demokratie, Frieden und Wohlfahrt und der Dringlichkeit einer ökologischen Zeitenwende hat er in großen Regionen der Erde versagt. Dieser Umstand sowie die Gegenbewegungen in einer Reihe von Ländern in verschiedenen Kontinenten, die Ablehnung von Kriegen und Militäreinsätzen als Mittel der Politik durch Mehrheiten in vielen Ländern und die globale, regionale und lokale Sozialforumsbewegung verweisen jedoch auf die Offenheit der Geschichte im globalen Maßstab.

0.3. HERAUSFORDERUNGEN

Die Linke steht vor einer doppelten Aufgabe. Kapitalismuskritik und antikapitalistische Perspektiven alternativer Politik erfordern die Auseinandersetzung mit den bezeichneten Grundprozessen und -tendenzen gegenwärtiger kapitalistischer Entwicklung und ihren Wirkungen auf alle Erdregionen. Da diese aber in erheblichem Maße die Form bestimmen, in der die Machteliten der Kapitallogik folgend auf objektive Herausforderungen reagieren, kommt die Linke nicht umhin, sowohl auf diese Herausforderungen selbst als auch auf die kapitalistische Art und Weise zu reagieren, in der sie gegenwärtig bearbeitet werden. Nicht selten werden allerdings die Probleme der Gegenwart ausschließlich der kapitalistischen Politik zugeschrieben, als gäbe es nicht zugleich tieferliegenden strukturellen Wandel, der neue ungelöste Fragen birgt.

Als Stichworte für die heranreifenden Herausforderungen werden meist Globalisierung, Umweltprobleme, technologische Umwälzungen, der demographische Wandel und oft die Arbeitslosigkeit genannt. Aber der Begriff Herausforderung ist so sehr in die alltägliche Umgangsprache eingegangen, dass er kaum mobilisierend für alternatives Handeln wirkt. Allerdings könnte er durch einen Blick auf die Erfahrungen des letzten Jahrhunderts geschärft werden.
Zu Beginn des vergangenen Jahrhunderts ahnten nur wenige, welche extremen Herausforderungen es mit sich bringen würde, dass die Menschheit in Weltkriege, an den Rand des atomaren Suizids und an die Grenzen des Wachstums geraten würde, wie weit Hochtechnologien die Grundlagen des Lebens fundamental umwälzen würden und dass das Jahrhundert weitgehend von dem schließlich scheiternden Versuch der Überwindung des Kapitalismus durch den Staatssozialismus bestimmt sein würde. Das Jahrhundert wurde zum «Zeitalter der Extreme» (John Hobsbawm, 1994).
Diese Erfahrung verweist darauf, dass die Größe der zu bewältigenden Umwälzungen wahrscheinlich auch im begonnenen 21. Jahrhundert unser gegenwärtiges Vorstellungsvermögen bei weitem übertrifft. Hat doch das Tempo von Veränderungen inzwischen noch eine mehrfache Beschleunigung erfahren. In der Schriftenreihe «einundzwanzig», eröffnet durch die hier vorliegende Publikation, wird sich daher eine der folgenden Arbeiten mit den Erwartungen, Vorstellungen und Konzeptionen ganz unterschiedlicher gesellschaftlicher Kräfte zu Szenarien künftiger Entwicklungen beschäftigen.
Es geht nicht einfach um Herausforderungen im Sinne einer linearen Entwicklung. Es geht um emanzipatorische Bewältigung fundamentaler Brüche mit der Tiefe von Revolutionen:

1. Die Abwendung von Klima- und anderen Umweltkatastrophen erfordert einen so umstürzenden Wandel im Verhältnis der Gesellschaft zur Natur und zu deren nachhaltiger Regulation, dass dafür nicht weniger als ein Transformationsprozess in der Gesellschaft selbst erforderlich ist, der – wie lange er auch dauern mag – revolutionäre Qualitäten haben wird.

2. Frieden herzustellen, wird eine Jahrhundertaufgabe ersten Ranges bleiben. Die Gefahr imperialer Kriege und die Eskalation «neuer Kriege» könnten abermals dramatisch zunehmen. Dafür sprechen der Griff weiterer Länder nach Atomwaffen, die Entwicklung neuer und miniaturi-

sierter Atomwaffen, die Stagnation atomarer und konventioneller Abrüstung, das Vernichtungspotenzial chemischer und biologischer Waffen, die keineswegs aus den Militärarsenalen verschwunden sind, und der internationale Terrorismus. Gefährlich sind imperiale und imperialistische Tendenzen in der Politik, die vor allem von den USA ausgehen, und neue Konfliktlinien, z. B. Ressourcen- und Migrationskonflikte. Die Instrumentalisierung religiösen Glaubens für fundamentalistische Politik kann Konflikte unbearbeitbar machen.

3. Ein menschenwürdiges Leben für alle Erdbewohner zu erkämpfen, wird titanengleiche Anstrengungen erfordern. Die neoliberale Orientierung oder/und die Schwäche internationaler und nationaler sozialstaatlicher Regulation im Verhältnis zu der Wirkungswucht globalisierter Märkte und insbesondere zur Explosion der Finanzmärkte könnte die sozialen Konflikte zwischen Arm und Reich und den Konflikt zwischen fortschreitender Individualisierung und Subjektivitätsentfaltung einerseits und Entdemokratisierung, Ausgrenzung, Demoralisierung und Manipulierung andererseits bedrohlich verschärfen.
Der Aufstieg Chinas, Indiens, Brasiliens und anderer Länder – auf hochtechnologisches Wissen in der Kombination mit vorläufig noch niedrigen sozialen Standards gestützt – wird vorerst weiter zur radikalen Verschärfung des Drucks auf Löhne und soziale Leistungen in der westlichen Welt missbraucht werden. Gegen diese Tendenzen muss eine soziale Lösung des elementaren Widerspruchs durchgesetzt werden, dass ein Reichtumsniveau wie nie zuvor in der Geschichte erreicht ist, die Herrschenden jedoch außerstande sind, es für die Verwirklichung der sozialen, politischen und ökologischen Menschenrechte aller Menschen auf der Erde zu nutzen.

4. Zur kategorischen Herausforderung – üblicherweise kaum aufgenommen in den Katalog der challenges – wird der Übergang zu einer alternativen Regulationsweise. Dies sind die Umstände, die solche Aufgabe diktieren: die jüngste Finanzkrise und die Begrenztheit der absehbaren Kontroll-, Aufsichts- und Regulierungsmaßnahmen der Machteliten als Antwort auf sie; eine drohende möglicherweise längere wirtschaftliche Depression; die kooperative Verarbeitung der bereits begonnenen Umbrüche in der Weltordnung durch die Schwächung der USA und den Aufstieg Chinas, Indiens und anderer Schwellenländer; die voraussehbare Überlagerung der zyklischen Wirtschaftsverläufe durch eine näher rückende

Klimakatastrophe mit ihren schon gegenwärtig spürbaren einschneidenden sozialen Folgen; ein präventiver ziviler Umgang mit Konflikten anstelle militärischer Antworten. Eine neue, vorausschauend gestaltungsfähige Regulationsweise wird nicht zuletzt die Risiken wissenschaftlich-technischer Umwälzungen bewältigen müssen und zugleich deren Chancen für eine nachhaltige Entwicklung auszuschöpfen haben.

Nicht auszuschließen ist, dass sich die etablierten Herrschaftsstrukturen auch im 21. Jahrhundert mit einem gewaltigen Strom neuer emanzipatorischer Aufbrüche konfrontiert sehen werden. Systemauseinandersetzungen neuer Art könnten abermals das Gesicht großer Zeitabschnitte des Jahrhunderts prägen. Sie würden extreme Anforderungen an die soziale Innovationskraft der Linken und aller emanzipatorischen Kräfte stellen, damit Enttäuschungen nicht in rechtsextremistische und autoritäre Lösungsversuche umschlagen. Vor allem aber: Noch niemand weiß, wie die Wege in eine andere Welt nachhaltiger Gerechtigkeit, des Friedens und der Solidarität aussehen werden.

Gerade deshalb wird es unumgänglich sein, für das Durchbrechen von Blockierungen durch die herrschenden Eigentums- und Machtstrukturen zugleich die gegebenen Evolutionsräume auszuschöpfen. Die Linke kann Alternativen nur entwickeln und zur Geltung bringen, wenn sie Entwicklungspotenziale der bürgerlichen Gesellschaft zur Kenntnis nimmt, bewusst ausnutzt und für ihre eigenen sozialen und emanzipatorischen Ziele voll zur Geltung bringt. Das erfordert, die Widersprüche und Ambivalenzen gegenwärtiger kapitalistischer Entwicklung zu erfassen – ihre antisozialen und antidemokratischen Wirkungen ebenso wie die Entwicklungschancen in modernen bürgerlichen Gesellschaften. Zu welchen Zukünften auch immer die bevorstehenden Suchprozesse führen werden – sie werden die tragischen Deformationen vergangener Revolutionen zu vermeiden haben. Kein Ziel rechtfertigt antihumane Mittel, Verletzungen zivilisatorischer Normen, rechtsfreie Räume oder Zerstörung von Pluralität. Das 20. Jahrhundert war voller traumatischer Erfahrungen.

Das 21. Jahrhundert birgt für alle aufgeklärten Kräfte einschließlich der Linken eine zentrale Verpflichtung. Seine Herausforderungen müssen solidarisch bewältigt werden. Erneuerung der Demokratie statt Erneuerung von Herrschaft lautet das Maß des neuen Jahrhunderts. Für neue sozialistische Anläufe gilt, dass der Sozialismus des 21. Jahrhunderts nur demokratischer Sozialismus sein kann.

Wenden wir uns also im Bewusstsein der Herausforderungen unserer Zeit den bereits genannten sieben Grundprozessen zu, die nach der hier vertretenen Auffassung für den neoliberalen Kapitalismus charakteristisch sind und den Inhalt dieses Begriffs beschreiben.

1.

HIGH-TECH-KAPITALISMUS ODER KAPITALISTISCHE WISSENS- UND INFORMATIONSGESELLSCHAFT — DAS PRODUKTIVKRAFTSYSTEM DES GEGENWÄRTIGEN KAPITALISMUS

«Weil die informationstechnologische Revolution den gesamten Bereich menschlicher Aktivität durchdringt, nehme ich sie zum Ausgangspunkt, um die Komplexität der entstehenden neuen Wirtschaft, Gesellschaft und Kultur zu analysieren. Diese methodische Entscheidung besagt nicht, dass die neuen gesellschaftlichen Formen und Prozesse als Folge technologischen Wandels entstehen. Selbstverständlich determiniert die Technologie nicht die Gesellschaft. ... Das Dilemma des technologischen Determinismus ist wahrscheinlich ein Scheinproblem, weil die Technologie Gesellschaft ist, weil die Gesellschaft ohne ihre technologischen Werkzeuge nicht verstanden oder dargestellt werden kann.» (Castells, 2001: 5) Diese Überlegung des französischen Soziologen Manuel Castells bestimmt auch den Ausgangspunkt der hier vorliegenden Darstellung von Grundprozessen des neoliberalen Kapitalismus.

Wie an den meisten Abenden hängt eine Jugendclique im brandenburgischen Werneuchen am gewohnten Treffpunkt herum. Die neuesten Klingeltöne der Handys werden ausgetauscht. Der Umsatz von Klingeltönen in Deutschland erreichte im Jahr 2005 rund 260 Millionen Euro, weltweit mehr als 3 Milliarden Euro.
Eines der Mädchen ist «stinkig», wie sie verkündet. Ihr Freund hat ihr per SMS den Abschied gegeben, eine andere ist noch müde von der letzten Party. Aber sie zeigt die Fotos vor, die sie dort mit ihrem Handy von ein paar jungen Männern geschossen hat – auf Vorrat gewissermaßen für nächste Beziehungskisten. Sie ist sogar bereit, sie auf dem Computer auszudrucken und die SMS-Gekündigte an der potenziellen Auswahl zu beteiligen. Die Alltagskultur der Jugend ist hochgradig elektronisiert

Wer daheim keinen Zugang zum Computer hat, bleibt nicht allein von der Schwemme der Killerspiele auf den Bildschirmen verschont. Das wäre zu ertragen. Aber PETER JÄGERS Tochter beispielsweise läuft Gefahr, nicht «in» zu sein in der Welt elektronischer Jugendkulturen, benachteiligt zu sein in der Schule und später beim Einstieg in das hochgradig computerisierte Berufsleben.
In den Alltag – zumindest der westlichen Welt – sind längst Computer, Informations- und Kommunikationstechnologien eingezogen. Kommunikation per E-Mail und SMS ist zur Normalität geworden. Küchenherde mutieren zu elektronisch programmierbaren Wunderwerken. Gentechnisch veränderte Lebensmittel drängen in die Haushalte oder werden nur mit Mühe ferngehalten.

Tiefgreifende Umwälzungen der technologischen Grundlagen prägen vor allem die Produktion und Zirkulation. Eine Kombination von Mikroelektronik, Computerwissenschaften und Telekommunikation bestimmt den Typ moderner Arbeitsmittel und hat einen Höhepunkt im erdumspannenden Internet gefunden. Manuel Castells bezeichnet dieses Netz als das «vielleicht ... revolutionärste technologische Medium des Informationszeitalters» (Castells, 2001: 49).

«Ein Ungeheuer, aber ungeheuer produktiv.» (WOLFGANG FRITZ HAUG, 2003 A: 25)

Die informationstechnologische Revolution ist die technologische Grundlage des neoliberalen Kapitalismus: Sie liefert transnationalen Unternehmen die technologische Basis ihrer globalen Strukturen und erzwingt die Eroberung globaler Märkte als Rentabilitätsbedingung für extreme Forschungs- und Entwicklungsaufwendungen. Sie ermöglicht das Funktionieren globaler Finanzmärkte und insgesamt jene Zentralität globaler Märkte, die den neoliberalen Kapitalismus kennzeichnen.

KAMPFFELD DES 21. JAHRHUNDERTS

Aber was da in Gestalt des Internets bereits so alltäglich in Arbeits- und Lebenswelt präsent ist, elektronische Einkäufe vermittelt und Auskünfte über Verkehrsverbindungen, über Anzeichen für Blinddarmentzündungen oder Tagesneuigkeiten gibt, ist zugleich Objekt heftigster Kämpfe darum, ob rund um die Erde ein folgenschwerer neuer Schritt der Privatisierung erfolgen wird oder ob es gelingt, beim Zugriff auf das Internet die Teilhabe an Wissen und Informationen für immer mehr Menschen zu sichern. Wird die zentrale Ressource des 21. Jahrhunderts, das Wissen, weitgehend zu privatem geistigem Eigentum und gesichert durch Patentrecht, Urheberrecht und Markenrecht zur verkäuflichen Ware? Oder werden Wissen und Information für alle Nutzer des Internets frei zugänglich sein und auf solche Weise als globale öffentliche Güter verteidigt werden?

«Freie Software bezeichnet Computerprogramme, deren Quellcode (der für Menschen lesbare Code) offen liegt. Im Gegensatz dazu wird bei proprietärer (d. h. von privatem Eigentumsinteressen bestimmter) Software dieser Quellcode unter Verschluss gehalten. Während die Geheimhaltung des Quellcodes den Verwertungsinteressen von Unternehmen dient, soll «Freie Software» eine gemeinsame, offene Nutzung und Weiterentwicklung des Quellcodes ermöglichen.» «Open Source Software wird produziert von EntwicklerInnen, die freiwillig und zu großen Teilen auch unentgeltlich daran arbeiten; die Produktion findet zumeist selbst organisiert über das Internet statt, qualitativ hochwertige Produkte werden zum allgemeinen Verbrauch freigegeben.» (Sabine Nuss, 2007: 148)

Im Namen des Schutzes und der Sicherung von geistigem Eigentum sollen die im Internet bisher überwiegend noch frei oder gegen geringe Pauschalgebühren verfügbaren Wissens- und Informationsbestände in privates Kapitaleigentum verwandelt und der Kapitalverwertung unterworfen werden. Mit hochentwickelten Verschlüsselungstechnologien und Kopierschutzmechanismen und auf globaler Ebene mit Hilfe des Abkommens über handelsrelevante Aspekte intellektuellen Eigentums (TRIPS) wird angestrebt, dass für jegliches Herunterladen vom Netz ein profitträchtiger Preis gezahlt wird. Neues Wissen und Informationen sollen nur bei erheblicher Zahlung in vielfältige Innovationsprozesse eingehen. Ausgerechnet die zentrale Ressource der kapitalistischen Wissensgesellschaft wird damit einer Einschränkung ihrer innovativen Entwicklung unterworfen.

Alternative Akteure widersetzen sich dem. Die Bewegung für «Freie Software – Open Source» hat einen offen einsehbaren, veränderbaren und frei kopierbaren Softwarecode entwickelt. Damit ist eine erdweite Form freier Kooperation mit hochproduktiven Ergebnissen entstanden – ein Beispiel für hochtechnologische Kooperation und Innovation jenseits der Kapitalverwertung (Nuss, 2006). Längst ist das Internet auch zum Mittel globaler Vernetzung kapitalismuskritischer und antikapitalistischer Bewegungen, zur technischen Basis linker Gegenöffentlichkeiten und netzförmiger Selbstorganisationsformen geworden.

Ein solcher Blick auf das Internet als neuer Raum der Kapitalverwertung und Privatisierungsoffensive und zugleich als Raum für das Handeln alternativer Akteure mag als Verweis auf die Widersprüche, Antinomien und Ambivalenzen des neoliberalen Kapitalismus verstanden werden, die uns in dieser Schrift immer wieder begegnen werden. Die Linke muss sich zu einem solchen Umgang mit dieser Dialektik befähigen, der es in einem voraussichtlich langen transformatorischen Prozess erlaubt, die Produktivität und das Emanzipationspotenzial der modernen Gesellschaften «aus der konkurrenziellen Profitlogik des Kapitalismus und damit zugleich von ihrer Destruktivität zu befreien»(Haug, 2003 a: 20).

DAS PRODUKTIVKRAFTSYSTEM DES HIGH-TECH-KAPITALISMUS		
	ARBEITSMITTEL	**ARBEITSGEGENSTÄNDE**
Hauptfaktoren des Produktivkraftsystems	• Produktionsinstrumente (Maschinen, Anlagen, Gebäude, Software) • Infrastruktur • Natur (Ausnutzbarkeit ihrer chem., phys., biolog., mechan. Eigenschaften und Gesetze)	• Rohstoffe • Zwischenprodukte • Natur (in extraktiven Industrien, Land- und Forstwirtschaft, Fischerei u. Jagd)
besonders wichtige Produktivkräfte	• Computer • Internet	• Sonnenenergie [3] • Öl • Gas
Querschnittsproduktivkraft	WISSEN, INKORPORIERT IN ALLE ELEMENTE	
Zukünfte bei Andauern der Grundtrends im neoliberal geprägten Kapitalismus	• vernetzter Informationskapitalismus	• Überausbeutung der Naturressourcen und Überlastung der Senken der Natur, Bedrohung der Naturgrundlagen der Gesellschaft

ARBEITSKRÄFTE	ARBEITSTEILUNG	REGULATIONSWEISE [1]
• körperliche, geistig-kreative, kommunikative und Kooperationsfähigkeiten, ästhetisches Gefühl • Selbstverständnis des Menschen als Teil der Natur od. als Herrscher über die Natur	• innerbetrieblich, unternehmensintern, zwischen Unternehmen, international • zwischen Wirtschaft und Staat [2] • zwischen den Geschlechtern (bezogen auf Erwerbarbeit, Reproduktionsarbeit, gesellschaftliche Tätigkeiten)	• Marktkonkurrenz • unternehmensinternes Management • staatl. Regulation im lokalen, nationalen und internationalen Maßstab • selbstbestimmtes oder/und fremdbestimmtes Handeln der Individuen • Handeln organisierter zivilgesellschaftlicher Akteure
• Bildung/Innovationskraft des Menschen	• innovativer Wandel der Volkswirtschaftsstruktur	• Zusammenwirken und relatives Gewicht der regulierenden Kräfte
DES PRODUKTIVKRAFTSYSTEMS		
• Entfaltung der Subjektivität und Persönlichkeit eines großen Teils der Lohnabhängigen/der Bürgerinnen und Bürger • gleichzeitige Beschränkung der Individualisierungsprozesse, Selbstmanagement der Anpassung an die Bedürfnisse der Kapitalverwertung (Gouvernementalität) • Vergeudung von Arbeitskraft durch Arbeitslosigkeit, Bildungs- und Demokratiedefizite, Hunger, Mangelernährung und vermeidbare Krankheiten besonders im «Süden», soziale Ausgrenzung und ihre psychischen Folgen	• enorme Produktivitätsgewinne durch hochvernetzte Arbeitsteilung • riesige volkswirtschaftliche Verluste durch strukturelle Fehlentwicklungen (fossilistische Energiewirtschaft, Rüstung, Finanzinvestitionen anstelle produktiver Investitionen, Wirtschaftskriminalität, mafioses Unternehmertum, Wegwerfgesellschaft)	• marktradikales Zurückdrängen des Sozialstaats durch Liberalisierung, Deregulierung und Privatisierung

1 siehe Abschnitt 2.4. — 2 siehe Näheres Abschnitt 3.1.— 3 siehe Abschnitt 6.

1.1. INFORMATIONS- UND KOMMUNIKATIONS-TECHNOLOGIEN IM HIGH-TECH-KAPITALISMUS

VERNETZTE GESELLSCHAFT

Wolfgang Fritz Haug nennt die Computer die «Leitproduktivkraft» der gegenwärtigen Gesellschaft. Diese selbst beschreibt er als High-Tech-Kapitalismus (Haug, 2003).

Der Begriff High-Tech-Kapitalismus verweist auf eine der bestimmenden Grundqualitäten bzw. auf einen der Grundprozesse des neoliberal geprägten Kapitalismus. In seinem Zentrum stehen die Bildung, das Wissen und die Kreativität der Menschen als Träger der kapitalistischen Wissens- und Informationsgesellschaft.

Die Struktur von Betrieben und Unternehmen hat sich durch Hochtechnologien und Vernetzung gravierend verändert. Die Mikroelektronik ist zu einem Grundbestandteil von Maschinen und Maschinensystemen geworden und erlaubt hohe Automatisierungsgrade. Sie ermöglicht die Verknüpfung von Massenproduktion mit schneller Umstellung auf veränderte Nachfrage und spezielle Kundenwünsche. Die Kostenreduzierung durch Großserienproduktion (economies of scale) wird mit der Kostensenkung durch Spezialisierung und Kooperation (economies of scope) verbunden. Die computergestützte Unternehmensorganisation gestattet die Minimierung der Lagerhaltung durch zeitgerechte Lieferung von Material und Teilprodukten (just-in-time-production).

Fiat konzentriert die strategischen Entscheidungen des Konzerns (Planung, Finanzen, Design) am alten Standort Turin. Motoren werden in den Fiatwerken Patola in Mittelitalien produziert, Getriebe aus den Niederlanden und Frankreich geliefert. Die Montage erfolgte u. a. an Standorten in Süditalien und in Polen. Im spanischen Cordoba wird nach neotayloristischer Organisation zu Arbeitslöhnen von 10 Dollar in der Stunde 44 Wochenstunden gearbeitet. In Norditalien und in Deutschland wird die stärker selbstorganisierte Gruppenarbeit mit 27 bis 30 Dollar/Stunde bei 38 bis 40 Stunden ? Wochenarbeitszeit bezahlt. Einzelteile dafür werden in großem Umfang aus Argentinien und Brasilien geliefert, die Stoffe für die Sitze in Mittelitalien gewebt, in Ungarn genäht und in Süditalien aufgezogen.

Die Materialien sind oft selbst das Ergebnis von Forschung und hochtechnologischer Produktionsweise, d. h. entwickelt und maßgeschneidert für ganz bestimmte Produktionszwecke z. B. superharte Keramiken.

Die Vernetzung der Computer innerhalb des Betriebes wird zu einem Teil der Vernetzung von Unternehmensteilen an ganz unterschiedlichen Standorten, die in multinationalen Unternehmen rund um die Erde verteilt sind. Raum und Zeit werden auf der Grundlage der Informations-, Kommunikations- und neuen Verkehrstechnologien komprimiert. Dezentralisierung von selbständigen kleinen Unternehmenseinheiten wird mit der Zentralisierung der strategischen Entscheidungen und des Finanzmanagements in den Konzernspitzen verbunden. Zugleich wird die Verantwortung, sich marktkonform zu bewegen, in die inneren Abläufe der Unternehmen hineingeholt. Auf solche Weise können durch dezentralisierte Profitcenter die lokalen und regionalen Möglichkeiten der Profitsteigerung ausgeschöpft und mit der Nutzung der spezifischen Standortvorteile in ganz verschiedenen Ländern und Erdteilen kombiniert werden. Es entstehen neue Wertschöpfungs- und Verwertungsketten des Kapitals, deren Glieder oft verschiedene Erdregionen umspannen.

GESPALTENE WELTGESELLSCHAFT

Allerdings ist das Resultat nicht gleiche Teilhabe der Erdregionen an dem Reichtum, der den neuen Produktivkräften entspringt. Nicht die oft beschworene Eine-Welt-Gesellschaft erwächst aus erdumspannender Vernetzung, sondern eben ein höchst widersprüchlicher Prozess. Einerseits breiten sich moderne Technologien auch in den so genannten Entwicklungsländern aus. Im Verein mit den Dekolonialisierungsprozessen nach 1945 resultieren daraus erhebliche Anstöße für verbesserte Bildung und medizinische Fortschritte, entstehen neue Arbeitsplätze, und Millionen Frauen verdienen erstmals eigenes Geld als Bedingung größerer Unabhängigkeit. Andererseits werden vielfach einheimische Industrien, Handwerk und bäuerliche Produktion durch das Vordringen ausländischer Investoren ruiniert. Die neu zu den Lohnabhängigen stoßenden Frauen werden überwiegend zu diskriminierenden Bedingungen beschäftigt und patriarchale Verhältnisse damit in veränderter Weise reproduziert. Die Kluft zwischen armen und reichen Ländern wird größer, auch wenn der Anteil der Armen in der Welt kleiner wird, während ihre absolute Zahl mit dem Bevölkerungswachstum zunimmt.

Der Anteil der Menschen in extremer Armut ging im vergangenen Jahrzehnt von 30 auf 24 Prozent der Weltbevölkerung zurück. Aber in Lateinamerika und der Karibik, den arabischen Staaten, in Mittel- und Osteuropa sowie im subsaharischen Afrika nahm die absolute Zahl der Menschen mit einem Tageseinkommen von weniger als einem Dollar zu. (UNDP, 2003: 7)

Spaltungslinien entstehen auch zwischen den Global Cities und den großen Räumen außerhalb der auch als «World Cities» bezeichneten Metropolen. Diese beherbergen die zentralen Knotenpunkte des globalen Netzwerkes von Produktions-, Güter-, Dienstleistungs- und Finanzmärkten. In ihnen sind die Zentren des internationalen Finanzkapitals, die Börsenplätze, das strategische Potenzial und die Kontrollkapazitäten der Konzernspitzen, oft die Forschungszentren, die Think Tanks und Rating-Agenturen angesiedelt. Von dort aus reichen ihre Netze in alle Erdregionen. Schon am Rand der Global Cities existiert nicht selten der Gegenpol des «CEO-Komplexes» (Krysmanski) in Gestalt ausgedehnter Slums und erlaubt zu besichtigen, wie in weiten Erdregionen die Lebenswelt großer Bevölkerungsteile beschaffen ist.

In den Global Cities prägen die Kommandozentralen der Geldeliten die Skyline. Dort bilden die Chief Executive Officers (CEOs) – die Spitzenmanager transnationaler Unternehmen, Banken, Investmentfonds und Versicherungen – zusammen mit den Superreichen «den magischen Zirkel der Corporate World» (Krysmanski, 2004: 144). In den Global Cities sind zugleich zentrale politische Institutionen mit ihren hohen Beamten, internationale Wirtschaftsorganisationen, Richtung gebende Medienleute, Rechtsanwälte, Spitzenberater, Verbandsfunktionäre und Lobbyisten präsent. Dort, wo das große Geld beheimatet ist, hat sich auch das kulturelle und Wissenschaftspotenzial konzentriert. Dort explodiert die Nachfrage nach Dienstleistungen aller Art. Das hat neben einer Vielzahl von Serviceunternehmen auch viele Migranten, vor allem Frauen, angezogen, die in den Haushalten der Reichen das Dienstbotenpersonal stellen – nicht selten auch das Personal für qualifizierte Frauen in gut bezahlten Positionen.

1.2. CHANCEN UND GEFAHREN DER GENTECHNIK

Im Konflikt zwischen neuen Chancen für die Linderung oder Überwindung von Krankheiten, für ein tieferes Verständnis von Lebensprozessen und Bekämpfung der Armut auf der einen Seite und Missbrauch für Profiterhöhung und Herrschaftsausübung andererseits entwickelt sich auch die Gentechnik.

Die Gentechnik hat sich aus der Molekularbiologie entwickelt. Sie umfasst die Gesamtheit von Methoden zur gezielten Bildung neuer Kombinationen von Gen- Material und zur Vermehrung des rekombinierten Erbmaterials in einer Empfängerzelle. Ihre Aufgabe ist die Suche nach nutzbaren Genen, deren Identifizierung, Isolierung, Charakterisierung und Modifizierung. Die Gentechnik ermöglicht die Veränderung der Erbsubstanz und Erbinformation von Zellen auf eine Weise, die in der Natur nicht vorkommt. Sie ermöglicht die Übertragung einzelner Gene über die Artgrenzen hinweg. (Voigt, 2000: 8 ff.; Enquete-Kommission Chancen und Risiken der Gentechnologie, 1990)

Mit Hilfe der Gentechnik wird es möglich, die Evolution der Natur – von Pflanzen, Tieren und Menschen – gezielt zu beeinflussen. Nach Auffassung vieler Kritiker einer von Risikofolgen-Abschätzungen weitgehend gelösten Gentechnik drohen dadurch unbeabsichtigte und unüberschaubare Gefahren. Die Organisation für ökonomische Zusammenarbeit (OECD) dagegen sieht in einer programmatischen Veröffentlichung «The Bioeconomy to 2030. Designing a Policy Agenda» mit einer neuen «Bioökonomie» bessere Lebensqualitäten nahen. Die Europäische Kommission setzt in ihrem Biopolitischen Aktionsplan auf gestärkte europäische Konkurrenzkraft und Nachhaltigkeit durch eine «wissensbasierte Bioökonomie». In beiden Erklärungen werden neue Märkte für neue Produkte auf biowissenschaftlichen Grundlagen erwartet.

Im Bereich der roten Gentechnik, d. h. im medizinischen Anwendungsbereich, werden große Hoffnungen auf Diagnosemöglichkeiten und auf die Behandlung von Krankheiten durch die Reimplantation neuronaler adulter Stammzellen gesetzt. Die Forschung auf diesem Gebiet könnte z. B. für die Behandlung von Parkinson, Alzheimer und Leukämie wichtige Fortschritte ermöglichen. Gentechnische Forschung in der pharmazeutischen Industrie bringt neue wirksame Medikamente gegen viele Krankheiten und neue Profitquellen für die Pharmakonzerne hervor.

Ethisch umstritten ist die Verwendung von embryonalen Stammzellen für Forschung und therapeutisches Klonen, d. h. für die Verwendung von Embryo-Zellen zur Züchtung von Organen und Organteilen für erkrankte Menschen. In Deutschland gesetzlich eingeschränkt, wird in anderen Ländern intensiv auf diesem Feld gearbeitet.

Wie weit die Evolution der Natur durch Gentechniken verändert werden könnte, deutet sich in der Forschung zum reproduktiven Klonen an. Dabei

geht es darum – zunächst vor allem in der Pflanzenzucht und auch in der Tierzucht –, die biologischen Merkmale von Pflanzen, Tieren und potenziell von Menschen weitgehend planbar zu machen. Die Möglichkeit, bei künstlich im Reagenzglas erzeugten Embryonen Erbanlagen festzustellen und die Embryos vor dem Einpflanzen in die Gebärmutter einer Frau zu selektieren, deutet bereits auf diese Tendenz hin.
Ethische, medizinische und tierschützerische Bedenken bekommen dadurch größtes Gewicht, dass die Nutzung der Gentechnik in der gegenwärtigen Gesellschaft stets den Profitinteressen führender Gentechnik-Konzerne unterworfen ist.

«Für das Jahr 2010 plant das Unternehmen (Sandoz/Novartis), 60 % des Marktes für Gentech = Organe und über die Hälfte des weltweiten Verbrauchs an Transplantationsmedikamenten zu kontrollieren. ... Auch die Medikamente, die eine Abstoßung der Tierorgane verringern sollen, werden von Novartis produziert. Die Preise der tierischen Spenderorgane werden schon mal kalkuliert: 30.000 Dollar kostet eine gentechnisch angepasste Schweineniere, 40.000 das Herz.» (Voigt, 2000: 16)

In der grünen Gentechnik, also in Pflanzen- und Tierproduktion, Saatgut- und Pflanzenschutzindustrie, und in der weißen Gentechnik, die in der pharmazeutischen Industrie eingesetzt wird, ist diese Unterordnung der neuen Produktivkraft Gentechnik unter die Profitdominanz längst offenbar. Die Konzerne der Life-Science-Industries und der Lebensmittelproduktion werben damit, dass die Gentechnik umweltschonende Anbaumethoden, höhere Erträge, qualitativ verbesserte Eigenschaften von Pflanzen und Tieren, Anpassung ihres Erbgutes an die Bedürfnisse der industrialisierten Landwirtschaft und der Lebensmittelproduzenten ermöglichen würde. Schließlich könnte der Hunger in der Welt auf diese Weise besiegt werden.
Sicher kann vieles davon tatsächlich erreicht werden. Aber der Preis dafür ist schwer kalkulierbar. Größere Erträge gentechnisch manipulierter Pflanzen führen zu Monokulturanbau, zu verstärktem Artenverlust und zur Verringerung der Genressourcen in der Natur mit unvorhersehbaren Folgen der Naturreproduktion insgesamt.

Gentechnisch hergestellte wachstums- oder leistungsfördernde Hormone steigern zunächst die ökonomische Effizienz. Beispielsweise haben vier US-Konzerne – Monsanto, Cyanamid, Eli Lilly und Upjohn – mehr als eine Milliarde Dollar für die Entwicklung des Hormons rBST aufgewendet, dessen Einsatz die Milchleistung von Kühen um 10 bis 20 und mehr Prozent erhöht. Aber niemand weiß, was die Langzeitfolgen im Körper der Verbraucher sein können (Voigt, 2000: 18).

Mit dem Verkauf von gentechnisch verändertem Saatgut haben Monsanto und andere Saatgut- und Pflanzenschutzkonzerne Hunderte Millionen Bauern von ihren Lieferungen abhängig gemacht und viele Millionen in den Ruin getrieben, die nicht mehr auf Saatgut aus der eigenen vergangenen Ernte zurückgreifen und das teure Konzernangebot nicht bezahlen können. Das Gentech-Saatgut und die dazu passenden Pestizide gegen Unkraut führen nicht selten zu größerer Resistenz der Schädlinge und des Unkrauts. Dann sind die Folgen ein noch stärkerer Einsatz von Pflanzenschutzmitteln, Grundwasserschädigung und erhöhte Kosten für die Landwirte.

Der amerikanische Sozialanthropologe Kaushik Sunder Rajan warnt aufgrund einer Vielzahl spezieller Feldstudien und Interviews mit Wissenschaftlern, Unternehmern und Regierungsbeamten in den USA und Indien vor den Gefahren einer Transformation des Kapitals zu einem neuen «Biokapital voller Zukunftsrisiken» (Rajan, 2006; Lemke, 2007).

1.3. KAPITALISTISCHE WISSENSGESELLSCHAFT UND DIE FRAGE NACH EINER GRUNDIDEE DER LINKEN

ZENTRALITÄT DES WISSENS

Der gesamte hochtechnologische Wandel moderner Gesellschaften deutet auf den Nukleus der Umwälzungen in unserer Zeit hin, auf die Zentralität des Wissens in den Umbrüchen unserer Epoche.

Die neuen Hochtechnologien sind die Materialisierung revolutionärer Erkenntnisse in den Wissenschaften und ihres interdisziplinären Zusammenwirkens. Wissen ist seit dem Ausgang des 20. Jahrhunderts und mit Sicherheit im 21. Jahrhundert die Hauptressource der Entwicklung – unvergleichlich viel stärker als in den Jahrhunderten und Jahrtausenden zuvor. Das erklärt die weit verbreitete Deutung moderner Gesellschaften als Wissens- oder Informationsgesellschaft. Allerdings sind diese Bezeichnungen zugleich eine Art schillernde Kostümierung der Moderne. Sie verhüllen – wie es der Mode Art ist – den Körper selbst, die kapitalistische Grundstruktur in diesem Falle. Die erstrangige Bedeutung der Natur- und Technikwissenschaften für den High-Tech-Kapitalismus liegt auf der Hand. Doch in welcher Weise und mit welchen sozialen Wirkungen sie die Gesellschaft verändern, wird vor allem von den herrschenden Eigentums-, Verfügungs- und Machtverhältnissen bestimmt. Aber in starkem Maße geschieht dies vermittelt durch die jeweils hegemonialen Auffassungen über die gesellschaftlichen Ziele, Regulationsweisen, Werte und Normen.

GESELLSCHAFTSWISSENSCHAFTEN ALS PRODUKTIVKRAFT

Was hegemoniale Kraft gewinnt, bedarf der Stützung durch die ökonomischen Wissenschaften und die Rechtswissenschaften, durch Sozial- und Geisteswissenschaften. Rosa Luxemburg machte das deutlich, als sie für die Zeit des aufsteigenden Kapitalismus schrieb, «neben Napoleon sei Adam Smith der mächtigste Monarch in Europa gewesen» (Luxemburg, Werke, Bd. 1.1: 729). Die Kernbotschaft des Adam Smith war, der Markt sei von allen Schranken zu befreien, weil er als unsichtbare Hand die Interessen der Einzelnen und die der Gesellschaft zu aller Wohl am besten in Einklang bringe.

Anthony Giddens vertritt die starke These, «dass die Sozialwissenschaften einen ebenso großen oder gar größeren Einfluss auf das gesellschaftliche Leben ausgeübt haben als die Naturwissenschaften auf die materielle Welt ... Ich meine tatsächlich, dass sich diese Auffassung vertreten lässt – wenngleich natürlich ein derartiger Vergleich eben wegen der Unterschiede zwischen beiden Fällen nicht präzise sein kann. Der zentrale Punkt ist, dass die Reflektion über soziale Prozesse (Theorie und Prozessbeobachtungen) in das Universum der Ereignisse, die sie beschreibt, fortwährend eintritt, sich wieder löst und erneut eintritt.» (Anthony Giddens, 1988: 47)

Der Keynesianismus beeinflusste in starkem Maße das ökonomisch-politische Geschehen des halben Jahrhunderts seit der Weltwirtschaftskrise 1929/32 bis in die siebziger Jahre des 20. Jahrhunderts. Die Kernbotschaft des John Maynard Keynes war, dass der Staat in der Pflicht und in der Lage sei, die für Vollbeschäftigung notwendigen ökonomischen Gleichgewichte herzustellen, die der Markt nicht zu Wege bringen könne. Seitdem bestimmt der Neoliberalismus den Zeitgeist, dessen Hegemonie erst durch das Jahrzehnte währende Wirken zahlreicher Think Tanks, Wissenschaftsvereinigungen, Universitätsinstitute und einzelner Wissenschaftlerinnen und Wissenschaftler möglich wurde. Die Kernbotschaft des Neoliberalismus heißt: Liberalisierung, Deregulierung und Privatisierung.

GEISTIGE HERAUSFORDERUNG FÜR DIE LINKE

Für die Linke birgt diese Bedeutung der Gesellschaftswissenschaften eine enorme geistige Herausforderung. Sie bedarf der Verbindung mit jenen Intellektuellen, die sich auf ihre ureigene Funktion in Umbruchzeiten besinnen (Rilling, 2007: 9 ff.; Peter, 2007: 17 ff.; Pinto, 2007: 43 ff.) Max Weber schrieb mit kritischem Verweis auf die Neigung angepasster Wissenschaftler, die Preisgabe ihrer Ideale mit dem Begriff «Realpolitik» zu schmücken: «Die spezifische Funktion der Wissenschaft scheint mir gerade umgekehrt: dass ihr das konventionelle Selbstverständnis zum Problem wird.» (Weber, 1988: 502)

Offen ist, was – vergleichbar mit der Rolle des Adam Smith im Frühkapitalismus, des Keynesianismus ein halbes Jahrhundert hindurch und mit dem Neoliberalismus seit den siebziger Jahren des 20. Jahrhunderts – die theoriegestützte zentrale geistig-politische Kernbotschaft der Linken sein wird, die sich als tragend für emanzipatorische Alternativen erweisen kann.

Bereits in einer Skizze der Produktivkräfte gegenwärtiger Gesellschaften hat diese Frage einen berechtigten Platz. Sie ist die «Grundfrage» der ganzen hier eingeleiteten Publikationsreihe «einundzwanzig».
Welche Leitidee könnte das innere Band alternativer Vorstellungen über «eine Assoziation, worin die freie Entwicklung eines jeden die Bedingung für die freie Entwicklung aller ist», sein? (Marx/Engels, Werke, Bd. 4: 482)

ERSTENS: Eine Gesellschaft der individuellen Freiheit, in der jede und jeder in sozial gleicher Weise an den Bedingungen eines selbstbestimmten Lebens in sozialer Sicherheit und Solidarität teilhaben – das ist der Grundgedanke des demokratischen Sozialismus. Das ist die Leitidee nicht erst für eine künftige Gesellschaft, sondern auch für den transformatorischen Prozess, der mitten in der bürgerlichen Gesellschaft beginnt und über sie hinausführen wird.

Bedingungen solcher Persönlichkeitsentfaltungen sind existenzsichernde sinnvolle Arbeit, Bildung und Kultur, hochwertige Leistungen des Gesundheitswesens und der sozialen Sicherungssysteme und demokratische Beteiligung an gesellschaftlichen Entscheidungen. Die sozial gleiche Teilhabe an diesen Grundgütern für jede und jeden ist die Grundlage individueller Freiheit in Frieden und gesunder Umwelt. Deshalb können diese Güter Freiheitsgüter genannt werden. Die Autoren der Reihe «Zukünfte» halten an diesem Leitbild fest. Der Profit- und Marktmechanismus vermag jedoch eine solche Einheit von Freiheit und Gleichheit nicht herzustellen. Die für soziale Gleichheit unverzichtbare Solidarität muss daher in erheblichem Maße auf andere Institutionen gestützt werden. Das Marktversagen wird durch eine zentrale Stellung des Öffentlichen in der Gesellschaft beantwortet werden müssen. Anders werden die Millenniumsaufgaben des 21. Jahrhunderts nicht lösbar sein: die Überwindung von Kriegen, Hunger und Elend in der Welt, von Analphabetismus und Statusabhängigkeit der Bildung, von Mangelkrankheiten, ungerechter Teilhabe am Umweltraum und an gesellschaftlichen Entscheidungen. Das bedeutet:

ZWEITENS: In einer zukunftsfähigen Gesellschaft wird das Öffentliche – öffentliche Güter, öffentliche Daseinsvorsorge, öffentliches Eigentum, öffentliche und öffentlich geförderte Beschäftigung, öffentliche Räume und Teilhabe der Öffentlichkeit an Entscheidungen – zur conditio humana für individuelle Freiheit. Es wird zum Medium der Solidarität, weil es Teilhabegerechtigkeit an elementaren Lebensbedingungen oder Freiheitsgütern zu bieten vermag. Das Öffentliche wird zum Halt der Einzelnen gegen eine Zukunft der Entsicherung und Ausgrenzung.

INDIVIDUALITÄT ALLER DURCH DIE TEILHABE AM ÖFFENTLICHEN FÜR ALLE

Das linke Projekt einer gerechten Gesellschaft erfordert daher die Rückgewinnung, Stärkung und Gestaltung des Öffentlichen als Klammer zwischen den Einzelnen und der Gesellschaft, zwischen Ich und Wir. Wer individuelle Selbstbestimmung will, muss die Ausweitung und Gestaltung des Öffentlichen wollen. Das Projekt des Neoliberalismus ist die Individualisierung aller gegen alle.

Das Projekt der Linken ist die Individualität aller durch Teilhabe am Öffentlichen für alle.

Im Hamburger Grundsatzprogramm der SPD vom November 2007 werden Freiheit, Gerechtigkeit und Solidarität als die sozialdemokratischen Grundwerte bezeichnet. Im Entwurf der CDU für ihr Grundsatzprogramm «Grundsätze für Deutschland» werden Freiheit, Solidarität und Gerechtigkeit als Grundwerte der Christdemokraten beschrieben. Sozial gleiche Teilhabe wird nicht in den Rang von Grundwerten erhoben oder nur zweitrangig behandelt und in der Realpolitik in das Gegenteil verkehrt. Dahinter steckt die Erwartung, dass eine «gerechte Ungleichheit» (Clemens, 2000) die Leistungsbereitschaft der Einzelnen fördere – beispielsweise durch den Hartz-IV-Status, der die Betroffenen von sozial gleicher Teilhabe an elementaren Grundbedingungen ihrer Persönlichkeitsentwicklung ausschließt und gerade dadurch zu jeglicher Arbeit außer direkt sittenwidriger nötigen soll. Die von allen anderen Bundestagsparteien außer der LINKEN mitgetragene Privatisierungspolitik schließt eine zentrale Stellung des Öffentlichen in ihrer Programmatik und politischen Praxis aus.

Sowohl die erstrangige Bedeutung der Bereitstellung von Freiheitsgütern für alle als auch im Besonderen die dringliche Ausweitung öffentlicher Daseinsvorsorge verweisen darauf, dass emanzipatorische Alternativen tiefgreifende Strukturumwälzungen in der Gesellschaft umfassen: beispielsweise Veränderungen in den Proportionen zwischen allgemeinen Reproduktionsbedingungen (Bildung, Gesundheit, Kinderbetreuung, Fürsorge für Ältere und gesundheitlich Belastete, Kultur, soziale Sicherungssysteme, Mobilität) und individuellem Konsum; einen Umbruch von einer fossilen zu einer solaren Energiewirtschaft Rüstungskonversion; Übergang zu umweltverträglichen Lebensweisen; Neutarierung des Verhältnisses zwischen Binnen- und Exportmärkten. Bedingung für solchen weitreichenden Wandel sind einschneidende Veränderungen in den Eigentums-, Verfügungs- und Machtverhältnissen.

Die Identität der Linken im Diskurs über «Zukünfte» und in den praktischen Kämpfen unterwegs hat ferner eine dritte Dimension:

DRITTENS: Das geistig-politische Wirken der Linken hat seinen Bezugspunkt nicht in der bloßen gedanklichen Konstruktion einer schönen neuen Welt. Links sein heißt, für die Mobilisierung alternativer Akteure, für deren Vernetzung zu veränderungsmächtigen Bewegungen, Allianzen und Bündnissen in den Kämpfen um bessere Zukünfte zu wirken.

Demokratischer Sozialismus als emanzipatorisches Gegenwarts- und Zukunftsprojekt kann also als Dreiklang beschrieben werden, als Komposition von

— Freiheit durch Gleichheit und Solidarität,
— Verteidigung und Ausweitung des Öffentlichen,
— Mobilisierung von Akteuren für eine gerechte Gesellschaft.

1.4. ARBEITSVERHÄLTNISSE UND SUBJEKTIVITÄT IM HIGH-TECH-KAPITALISMUS

DER MENSCH IM HIGH-TECH-KAPITALISMUS

Die Betrachtung kritischer Gesellschaftswissenschaften als Produktivkraft, die in öffentlichen Diskursen zu einem auf die Persönlichkeitsentfaltung der Individuen konzentrierten Richtungswechsel der Politik beizutragen vermag, korrespondiert mit der zentralen Stellung des Menschen im System der Produktivkräfte. Wissen – welcher Provenienz auch immer – ist stets das Produkt von Menschen. Technologien und Organisationsstrukturen als vergegenständlichtes Wissen sind stets von Menschen hervorgebracht. Alte und neue Formen der Arbeitsteilung mögen von der Technik geprägt sein – immer sind sie das Resultat menschlicher Entscheidungen und zugleich Beziehungen zwischen Menschen. Das führt uns zu der Frage, die in einer gesellschaftsanalytischen Betrachtung des gegenwärtigen Produktivkraftsystems im Fokus steht: Was sind die Wirkungen des hochtechnologischen Wandels von Arbeitsmitteln und Arbeitsgegenständen und der darauf beruhenden Strukturveränderungen auf die Individuen, vor allem auf die Lohnabhängigen, deren Arbeitskraft nach wie vor die Hauptproduktivkraft der Gesellschaft ist? Welche Veränderungen gehen in ihren Arbeitsverhältnissen und mit ihnen selbst vor sich?

Zunächst ist hervorzuheben, dass das den Menschen eigene Streben nach Individualität durch den neoliberal geprägten Kapitalismus bewusst aufgenommen wird. Er eröffnet der Persönlichkeitsentwicklung neue Räume. Darin besteht eine erhebliche Stärke und Legitimationsquelle des Neoliberalismus.

Er bedarf der Bildung der vielen als Voraussetzung einer wissenschaftsintensiven Produktionsweise. Vernetzung in den Unternehmen und zwischen ihnen erfordert Kooperations- und Kommunikationsfähigkeiten der Einzelnen. Dezentralisierung und computergestützte Flexibilität fordern den Beteiligten mehr Selbstverantwortung ab. Flachere Unternehmenshierarchien stellen Anforderungen an die Selbstorganisationsfähigkeit der Beschäftigten. Mit den Vorteilen innerbetrieblicher Vernetzung der Produktionsabläufe und mit der Abhängigkeit von zeitgenauen Zulieferungen wächst zugleich die Störanfälligkeit erheblich. Das führt zu hohen Ansprüchen an die Kompetenzen und Entscheidungsfähigkeit der Beteiligten, damit Störungen rasch überwunden werden können.

Kurz, die Subjektivität der Individuen wird zu einer wesentlichen Bedingung für die neoliberal geprägte Produktionsweise und erhält starke Impulse durch die veränderten Arbeitsverhältnisse.

Der für moderne Gesellschaften charakteristische Individualisierungsprozess (Beck, 1986: 121 ff.) erfährt unter neoliberalen Vorzeichen einen erheblichen Schub.

SELBSTVERANTWORTUNG

Das birgt für den Einstieg in gesellschaftliche Alternativen unverzichtbare Chancen, die aber bewusst angenommen und ausgeschöpft werden müssen. Die den Lohnabhängigen abgeforderte Bildung, ihre Kommunikationsfähigkeit, Entscheidungskraft und Selbstverantwortung sind potenziell Voraussetzungen für ein selbstbestimmtes Leben und Arbeiten aller. Entschieden mehr als zu Marx' Zeiten gilt dessen Überlegung: Das Verhältnis von Lohnarbeit und Kapital «an sich, nur noch in verkehrter, auf den Kopf gestellter Form schon enthält die Auflösung aller bornierten Voraussetzungen der Produktion, und schafft ... die unbedingten Voraussetzungen der Produktion, daher die vollen materiellen Bedingungen für die totale, universelle Entwicklung der Produktivkräfte des Individuums». (MEW, Bd. 42: 422)

SELBSTANPASSUNG

In verkehrter, auf den Kopf gestellter Form: Die Förderung der Selbstverantwortung gerät unter dem Druck sozialer Entsicherung, verinnerlichter betriebswirtschaftlicher Denkweisen und oft allerdings auch neotayloristischer Zwangsmechanismen zur Selbstanpassung der Lohnabhängigen an die Unternehmerinteressen. Selbstentscheidung wird zunehmend zum Selbstmanagement der Beschäftigten im Rahmen der Kapitalverwertung. Der große neoliberale Anspruch, der freien Persönlichkeitsentwicklung Raum zu schaffen, verkommt zu der Freiheit, in Gruppenarbeit, selbst gewählten gleitenden Arbeitszeiten und in Telearbeit nach individuellen Zeitregimen die Unterwerfung unter das Profitregime selbst zu organisieren.

Gouvernementalität, eine Wortschöpfung von Michel Foucault (1926-1984), zusammengesetzt aus den Begriffen «gouverner» und «mentalité». Damit wird ein widersprüchlicher Zusammenhang von Herrschaft und Subjektivierung bezeichnet, der typisch ist für moderne Machtregime. Eigentlich geht es darum, dass Menschen besonders effektiv dann beherrscht werden, wenn sie das Beherrschtsein selbst übernehmen. Ihre vollendete historische Form findet Gouvernementalität, soweit sich das bislang absehen lässt, im Neoliberalismus, der den Imperativ zu Selbstführung, -management, -kontrolle, -regulation universalisiert.

Es ist die Aufgabe der Linken, als Teil aller demokratischen Kräfte und im Verein mit ihnen, diese Verkehrung abermals umzukehren. Besondere Verantwortung kommt den Gewerkschaften in den Kämpfen um Bewahrung und Ausschöpfung der Tarifautonomie, um die Verteidigung und Ausweitung der Mitbestimmung, um Wirtschaftsdemokratie, um «gute Arbeit» und Geschlechtergerechtigkeit in der Arbeitwelt zu.

Der neoliberal geprägte Kapitalismus hat die Gesellschaft so konstituiert, dass sie der Persönlichkeitsentfaltung von Millionen Individuen dringlich bedarf. Er hat einen Reichtum hervorgebracht, der es zum ersten Mal in der Geschichte erlaubt, für alle Menschen auf der Erde elementare Bedingungen eines selbstbestimmten Lebens in sozialer Sicherheit und Würde bereitzustellen. Aber in einem Atem mit dem Entstehen dieser Chance wird sie zugleich Milliarden Menschen auf der Erde genommen. Sie geht unter in Hunger und Krankheiten als Resultat von Unter- und Mangelernährung, in Arbeitslosigkeit und prekären Beschäftigungsverhältnissen, in Analphabetentum und Bildungsdefiziten, in Kriegen und Rüstung. Die Revolution der Produktivkräfte in unserer Zeit ist eine gebrochene Revolution. Sie bringt hochtechnologische Wunder und einen enormen Schub der Subjektivitätsentfaltung für Millionen Menschen hervor. Doch zugleich schlägt sie diese in Fesseln, die durch den Profit als Maß der Entwicklung und durch patriarchale Maßstäbe bestimmt sind. Darin besteht eine entscheidende Schwäche des Neoliberalismus. Soziale Gräben werden tiefer – zwischen jenen, die sich nach Profitmaßstäben «rechnen», und Millionen anderen, die ausgegrenzt werden, weil sie sich nicht rentieren. Bildung ist in Deutschland mehr als in allen anderen Industrieländern abhängig von sozialer Herkunft. Das Gesundheitswesen entwickelt sich in der Bundesrepublik wie in den meisten Ländern zunehmend als Zwei-Klassen-System. Soziale Sicherungssysteme und Demokratie erodieren. Das geschieht in einer Situation, in der existenzielle Bedrohungen und globale Großprobleme dringlich der produktiven Fähigkeiten und der Kreativität jeder und jedes Einzelnen für ihre Lösung bedürfen. Auf die Agenda des 21. Jahrhunderts ist die Lösung dieses Konflikts gerückt.

WANDEL DER BETRIEBSWEISE

Dazu gehören die Kritik der Ausbeutungs- und Unterordnungsverhältnisse in kapitalistischen Unternehmen und der Widerstand gegen sie, der vor allem von den Gewerkschaften organisiert werden kann. Der Wandel im System der modernen Produktivkräfte führt zur Steigerung der Arbeitsproduktivität. Im Rahmen globaler Verdrängungskonkurrenz verfestigt eine höhere Produktivität der Arbeit die chronische Massenarbeitslosigkeit. Diese übt Druck auf die Lage der Beschäftigten aus, der wiederum durch die neuen Technologien in spezifischer Weise verstärkt wird. Die durch Vernetzung möglich gewordene relative Verselbständigung einzelner Unternehmensteile hat eine «Internalisierung des Marktes» zur Folge (Dörre, 2002). Marktmechanismen sind in die unternehmensinternen Verhältnisse selbst eingedrungen. Die Beschäftigten werden unmittelbar mit der Marktkonkurrenz konfrontiert und mehr zu einem unternehmerischen Selbstverhalten gezwungen als zuvor. Die computergestützte Flexibilisierung führt im Verein mit dem permanenten Druck der Arbeitslosigkeit zur Auflösung des Normalarbeitstages, an dessen Stelle vielfach prekäre Beschäftigungsverhältnisse (Mini- und Midijobs, befristete Arbeitsverträge, Leiharbeit, Heimarbeit, Niedriglohnarbeit, Arbeit auf Telefonabruf) in der «atmenden Fabrik» treten. Die Ironie dieser Entwicklung besteht darin, dass Flexibilität für die Betroffenen oft bedeutet, schlechtere Arbeitsbedingungen dezentral selbst organisieren zu müssen. Schon Marx hatte beobachtet, die Entwicklung «strebt einerseits dahin, die Individualität und damit Freiheitsgefühl, Selbständigkeit und Selbstkontrolle der Arbeiter zu entwickeln, andererseits ihre Konkurrenz unter- und gegeneinander». (MEW, Bd. 23: 579)

Frauen haben mit der Minderung ihrer Abhängigkeit vom männlichen Familienernährer, mit einem Gleichstand ihrer Schulbildung in vielen westlichen Ländern, mit einem hohen Anteil weiblicher Berufstätigkeit, sexueller Befreiung und wichtigen Gleichstellungsschritten mehr Selbständigkeit und Individualität erworben. In vielen Bereichen der Produktionsarbeit nimmt körperlicher Kräfteaufwand ab, während Kommunikations- und Kooperationsfähigkeiten, sozialen Kompetenzen, sensiblem Reagieren eine wachsende Bedeutung zukommen. Das begünstigt Frauen. Aber gleichzeitig wachsen die Anforderungen an Mobilität, Flexibilität und Verfügbarkeit. Das kollidiert mit der noch immer höheren häuslichen Belastung von Frauen und bedeutet, dass sie sich oft zwischen beruflicher Gleichstellung und Kompromissen im Verhältnis von Beruf und Familie statt für eine umfassende Selbstverwirklichung entscheiden müssen.

Über 70 Prozent der in Deutschland prekär Beschäftigten sind Frauen. Noch immer liegen ihre Löhne im Durchschnitt um 22 Prozent unter denen der Männer. Und noch immer tragen sie den größten Teil der Doppelbelastung durch Erwerbstätigkeit und Familienarbeit, die überwiegend von Frauen geleistet wird (siehe Abschnitt 4.4.).

Die Antwort auf eine Individualisierung, die unter dem Druck anhaltender Arbeitslosigkeit stets auch Konkurrenz der Lohnabhängigen untereinander und Einverleibung der Einzelnen in die Verwertung des Kapitals bedeutet, legt weitreichende Schlussfolgerungen der Gewerkschaften nahe. Die positiven Tendenzen des Individualisierungsprozesses können nur dann ausgeschöpft werden, wenn sie als Chancen nicht allein für Individuen, sondern für die organisierte gewerkschaftliche Arbeit verstanden werden. Allerdings betrifft das nicht allein die gewerkschaftlichen Kernaufgaben in Betrieb und Unternehmen, sondern auch das Wirken der Gewerkschaften über Tarifauseinandersetzungen hinaus für politischen Richtungswechsel in der Gesellschaft und für ihre Verbindung mit anderen demokratischen Akteuren.

1.5. UMWÄLZUNGEN DER PRODUKTIVKRÄFTE UND GRUNDPROZESSE DES NEOLIBERALEN KAPITALISMUS

Die Umbrüche im System der modernen Produktivkräfte wirken, wie zu Beginn aus den Überlegungen Manuel Castells zitiert, auf die Gesamtheit aller gesellschaftlichen Verhältnisse ein. Die allgemeinste Wirkung ist eine solche Entwicklung des gesellschaftlichen Reichtums, dass bei seiner solidarischen Verteilung für alle Erdbewohner ein Leben ohne Armut und materielle Existenzängste möglich wäre. Aber die Produktivkraftentwicklung vollzieht sich im Zusammenhang mit anderen Grundprozessen des gegenwärtigen Kapitalismus. Wie sie auf diese wirkt, wird in der folgenden Tabelle zusammengefasst:

Wirkungen des hochtechnologischen Produktivkraftsystems auf Grundprozesse des neoliberalen Kapitalimus	
Grundprozesse	**Wirkungen der modernen Produktivkräfte auf die Grundprozesse des gegenwärtigenKapitalismus**
Globalisierung/marktradikaler Wandel der Regulationsweise	• Extrem hohe Investitionen in Hochtechnologien erfordern internationale Märkte. • Computervernetzung ermöglicht erdumspannende Wertschöpfungs- und Kapitalverwertungsketten. • Hochtechnologien korrespondieren mit hoher Kapitalkonzentration; der Machtzuwachs der Multis drängt die sozialstaatliche Regulation zurück. • Moderne Verkehrsmittel ermöglichen kapitalrentablen internationalen Transport. • Das Internet erleichtert die Koordinierung kapitalismuskritischer globaler Bewegungen. Finanzmarkt-
kapitalismus	• Weltweite Computervernetzung ist die technische Basis für globale Finanzmärkte. • Hochtechnologische Entwicklungsschübe lösen spekulative Aktienemissionen und Kreditausweitungen aus, die immer wieder in Finanzkrisen mit sozial destruktiven Folgen münden.
Ökonomie der Enteignung und sozialen Desintegration	• «An sich» eröffnen die modernen Produktivkräfte nie zuvor erreichte Möglichkeiten des Wohlstands und der Überwindung sozialer Spaltungen rund um die Erde. Jedoch: • Die durch hochtechnologische Umwälzungen vorangetriebene Globalisierung bedeutet durch internationale Verdrängungskonkurrenz enorm verstärkten Druck auf die Lohnabhängigen und weltweit tiefere soziale Gräben. • Die neue Zentralität des Wissens verstärkt die Anstrengungen zur Privatisierung von Wissen durch Patent-, Urheber- und Markenrecht, um geistiges Eigentum der Kapitalverwertung zu Lasten der Mehrheit einzuverleiben. • Die Patentierung von Genen erlaubt die Schaffung von Eigentumsrechten an elementaren Bausteinen des Lebens und bedeutet zugleich Enteignung anderer von der Verfügung über sie. Indigene Völker werden durch die Patentierung von Pflanzen von Naturressourcen enteignet.
Imperiale Politik und Kriege	• High-Tech-gestützte ökonomische Macht ist vor allem für die USA Grundlage imperialer Politik. • Hochtechnologien sind für die Vereinigten Staaten die Basis einer solchen militärischen Überlegenheit geworden, dass darauf die Strategie einer – wenn notwendig militärischen – Ausschaltung jedes potenziellen Konkurrenten, der Selbstermächtigung zu präemptiven Kriegen und der Schaffung einer vom US-Empire dominierten neuen Weltordnung gestützt wird. • Imperialistische Kriege wie der erste Irak-Krieg oder der Jugoslawien-Krieg werden von den USA und ihren Verbündeten als Hochtechnologie-Kriege geführt. • Die Forschung an neuen Waffensystemen entzieht der zivilen Entwicklung riesige Mittel und gefährdet den Weltfrieden.
Existenzielle Gefährdung ökologischer Gleichgewichte	• Die moderne Produktivkraftentwicklung führt unter den Bedingungen der Profitdominanz zu derartigem Ressourcenverbrauch und zu solcher Überlastung der Natursenken, dass trotz der beschleunigten Entwicklung umweltfreundlicher Technologien die Naturgrundlagen menschlicher Existenz bis zu einer drohenden Klimakatastrophe untergraben werden. • Durch die Interessen der Multis in der fossilistischen Energiewirtschaft wird trotz fortgeschrittener Solartechnologien der Übergang zu einer solaren Weltwirtschaft gefährlich verzögert und blockiert

Wandel des Staates und Entdemokratisierung	• Indirekt – vermittelt durch die Globalisierung und durch die marktradikale Veränderung der Regulationsweise – wirken die neuen Produktivkräfte auch auf den Wandel des Staates vom Sozialstaat zum Wettbewerbsstaat und auf die Herausbildung internationaler staatlicher Institutionen, die gegenwärtig auf Liberalisierung, Deregulierung und Privatisierung gerichtet sind. • Sofern Produktivkraftentwicklung und Machtzuwachs transnationaler Unternehmen miteinander verknüpft sind, führen Entscheidungen in deren Führungsetagen vorbei an Parlamenten und zivilgesellschaftlichen Institutionen zu Entdemokratisierungstendenzen. • Informations- und Kommunikationstechnologien werden in Gestalt von Online-Zugriffen auf private Computer, Lauschangriffen, Videoüberwachung und elektronischer Vernetzung von Diensten weniger zu technischen Mitteln der Verbrechensbekämpfung als zu polizeistaatlichen Herrschaftsmitteln. • Moderne Medientechnik ermöglicht aufklärende Bildung und Information, dient aber per Saldo eher der Stützung neoliberaler geistiger Hegemonie, manipulativen Zwecken und nicht selten kultureller Degradation.

FAZIT

Im Rahmen des gegenwärtigen Kapitalismus verweisen die meisten der in der Tabelle konstatierten Wechselwirkungen sozialer Produktivkraftentwicklungen und anderer Grundprozesse auf einen außerordentlichen Bedeutungszuwachs der internationalen Märkte. Der Marktradikalismus erfährt eine enorme Stärkung. Die verschiedenen Grundqualitäten des neoliberalen Kapitalismus entwickeln sich in starker Wechselbeziehung zu den hochtechnologischen und subjektiven Umwälzungen im modernen System der Produktivkräfte.

Umso schärfer tritt für alternative Kräfte die Aufgabe hervor, die in der Linken stark verbreitete Haltung, sich als nicht zuständig für technologischen Wandel und Innovationen anzusehen, radikal zu überwinden. Die Richtung des Produktivkraftwandels neu zu bestimmen, ist eine zentrale Frage für Friedenssicherung, ökologisches Überleben, Arbeitsbedingungen, Persönlichkeitsentwicklung und Wohlstand geworden.

Reinhard Mocek mahnt die Linke nachdrücklich, sich ausgewogene und wissenschaftsgestützte Grundlagen und Standpunkte für eine entwicklungsoffene und sozialökologisch verantwortungsvolle Technologiepolitik anzueignen. Er fordert eine «kompromisslose Orientierung auf die Problemlösungskraft der Wissenschaft» bei gerechtem Umgang mit den globalen Problemen ein. Er lehnt kurzschlüssige (Vor)Urteile und «linke Verbindlichkeiten» ab. Er verweist auf die dringliche Aufgabe für alternative Akteure, sich wissenschaftlicher Kompetenz für ihre Technologiepolitik auf Feldern wie der grünen Gentechnik, der Stammzellenforschung, der Reproduktionsmedizin, der Kernphysik, Bionik, Nanophysik und der Informationstechnologien zu versichern (Mocek, 2008).

1.6. WELCHE ZUKÜNFTE KÖNNTEN AUS DEN HOCHTECHNOLOGISCHEN UMWÄLZUNGEN RESULTIEREN?

ERSTENS: Es ist nicht möglich, aus der hochtechnologischen Produktivkraftentwicklung «an sich» Aussagen über künftige Entwicklungen abzuleiten. Innovationen im Produktivkraftsystem sind eine der Lösungen für das Hinausschieben der Schranken der Kapitalverwertung. Neue Märkte eröffnen neue Bewegungsräume für das Kapital und die Reichtumsmehrung. Aber der Missbrauch der Informations- und Kommunikationstechnologien für die Abkopplung der Finanzmärkte von der Realwirtschaft in erdumspannenden Spekulationsorgien, einmündend in zerstörerische Finanzkrisen, zeigt exemplarisch, dass Lösungen im Dienst des Kapitals stets den Keim nächster großer Krisen in sich tragen. Die Wirkungsrichtung der Produktivkraftentwicklung hängt hochgradig von der Politik der Akteure und dem Kräfteverhältnis zwischen ihnen ab. Jedoch:

ZWEITENS: «Wenn es so weitergeht», werden die Energie- und Emissionsintensität des gegenwärtigen Produktivkraftsystems und die Blockierungen, die vor allem von der Öl, Gas- und Kernenergiewirtschaft gegen eine solare Energierevolution ausgehen, der Trend zur Fortsetzung und erdweiten Übernahme westlicher umweltschädigender Lebensweisen, gepaart mit dem explodierenden Energiebedarf Chinas, Indiens und anderer Schwellenländer, zu sozialökologischen Katastrophen größten Ausmaßes (z. B. drohende Klimakatastrophe) führen. Ohne schnelle Umkehr der gegenwärtigen Trends werden sie nicht abzuwenden sein (siehe Kapitel 6)

Forschung, Entwicklung und bereits existierende technologische Lösungen bieten allerdings zugleich Chancen, bei einem jährlichen Aufwand von weltweit etwa zwei Prozent des BIP die schlimmsten Zerstörungen noch zu vermeiden. Aber so, wie im 20. Jahrhundert zwei Weltkriege trotz voraussehbarer schrecklicher Verluste nicht vermieden wurden, kann sich die Menschheit in den nächsten Jahrzehnten des 21. Jahrhunderts allen wissenschaftlichen Einsichten zum Trotz in Umweltzerstörungen mit kaum abschätzbaren sozialen und physischen Folgen hineinmanövrieren – bis vielleicht als Reaktion darauf die Herrschenden der Bevölkerungsmehrheit in einem «grünen Kapitalismus» härteste Notmaßnahmen aufzwingen.

DRITTENS: Die hochtechnologischen Waffensysteme haben eine Zerstörungskraft, die die des 20. Jahrhunderts um ein Vielfaches übertrifft. Das verweist auf wachsende Großgefahren durch Kriege, zumal auch die zunehmenden Umweltprobleme (z. B. gestörte Wasserhaushalte) in vielen Ländern drohen, zu militärischen Konflikten zu führen. Die Entwicklung neuer Atomwaffen mit niedrigerer Einsatzschwelle, die Rücknahme von Abrüstungsvereinbarungen aus dem 20. Jahrhundert und die anschwellenden Rüstungsausgaben erhöhen die Gefahr großer verheerender Kriege (siehe Kapitel 5.2.). Aber das Selbsterhaltungsinteresse der Machteliten in funktionsfähigen Staaten spricht trotzdem dafür, dass die in der zweiten Hälfte des 20. Jahrhunderts eingeleiteten Rüstungskontroll- und Abrüstungsprozesse im Bewusstsein der Selbstauslöschungsfähigkeiten der Menschheit und bei veränderten Kräftekonstellationen wiederbelebt und erfolgreich weiterentwickelt werden können – soweit es gelingt, die staatliche Kontrolle demokratisch verfasster Staaten über die Sicherheitspolitik zu behalten.
Der Zerfall vieler Staaten auf dem Hintergrund von Massenarmut, Elend und Perspektivlosigkeit in großen Regionen der Erde bildet aber in der Kombination mit provozierenden imperialen Politiken, größeren terroristischen Aktionen und «neuen Kriegen» einen Nährboden für neue militärische Konflikte.

VIERTENS: Für den Verlauf der nächsten Jahrzehnte und des ganzen 21. Jahrhunderts haben die Umwälzungen im Produktivkraftsystem

— außer dramatischen Implikationen für die Umwelt und
— außer der menschheitsgefährdenden Zerstörungskraft hochtechnologischer Waffensystem
— eine dritte Wirkung: Moderne Produktivkraftentwicklung bedeutet Persönlichkeitsentfaltung, Subjektivität, Bildung und Selbstverantwortung der Individuen!

Bisher gelingt es dem neoliberalen Kapitalismus, die Chancen für Selbstbestimmung überwiegend in eine Vereinzelung konkurrierender Individuen und in individualisierte Selbstanpassung an die herrschenden Verhältnisse zu verkehren.

Hier liegt jedoch die größte latente Gefahr für die Herrschenden. Hier könnte sich ein archimedischer Punkt für alternative Akteure ergeben: Wenn größere Teile der Bevölkerung anstelle der Selbstanpassung die Selbstbestimmung des eigenen Lebens in und durch Solidarität mit anderen als ihre Chance erkennen, können die alternativlos erscheinenden Verhältnisse zurückgedrängt und durch transformatorische emanzipative Prozesse abgelöst werden.

Diese Chance muss die Linke mit allen Kräften fördern!

FÜNFTENS: Die Gefahren von Finanzkrisen bis zu einer drohenden Klimakatastrophe, die von einer fossilistisch dominierten Energiebasis der Gesellschaft ausgehen, deuten exemplarisch darauf hin, dass von den globalen Marktmechanismen nachhaltige überlebensgerechte Strukturentwicklungen nicht zu erwarten sind. Marktradikalismus ist zukunftsblind. In den Versuchen, langfristige Klimaziele für Emissionssenkungen und Limits für den Verbrauch von Ressourcen festzulegen, also stärkere staatliche Verantwortung wahrzunehmen, könnten Ansätze für einen neuen positiven Staatsinterventionismus und für eine sinkende Attraktivität des Marktliberalismus gesehen werden. Für die Linke könnten sich daraus Ansätze für eine Politik langfristiger Gestaltung ergeben.
An dieser Stelle sei eine Bemerkung zu der in dieser Schrift immer wiederkehrenden Frage gestattet, welche Zukünfte aus den einzelnen hier zu analysierenden Grundprozessen des neoliberalen Kapitalismus resultieren könnten. In der Diskussion zu den Entwürfen der hier vorliegenden Arbeit wurde eine «starke These» über die zu erwartende Zukunft Deutschlands und der Europäischen Union eingefordert. Diese These wird es nicht geben.
Es wird gezeigt werden, wohin es geht, wenn es trotz schockhafter Krisenerfahrungen so weitergeht. Es werden ferner Gegentendenzen deutlich gemacht, die in der Gesellschaft angelegt sind und Ansatzpunkte für alternatives Handeln bieten. Ob aber die gegenwärtigen Grundtendenzen des neoliberalen Kapitalismus weiter dominieren werden oder ob es Gegenmächten gelingen wird, seine Widersprüche und Ambivalenzen für einen politischen Richtungswechsel zu nutzen, der zu einer gerechten und solidarischen Gesellschaft führen könnte, ist offen. Eine einzige «starke These» ist allerdings doch möglich:

Es gibt nur eine Chance für emanzipatorische Alternativen. Das ist eine einschneidende Veränderung der gesellschaftlichen Kräfteverhältnisse durch das gemeinsame Wirken aller demokratischen Gegenmächte. Das allein kann den neoliberalen Kapitalismus zurückdrängen, die Machteliten des Kapitalismus schwächen und diesen schließlich überwinden.

2.

KAPITALISTISCHE GLOBALISIERUNG UND MARKTRADIKALER WANDEL DER REGULATIONSWEISE

Ein weiterer Grundprozess, der die Spezifik des gegenwärtigen neoliberalen Kapitalismus in starkem Maße bestimmt, ist die Globalisierung. Sie wurzelt in objektiven Prozessen; ihre politisch-soziale Gestalt ist zugleich das Resultat von Entscheidungen der Machteliten, besonders seit den siebziger Jahren, aber auch des Handelns und Verhaltens von «unten». Die neoliberale Globalisierung erhebt den Marktradikalismus zum Grundprinzip der internationalen Vernetzung von Wirtschaft, Staaten und Völkern über alle nationalen und kontinentalen Grenzen hinweg. Erst durch die Globalisierung wird in den letzten Jahrzehnten der Markt übermächtig gegenüber den Nationalstaaten. Die neoliberale Globalisierung zielt von Beginn an erneut darauf, den keynesianischen Wohlfahrtsstaat in den kapitalistischen Zentren, den Entwicklungsstaat im «Süden» und eigenständige Transformationen des Staatssozialismus zu beseitigen und durch den Markt zu ersetzen.

Zu den objektiven Grundlagen der neoliberalen Globalisierung gehören die eben dargestellten hochtechnologischen Umwälzungen, die derart wissenschafts- und daher auch kostenintensiv sind, dass erhebliche internationale Marktanteile und internationale Kooperation zu Bedingungen ihrer Rentabilität geworden sind. Intensität und Ausmaß der Globalisierung beruhen ferner auf modernen Transport- und Logistiksystemen. Weder die Netzwerkstrukturen transnationaler Unternehmen noch die erdumspannenden Finanzmärkte wären ohne informations- und kommunikationstechnologische Revolution möglich. Diese Umwälzungen bieten trotz der Dominanz des Marktradikalismus Chancen der internationalen Arbeitsteilung, der Kooperation und kultureller Lernprozesse über nationale Schranken hinaus.

2.1. JANUSKÖPFIGE GLOBALISIERUNG

Janusköpfig ist die Wirkung der Globalisierung vor allem für die menschliche Entwicklung der Einzelnen. Der vom transnationalen Kapital beherrschte Prozess birgt durchaus Anstöße der Persönlichkeitsentfaltung für Millionen der in die Globalisierungsprozesse Hineingeschleuderten. Lokal und national beschränkte Denkhorizonte der Einzelnen werden gesprengt: durch die Bedrohungen, die von der internationalen Konkurrenz und von Entscheidungen in internationalen Konzernzentralen ausgehen, aber auch durch Informationen zu Geschehnissen rund um die Erde, die in Echtzeit über den Bildschirm flimmern. Mögen die Vorzeichen oft auch negativ sein, die Überschreitung enger Denkhorizonte ist eine Grundkomponente der Entwicklung von Individualität. Katastrophen können auf diese Weise solidarisches Verhalten von Millionen Menschen auslösen.

Das Wissen um wechselseitige Abhängigkeit der Bevölkerung in verschiedenen Erdregionen dringt in das Alltagsbewusstsein vieler Menschen ein und kann ihr Handeln ebenfalls beeinflussen. Trotz des Kulturimperialismus und weltweiter medialer Verbreitung von Denkfeindlichkeit, kultureller Degradation, Gewöhnung an Gewalt und Menschenverachtung berühren humanistische Literatur und Filme aus Nord und Süd, West und Ost das Gefühl von Millionen Menschen, tragen zu ihrem Verständnis für die Probleme anderer Völker bei und können das individuelle Reservoire für Völkerverständigung vergrößern.

Als beispielsweise geplant war, in den europäischen Häfen das Löschen von Schiffen durch schlecht bezahlte Seeleute auf Schiffen unter Billigflaggen übernehmen zu lassen und damit die bisher geltenden Arbeitsbedingungen zu unterlaufen, scheiterte dies an der geeinten Gegenmacht der Hafenarbeiter.

In den regionalen und in den Weltsozialforen fließen das Wissen um globale Herrschaftsverhältnisse, konkrete Erfahrungen des Widerstandes gegen sie, die Suche nach Alternativen und das Knüpfen von solidarischen Netzwerken zusammen und wird das Bewusstsein der Einzelnen für größere Zusammenhänge geschärft. Zuweilen gelingt es auch den Gewerkschaften, ihren Widerstand gegen die Unternehmerpolitik erfolgreich international zu koordinieren.

Die Gesamtheit dieser Prozesse mit ihren starken Wurzeln in der Entwicklung der gesellschaftlichen Produktivkräfte vollzieht sich jedoch vorwiegend in der Regie transnationaler Konzernimperien, internationaler Großbanken, Investmentfonds und Versicherungsgesellschaften. Unter deren Einfluss werden diese Prozesse von internationalen Wirtschaftsorganisationen wie der Welthandelsorganisation (WTO), dem Internationalen Währungsfonds (IWF), der Weltbank, dem Allgemeinen Abkommen über den Handel mit Dienstleistungen (GATS) und dem Abkommen über handelsbezogene geistige Eigentumsrechte (TRIPS) der Liberalisierung der Weltmärkte einverleibt, der Deregulierung unterworfen und mit der Privatisierung bisher noch öffentlicher Ressourcen vorangetrieben.

Gefahren- und konfliktschwanger verläuft die Globalisierung auch deshalb, weil sie von den USA und deren Verbündeten als imperiales Projekt und partiell mit Mitteln imperialistischer Politik vorangetrieben wird. Sie ist keineswegs reduzierbar auf vertiefte internationale Arbeitsteilung, intensivere Informations-, Bilder- und Handelsströme über Ländergrenzen hinweg. Sie beschränkt sich nicht auf grenzenlose Freizügigkeit für Güter, Kapital und Menschen, zumal die Industrieländer den Warenimport aus den so genannten Entwicklungsländern oft genug behindern und sich gegen EmigrantInnen und Flüchtlinge abschotten. Die Globalisierung ist eng mit Imperialität verflochten. Sie wird von den Vereinigten Staaten als Formierung eines US-Empire verfolgt – unter Einsatz ökonomischer und politischer Machtpotenziale, neoliberaler geistiger Missionierung und militärischer Gewalt. Das forciert Russland und aufsteigende Mächte wie China, Indien und Brasilien heraus, die sich nicht in ein US-Imperium eingliedern lassen, und provoziert Fundamentalismus und Terrorismus in vielen Regionen der Erde (siehe Kapitel 5).
Die Globalisierung hat also viele Gesichter. Sie birgt neue Chancen sinnvoller internationaler Arbeitsteilung und neue Möglichkeiten ihres Missbrauchs für die Ausplünderung der schwächeren Beteiligten. Die Globalisierung ermöglicht Qualifikationsgewinne durch die Ausbildung von Millionen Menschen in anderen Ländern, und sie fügt Entwicklungsländern schwere Verluste zu, deren Fachkräfte ihre Heimat verlassen. Sie führt zu so starker grenzüberschreitender Abhängigkeit, dass wirtschaftliche Erschütterungen, Kriege oder Umweltschäden in bestimmten Erdregionen weit reichende Folgen für andere Regionen haben. Die wechselseitige Abhängigkeit ist so fortgeschritten, dass Kriege zwischen den Industrieländern unwahrscheinlich geworden sind. Die wachsende Interdependenz könnte in Zukunft die westliche Welt sogar zwingen, im eigenen Überlebensinteresse den so genannten Entwicklungsländern in bisher unbekanntem Maße Unterstützung für die Überwindung von Hunger, Analphabetismus, Umweltkatastrophen, Epidemien und Armutsmigration zu leisten. In den Millenniumszielen von 2000 ist genau diese Herausforderung formuliert worden (UNDP, 2003).

Millenniumsziele bis 2015

1. Halbierung der Zahl der in extremer Armut Lebenden. Verwirklichung der allgemeinen Primarschulbildung.
3. Förderung der Geschlechtergleichstellung und Ermächtigung der Frau.
4. Senkung der Kindersterblichkeit. Verringerung der Sterblichkeitsrate von Kindern unter fünf Jahren um zwei Drittel.
5. Senkung der Müttersterblichkeitsrate um drei Viertel.
6. Bekämpfung von HIV/ Aids, Malaria und anderen Krankheiten. Stillstand bis 2015 und Umkehr danach.
7. Sicherung ökologischer Nachhaltigkeit – u. a. Halbierung der Zahl der Menschen ohne Zugang zu sauberem Trinkwasser.
8. Aufbau einer globalen Entwicklungspartnerschaft.

Doch die dort formulierten Ziele werden voraussichtlich nicht eingelöst werden. Und zugleich werden Anstrengungen verstärkt, eigene Probleme auf andere Regionen abzuwälzen. Die internationale Mobilität und die globale Kommunikation erweitern die Berührung mit anderen Kulturen. Das ist eine Chance für ein Verständnis globaler Lebenszusammenhänge, für kulturelle Bereicherung aller Seiten, für die Ausweitung von Denkhorizonten und für mehr Toleranz. Aber Versuche, anderen die eigenen kulturellen Muster aufzuzwingen, verstärken den Widerstand dagegen, bieten jedoch auch einen Nährboden für Nationalismus und Fundamentalismus. Das Internet ermöglicht transnationale Unternehmensstrukturen, aber auch die globale Vernetzung von alternativen Akteuren.

Das Gesicht der Globalisierung ist janusköpfig. Chancen und Bedrohungen, Entwicklungsoptionen und ihr Verspielen sind miteinander verflochten. Der Globalisierungsprozess ist eine Herausforderung für die Gesellschaften rund um die Erde zur sozialen, ökologischen und kulturellen demokratischen Gestaltung des Internationalisierungsprozesses. Gegenwärtig allerdings stärkt die Globalisierung per Saldo die Macht des internationalen Großkapitals.

2.2. EUROPÄISCHE UNION ZWISCHEN FORTSCHRITT UND DESTRUKTION

Exemplarisch tritt die Spannung zwischen Fortschrittspotenzial der Globalisierung und ihrer destruktiven Wirkung auf demokratische Institutionen, soziale und ökologische Verhältnisse in der Europäischen Union zutage. Diese ist Teil der Globalisierung, die teils in Gestalt internationaler Finanzmärkte, transnationaler Unternehmen, der UNO und ihrer Unterorganisationen und internationaler Wirtschaftsorganisationen erdumspannend wirkt, teils aber auch die Form regionaler Gebilde wie der EU, des Nordamerikanischen Freihandelsabkommens (NAFTA), des Gemeinsamen Marktes des Südens (MERCOSUR) oder der Assoziation Südostasiatischer Nationen (ASEAN) annimmt.

WOHLFAHRTSTENDENZEN IN DER EUROPÄISCHEN UNION

Die Europäische Union hat nach Jahrzehnten verheerender Kriege zwischen den Staaten Europas dauerhaften Frieden zwischen ihren Mitgliedern gestiftet und ihn durch menschliche Begegnungen und kulturellen Austausch in den Völkern verankert. Das allein ist eine epochale Leistung. Die EU hat besonders in ihren ersten Jahrzehnten erheblich zur Wohlfahrt großer Teile ihrer Bevölkerung und zu wirtschaftlichem Wachstum beigetragen. Zwar war die Sozialpolitik in der westeuropäischen Integration von vornherein der Konstituierung europäischer Märkte untergeordnet. Aber bereits 1960 wurde als Hauptträger übernationaler Sozialpolitik der Europäische Sozialfonds eingerichtet. Seit 1971 existiert ein europäisches Regelwerk zur Koordinierung nationalstaatlicher Sozialversicherungssysteme. Besonders in den siebziger Jahren wurden Fortschritte auf Teilgebieten – etwa in der Chancengleichheit für Frauen, beim Arbeits- und Gesundheitsschutz am Arbeitsplatz und zur Sicherheit für Wanderarbeiter – auf den Weg gebracht. Diese Entwicklung mündete in die Verabschiedung der Europäischen Sozialcharta.

Der Europäische Sozialfonds stellt erhebliche Mittel z. B. für Maßnahmen gegen die Langzeitarbeitslosigkeit, für die Anpassung von Erwerbsabhängigen an den Strukturwandel und für die Eingliederung Jugendlicher in den Arbeitsprozess bereit. Der Europäische Strukturfonds setzt Milliarden für die Unterstützung strukturschwacher Länder und Regionen ein. Gestützt auf die Vereinbarung eines «Sozialprotokolls» und das «Maastrichter Abkommen über die Sozialpolitik» wurden auf einigen ausgewählten Feldern Richtlinien für soziale Mindeststandards erlassen (André Brie, 2004 b; 3 ff.).

MARKTRADIKALER WANDEL DER EUROPÄISCHEN UNION

Verstärkt seit 1986/87 setzt sich jedoch auch auf der Ebene der europäischen Integration deren neoliberaler Umbau durch (Bieling/Deckwirth, 2007). Mit der «Einheitlichen Europäischen Akte» bekam die «wettbewerbsstaatliche Integrationsweise» eindeutigen Vorrang. Mit den Konvergenzkriterien des Maastrichter Vertrages und deren Konzentration auf den Abbau von Haushaltsdefiziten gerieten vor allem die Sozialausgaben stärker unter Druck. Die Bildung der Europäischen Währungsunion beseitigte die Möglichkeit für die Nationalstaaten, Kursveränderungen ihrer Währungen als Konkurrenzmittel einzusetzen. Damit bekam der Druck auf die Löhne als Mittel der Konkurrenz besonderes Gewicht.

Die auf dem EU-Gipfel von Lissabon im Jahr 2000 beschlossene – wenn auch nicht sonderlich realistische – «Lissabon-Strategie», die Union bis zum Jahr 2010 zum «wettbewerbsfähigsten und dynamischsten wissensbasierten Wirtschaftsraum der Welt» zu entwickeln, machte die Haltung der EU-Administration zum Globalisierungsprozess vollends deutlich: Die Europäische Union soll zum erfolgreichsten global player auf den Weltmärkten avancieren. Prinzipien dafür sind die Flexibilisierung des Arbeitsmarktes, die Privatisierung der sozialen Sicherungssysteme und die Formierung des «aktivierenden Sozialstaates».

Im Entwurf einer «Verfassung für Europa» von 2003, der an der Ablehnung durch die Mehrheit der Franzosen und Niederländer scheiterte, sollte der Marktradikalismus, umschrieben als «Prinzip des freien und unverzerrten Wettbewerbs» oder als «offene Marktwirtschaft mit freiem Wettbewerb» in den Artikeln III-177, 178 und 185 des Entwurfs, zum Verfassungsgrundsatz erhoben werden.

«Nicht der Weg der ‹marktradikal dominierten› Brüsseler Kommission ist der Weg für Europa. Unser soziales Europa steht auf dem Spiel, denn nach Aussage der Konservativen können sich die europäischen Staaten ihr Wohlfahrtssystem nicht länger leisten. Die einzige Antwort der marktradikal dominierten Europäischen Kommission auf die Herausforderung von 18 Millionen Arbeitslosen und 68 Millionen in Armut lebenden Menschen in Europa ist die Liberalisierung des Binnenmarktes.» (Jacques Delors, ehemaliger Präsident der Europäischen Kommission, Poul Nyrup Rasmussen, früherer dänischer Ministerpräsident, 2006 – zitiert nach: Bischoff, 2007: 49 f.).

Zwar wurde diese Priorität des Marktes nach dem Scheitern des Verfassungsvertrages in dem ihm folgenden «Vertrag von Lissabon zur Änderung des Antrags über die Europäische Union und des Vertrags zur Gründung der Europäischen Gemeinschaft» nicht mehr in den Artikel zu den Zielen der Union aufgenommen. Doch in dem speziellen, dem neuen Vertrag zugehörigen «Protokoll» wurde das Wettbewerbsprinzip als wirtschaftliches Leitprinzip abermals eindeutig festgeschrieben.

Die Europäische Union hat die Rolle eines Leitbildlieferanten und Koordinators der Sozialpolitiken der Mitgliedsstaaten übernommen, betrachtet sie aber marktorientiert als Element der Wettbewerbspolitik. An die Stelle des Solidarprinzips tritt in den Sozialsystemen schrittweise die private Eigenvorsorge, bei der die sozial Schwächeren auf der Strecke bleiben. In Richtlinien der EU zu Mindeststandards werden – beispielsweise für das Gesundheitswesen – die als notwendig angesehenen Mindestleistungen stark einschränkend definiert. Der Trend ist EU-weit ein Mehrklassensystem medizinischer Versorgung. In der Arbeitslosenversicherung gilt den EU-Behörden das «workfare-Prinzip» als Orientierung. Anstelle bisher geltender Rechte auf Transferleistungen soll für die «Stütze» Arbeit ohne angemessenes Entgelt geleistet werden – nach dem weitgehenden Aufzehren von persönlichen Rücklagen.

Die Linke muss «für soziale Kohäsionen und Solidarität in der EU eintreten, für eine europäische Binnenmarktpolitik, für die Reform des Maastrichter Stabilitäts- und Wachstumspaktes, die Novellierung des EZB-Status und die Veränderung der Geldpolitik der Europäischen Zentralbank, für einen entscheidenden europäischen Beitrag zur Re-Regulierung des Weltfinanzsystems sowie für europäische Standards bei Unternehmenssteuern, Löhnen, Sozialleistungen, gewerkschaftlichen Rechten.»
(André Brie 2007 a: 36)

Für die Linke bedeutet die Verfasstheit der Europäischen Union zwischen Fortschrittspotenzialen und neoliberaler Grundtendenz, dass sie allein als Europäische Linke mit einer eindeutig proeuropäischen Haltung eine Perspektive hat. Die Europäische Union ist als Raum von Kämpfen anzuerkennen: um eine demokratische Erneuerung, um ein soziales und ökologisch zukunftsfähiges Europa, um Europa als globale Friedensmacht in Solidarität mit dem «Süden».

2.3. GLOBALE FEMINISIERUNG DER ARBEIT

Exemplarisch deutlich wird die Widersprüchlichkeit des Globalisierungsprozesses auch in der Art und Weise der Einbeziehung von vielen Millionen Frauen in den Weltmarkt. «An sich» stärkt die erhebliche Ausweitung der Lohnarbeit auf viele Frauen in der «Dritten Welt» deren potenzielle Unabhängigkeit durch eigenes Geld. Immer wieder tritt ein neues Selbstbewusstsein von Frauen und ihren Organisationen in örtlichen Initiativen, in nationalen und globalen Bewegungen zutage, die u. a. gegen die Überausbeutung von Frauen mobilisieren. In den neunziger Jahren brachte die transnationale Frauenbewegung ihr Konzept «Frauenrechte sind Menschenrechte» auf einer Reihe großer UN-Konferenzen erfolgreich zur Geltung. Frauennetzwerke wie «Working Women Worldwide – WWW» prangern die Überausbeutung weiblicher Arbeitskraft in der arbeitsintensiven Exportproduktion, der Exportlandwirtschaft und in den Servicesektoren des Trikont an (Wichterich, 2007: 687).

AMBIVALENZEN

Frauen sind «die Akkordarbeiterin in den Exportindustriezonen, die devisenremitierende Migrantin, die Prostituierte oder Katalogbraut auf den internationalen Körper- und Heiratsmärkten und der ehrenamtliche Stoßdämpfer von Sozialabbau und Strukturanpassung». (Christa Wichterich, 1998: 252)

Die neoliberale Politik beispielsweise der Weltbank begegnet den emanzipatorischen Bewegungen von Frauen mit systematischer Einverleibung feministischer Forderungen in ein Konzept der Verwandlung von Frauen in effiziente Marktbürgerinnen. Sie hat das Konzept «Menschenrecht auf Kredit» des Friedensnobelpreisträgers Mohammed Yunus aufgegriffen und dem neoliberalen Mainstream angepasst. Die Vergabe von Kleinstkrediten an Millionen Frauen hilft ihnen – vor allem wenn sie mit Trainingsprogrammen verbunden werden –, die Armut zu mindern und ihr Selbstbewusstsein zu stärken. Das darf nicht gering geschätzt werden. Aber Christa Wichterich stellt zugleich fest: «Soziale Mobilisierung erfolgt nicht mehr entlang der Ressourcenfragen: Wem gehört das Land, das Wasser, das Saatgut, der Körper der Frauen, die Arbeit der Frauen, die Macht im Dorf? Die Armen kämpfen nicht mehr um die Umverteilung und gegen Klassen- und Kastenschranken. Alles reduziert sich auf die Frage: Wer bringt einen Kredit nach Hause? Kurz: Der Kredit entpolitisiert die existenzielle Frage des Überlebens und ökonomisiert sie in marktangepasster Form.» (ebenda: 692)

ERFOLGREICHER WIDERSTAND

Doch andere Erfahrungen alternativer Akteure können das Gefühl der Alternativlosigkeit erschüttern, dem Einzelnen Anstöße für gemeinschaftliches gesellschaftliches Engagement geben und zur Verbreitung wirksamer Widerstandsformen beitragen. Globalisierung bedeutet – und für PETER JÄGER ist das keine gute Nachricht –, dass beim Druck auf ihn globale Mächte im Spiel sind. Globalisierung bedeutet aber auch – und das ist eine gute Nachricht –, dass anderswo unter viel schlechteren Bedingungen Widerstand gegen diese Mächte erfolgreich ist:

«Es ist später Nachmittag in Jaunde, vorsichtig lenkt Bernard Njonga seinen neuen Landcruiser durch den Feierabendverkehr. Es ist drückend heiß ... Plötzlich klopft jemand gegen die Tür. Njonga zuckt zusammen, an seinem Fenster steht ein Fremder, er streckt einen Arm ins Auto und bedankt sich überschwänglich für das, was Njonga getan hat, gewagt habe. Für Kamerun. Für die Bauern.»

Die europäischen Großproduzenten von Hähnchen nutzen die Globalisierung auf ihre Weise. Die Brustfilets bringen ihnen auf den europäischen Verbrauchermärkten den Hauptprofit. Der Schlachtrest findet nur geringen Absatz. 144.000 Tonnen Hähnchenschenkel werden deshalb zu Billigpreisen nach Afrika exportiert. Dort war diese Praxis drauf und dran, die heimischen bäuerlichen Geflügelproduzenten Kameruns zu ruinieren. Die Frauen waren besonders betroffen: als Kleinproduzentinnen von Hühnchen und als Mütter, deren Kinder zuerst an verdorbenem Importfleisch erkrankten. Drei Firmen beherrschen weltweit dieses Geschäft. Dazu gehört Aviagen, ein Unternehmen der niedersächsischen Hühnermastdynastie Westjohann.

Njonga, Generalsekretär des Bauernverbandes «Saild», und seine Mitstreiterinnen und Mitstreiter erkundeten die Korruptionsmechanismen des Hühnerschenkelimports. Sie konnten nachweisen, dass 83,5 Prozent des Importfleisches nach den ungekühlten Binnentransporten zu den Märkten Kameruns gesundheitsgefährdend bei den Käufern ankamen. In einer Monate währenden Kampagne im ganzen Land wuchs der Widerstand der Bevölkerung gegen diese Art der Globalisierung, bis Präsident Biya sich gezwungen sah, den Minister für Tierzucht zu entlassen, das importierte Hühnerfleisch durch Zölle zu verteuern und die Mehrwertsteuer auf einheimisch produziertes Geflügel zu erlassen. Der Verkauf des lebenden Geflügels vor Ort bedarf keiner Kühlkette. Die erste außerparlamentarische Opposition Kameruns hat ihren ersten Sieg erkämpft – gegen die Macht global agierender Unternehmen und gegen die Staatsmacht des Landes. Jetzt ist Njongas Erfahrung gefordert, um dem Ausweichen der europäischen Geflügelexporteure nach Ghana Widerstand entgegenzusetzen. (Verkürzt entnommen aus: Uwe Buse, 2007)

Ein Beispiel für international verbreitete Formen von Kämpfen um eine alternative Gestaltung der Globalisierung bietet die Praxis der «Feldbefreiungen». Seit über 15 Jahren sind sie in vielen Ländern eine unübersehbare Form des Widerstandes gegen die Ausbreitung gentechnisch veränderter Pflanzen und gegen die davon profitierenden internationalen Konzerne. «Schon in den neunziger Jahren erstritten indische Bäuerinnen und Bauern einen (Teil-)Abzug Monsantos, nachdem sie über Monate nach vorheriger Ankündigung Felder mit gentechnisch veränderter Baumwolle abernteten und die Gentech-Pflanzen an Ort und Stelle verbrannten. Organisiert wurde dieser Widerstand von der Bauernorganisation Kamatakas, KRRS, mit über 10 Millionen Mitgliedern.» (Sundermann, 2007: 15) Die brasilianische Bauernbewegung La Via Campesina vereitelte in monatelangen Besetzungen der vorgesehenen Flächen die Gentech-Anbaupläne des europäischen Agrokonzerns Syngenta. In Deutschland fand im Jahr 2005 unter Beteiligung von Bäuerinnen, Umwelt- und Gesundheitsbewegungen, Imkern und politischen Linken eine öffentliche Feldbefreiung in Strausberg bei Berlin statt, der seitdem ähnliche Aktionen folgten (ebenda).
Die Globalisierung birgt – wie auch andere Grundprozesse im gegenwärtigen Kapitalismus – Ansatzpunkte für emanzipatorische Kämpfe und ist doch der mächtige Prozess, der Milliarden Menschen den Zugang zu elementaren Lebensbedingungen verwehrt.

2.4. EINSCHNEIDENDE VERÄNDERUNG DER REGULIERUNGSWEISE

MULTIS IM ZENTRUM

Die Globalisierung wurzelt in der inneren Natur des Kapitalismus, der eine alle nationalen und kontinentalen Grenzen überschreitende Tendenz zu maßloser Expansion birgt. «Der Weltmarkt ist die Basis und Daseinsweise der kapitalistischen Produktionsweise überhaupt.» (Marx, MEW Bd. 25: 120) Gleichwohl unterscheidet sich der gegenwärtige Globalisierungsprozess von früheren Internationalisierungsprozessen. Heute wird dieser Markt von global operierenden Bankimperien, Investmentfonds als institutionellen Anlegern, transnationalen Industrieunternehmen und Medienkonzernen dominiert. Es ist diese Konzentration privater ökonomischer Macht, die dem Marktradikalismus besondere Wucht verleiht.

Gemessen am Umsatz von Weltunternehmen und am Bruttosozialprodukt von Nationalstaaten zählen zu den 100 größten Volkswirtschaften der Welt nach Angaben des Institute for Policy Studies aus dem Jahr 2001 51 Konzernimperien und 49 Volkswirtschaften. Die 200 größten transnationalen Unternehmen bringen 27,5 Prozent des Weltbruttosozialprodukts hervor (UNCTAD, 2001).

Nicht mehr vorwiegend der grenzüberschreitende Handel und herkömmlicher Warenexport kennzeichnen den gegenwärtigen Internationalisierungsprozess, sondern internationale Wertschöpfungsketten, mittels derer die Konzerne «Standortvorteile» vieler Länder (Niedriglöhne, niedrige Unternehmenssteuern und Sozialstandards, hohe Qualifikation von Arbeitskräften, wissenschaftliche Leistungsfähigkeit, moderne Kommunikationssysteme) profitgünstig kombinieren. Ein Drittel des Welthandels ist kein Handel im üblichen Verständnis, sondern internationaler Austausch innerhalb von Konzernen, nicht zwischen ihnen. Das ermöglicht ihnen, in konzerninternem Verrechnungsverkehr hohe Gewinne in Niedrigsteuerländern auszuweisen und rechnerisch geringe Gewinne dort zu deklarieren, wo die Steuern hoch sind. Ein weiteres Drittel des Welthandels findet zwischen transnationalen Unternehmen statt. Nur ein letztes Drittel des Welthandels vollzieht sich außerhalb von Konzernstrukturen, jedoch ebenfalls von ihren Interessen stark beeinflusst (George, 2002: 13/14).

PRIVATISIERUNG DER WELTPOLITIK

Diese private Monopolmacht hat dazu geführt, dass die internationale Politik heute keineswegs allein nationalstaatlich getragene Außenpolitik ist, sondern es findet eine Privatisierung der Weltpolitik statt. Transnationale Unternehmen zwingen Nationalstaaten ihre politischen Interessen auf (Brühl u. a., 2001; Huffschmid, 2002). Sie üben bestimmenden Einfluss auf die Welthandelsorganisation (WTO), den Internationalen Währungsfonds (IWF), die Weltbank und andere internationale Institutionen weltwirtschaftlicher Regulierung aus, die ihrerseits die Privatisierung in Wirtschaft und Gesellschaft zu einem neoliberalen Kernprojekt für die ersten Jahrzehnte des Jahrhunderts gemacht haben. Selbst militärische Gewalt wird zunehmend privatisiert. Private Kapitalmacht hat auch auf alle anderen Dimensionen der Globalisierung bestimmenden Einfluss. Medienkonzerne transportieren mittels der erdumspannenden informations- und kommunikationstechnologischen Revolution westliche Leitbilder für Lebensweisen und kulturelles Dasein der Völker in die letzten Winkel der Erde. (Beck, 1997: 29 ff.) Das alles deutet auf das Wesentliche der gegenwärtigen Globalisierungsprozesse hin:

Der Kernprozess der kapitalistischen Globalisierung und damit des neoliberalen Kapitalismus ist eine einschneidende Veränderung der Regulationsweise, verbunden mit erheblichen Verschiebungen in den Herrschaftsverhältnissen zugunsten der globalen ökonomischen Machteliten, besonders der transnational operierenden Bankimperien, Versicherungsgesellschaften und Investmentfonds als institutionelle Anleger. Im Verhältnis zwischen Marktmechanismus und staatlichen Interventionen erfolgen ein ausgeprägter Bedeutungszuwachs der monopolistisch beherrschten Weltmärkte und eine Rücknahme sozialstaatlicher Regulierung. Dies macht den neuen Marktradikalismus aus.
Erdumspannende Liberalisierung, Deregulierung und Privatisierung sind die Leitlinien der neuen postfordistischen Regulationsweise unter Globalisierungsbedingungen. Extreme Ungleichheit und soziale Polarisierung sind die Folgen.

Um bessere Verwertungsbedingungen durchzusetzen, drohen Investoren ihren Rückzug aus Ländern oder Regionen an und setzen damit Forderungen nach Absenkung sozialer Leistungen, Steuersenkungen für Unternehmen, Lockerung von Umweltgesetzen und Privatisierung bisher öffentlichen Eigentums durch (Huffschmid, 2002: 106 ff). Die wie nie zuvor ausgeprägte Herrschaft der Weltmärkte bedeutet ferner, dass der Kapitalismus sich Erdregionen erschließt, die bisher seinem Einfluss noch nicht oder nicht voll einverleibt waren (Aglietta, 2000: 41).

GLOBALISIERUNG ALS LEGITIMIERUNG NEOLIBERALER POLITIK

Längst ist die Globalisierung zu einem zentralen Vehikel neoliberaler Suggestionen geworden. Die Globalisierung wird von den politischen, ökonomischen und geistigen Trägern des Neoliberalismus vor allem als unausweichlicher Zwang interpretiert, sich dem Juggernaut erdumspannender Verdrängungskonkurrenz zu unterwerfen: Senkung der Löhne und der sozialen Standards – ein Gebot der Globalisierung! Senkung der Unternehmenssteuern und der Umweltstandards – ein Erfordernis globaler Marktkonkurrenz! Da sei kein Entkommen, keine Alternative – die Globalisierung als Schicksal der Liberalisierung, einer Öffnung der

Märkte also rund um die Erde. Die Globalisierung als Zwang zur Deregulierung – Überantwortung der Verantwortung, die bisher in öffentlicher Hand oder bei zivilgesellschaftlichen Akteuren lag, an den Markt. Die Globalisierung als Privatisierungszwang – Verwandlung bisher öffentlicher Güter in privat gehandelte Waren. Bürgerinnen und Bürger werden zu Kundinnen und Kunden; ihre gleichen Rechte mutieren zum ungleichen Zugang zu Gütern oder zum Ausschluss von ihnen in Abhängigkeit von der höchst ungleichen Verfügung über Kaufkraft. Unterwerfung unter die Profitgesetze des Weltmarktes – das ist das Credo der Globalisierer. Der Marktradikalismus feiert Triumphe.
Ein Netzwerk neoliberaler Think Tanks ist seit Jahrzehnten dabei, die realen Globalisierungsprozesse zu einem Mythos der Unausweichlichkeit zu überhöhen, der der Begründung von Lohndruck und dem Abbau sozialen und ökologischen Handelns dient.

«Eine Unerhörtheit geschah, mit der so keiner gerechnet hatte: Ein Weltarbeitsmarkt ist entstanden, der sich täglich ausweitet und das Leben und Arbeiten von Milliarden Menschen spürbar verändert.» (Steingart, 2006: 174). Die Erstreckung des Kapitalismus über die ehemals staatssozialistische Welt und das Vordringen Chinas und Indiens bedeute, dass «nun innerhalb einer Zeit, die historisch kaum mehr ist als ein Augenaufschlag, rund 1,5 Milliarden zusätzliche Menschen in erwerbsfähigem Alter ihre Arbeitskraft anbieten. Was für eine Verschiebung der Kräfteverhältnisse»! «Die westlichen Unternehmen können ihr Glück kaum fassen.» (ebenda: 177) «Die Alternative für Millionen Menschen in einfachen industriellen Berufen lautet Billiglohn oder gar kein Lohn.» (ebenda: 184)

Meinhard Miegel, Leiter des Bonner Instituts für Wirtschaft und Gesellschaft und einer der prominentesten deutschen Berater in Wirtschaft und Politik, begründet beispielsweise in seinem jüngsten Buch «Epochenwende» sein Konzept bedingungsloser Unterwerfung unter die Weltmarktgesetze mit der Diagnose, die Völker des Westens seien satt und träge geworden. Überheblich selbstgewiss schon immer, hätten sie noch nicht erfasst, dass es der Aufstieg der zunehmend leistungsfähigen Niedriglohnländer der «Dritten Welt» sei, der den Westen zu einer Korrektur seines Lebensstandards nach unten zwinge. «Die Europäer sind nur noch Mitspieler. Andere zeigen ihnen immer öfter, wo es langgeht... Löhne wie in Indien, so protestieren sie lautstark, seien ihnen nicht zuzumuten. Warum eigentlich nicht? ... Dass ihr Einkommensniveau sinkt,

dafür sorgen nicht irgendwelche perfiden Unternehmer, sondern Arbeitnehmerinnen und Arbeitnehmer in den Niedriglohnländern.» (Miegel, 2005: 30) «Gleicher Lohn für gleiche Arbeit – dieses nur zu einsichtige Postulat gilt eben nicht nur für Männer und Frauen oder verschiedene Regionen innerhalb einer Volkswirtschaft. Es gilt auch global. Die Annäherung aller Preise, ob gewollt oder ungewollt, ist die Quintessenz der Globalisierung. ... Die Preise für Wissen und Kapital, für Kommunikation und Transport sind einander bereits recht ähnlich geworden. Die Preise für Waren und Dienste sind im Begriff, dies zu tun. Und nun folgt zum Abschluss die globale Annäherung der Preise für Arbeit. Für die seit Generationen einkommensverwöhnten Westler ist dies ein Schock. Aber es sind die Gesetze des Marktes, die der Westen die Welt gelehrt hat. Sie jetzt ändern zu wollen, ist nicht nur doppelzügig, sondern auch aussichtslos.» (ebenda: 98) 80 Kilometer weiter östlich, so argumentiert Meinhardt Miegel, sind die Löhne fünfmal niedriger als in Deutschland. Eine weltoffene Gesellschaft sei verurteilt zu ihrer Anpassung nach unten.
Ein besonders stark missbrauchter Teil des globalen Arbeitspotenzials ist die Arbeitskraft von Migrantinnen. Sie stellen die größte Zahl der rund vier Millionen in deutschen Privathaushalten beschäftigten Hausarbeiterinnen. Nur knapp 40.000 von ihnen sind offiziell gemeldet.

Aus dem Protokoll eines Gesprächs mit der Kolumbianerin Mercedes Rivera, Hausarbeiterin und Reinigungskraft in Frankfurt am Main:
«Ich kam vor sechs Jahren nach Deutschland. Ich wusste nichts, nicht die Sprache, gar nichts. In Kolumbien hatte ich sechs Jahre als Sekretärin gearbeitet. Dann wurde ich arbeitslos. ... Ich kannte eine Kolumbianerin, die in Deutschland lebte. Die sagte, komm hier kannst du arbeiten ..., du kannst bei mir wohnen. Als ich kam, war alles ganz anders. ... Ich putzte fünf Kneipen, jeden Tag von fünf Uhr morgens an. Für 300 Mark im Monat. Es reichte nicht. Ich brauchte eine Fahrkarte, die kostete 143 Mark. Nur die Fahrkarte. ... Meine Bekannte sagte, sorry, Mercedes, aber was du hast, reicht nicht für die Miete. Sie sagte, ich solle Prostituierte werden. ... Ich wollte nicht. ... Aber ich musste es tun, schließlich. Ich wusste nicht, wie es geht. Sie brachte mich hin, sagte, schau, es ist ganz einfach, so und so und so musst du es machen. Dann brachte sie mir einen Kunden. Als ich mit ihm allein war, fing ich an zu weinen. Es tut mir leid, sagte ich, ich kann nicht. Ist nicht schlimm, sagte er, mach dir keine Sorgen. Und schenkte mir 25 Mark.

Ich putze (jetzt) in sechs Privathäusern und einer Firma. ... Als ich schwanger wurde, gab man mir die Adresse von einer katholischen Organisation. Ich ging hin und sagte, ich bekomme ein Kind. Aber ich bin illegal. Die Nonne sagte, kein Problem, Sie können ins Krankenhaus gehen und die Geburt selbst bezahlen. .. Alles Geld, was ich irgendwie erübrigen konnte, gab ich der Nonne. Ich arbeitete soviel es ging, um dieses Geld zusammenzubringen. 1.500 Mark würde die Geburt kosten, sagte sie. Aber dann kostete es gar nicht so viel, nur 700 Mark. ...
Zwei Wochen nach der Geburt habe ich wieder angefangen zu arbeiten. Vorher hatte ich bis zum letzten Tag gearbeitet – bis zum Tag vor der Geburt. ...
Mein Leben ist anstrengend. Ich stehe um halb vier auf. Nehme den Bus um 4.23 Uhr, damit ich um zwanzig vor fünf in der Firma bin, wo ich zwei Stunden putze. Danach komme ich zurück um halb acht und habe eine halbe Stunde, um Frühstück zu machen für den Kleinen. Danach fahre ich in den Kindergarten, das dauert eine halbe Stunde, und danach fahre ich wieder zur Arbeit. In eines der Privathäuser. Zuerst zu einem Pfarrer, dem mache ich den Haushalt. Schlafzimmer, Küche, Bad putzen; Bügeln, Waschen. Mittwochs liest er die Messe, da putze ich sein Büro. Alles in zweieinhalb Stunden, das ist knapp. Er möchte immer alles ganz schön ordentlich gemacht haben. Danach fahre ich in die anderen Häuser. Das ist meist so eine halbe Stunde Fahrtzeit. Dort arbeite ich dann noch mal drei Stunden. ...
Ich muss soviel arbeiten, weil ich mein Kind hier großziehe und meine zwei Kinder und meine Mutter in Kolumbien unterstütze. Manchmal habe ich 30 Euro im Monat für mich übrig. Höchstens, aber ich bin schon zufrieden. Denn ich habe genug für Miete, Fahrkarte und Essen.
Was ich mir wünsche? Dass meine Situation geregelt ist. Dass ich meinen Kleinen gut erziehe. Dass ich besser Deutsch spreche. Dass es nicht mehr soviel Illegale gibt. Und eines Tages würde ich gerne meine (beiden) größeren Kinder wiedersehen.» Aus: «Fantomas» Winter 04/05 — (Der Name der Interviewten wurde redaktionell verändert.)

MECHANISMEN GLOBALER KONKURRENZ

Es sind Schicksale von Millionen Menschen wie MERCEDES RIVERA, RICO und seiner Frau JEANETTE, PETER JÄGER und seiner Tochter, in denen die Globalisierung konkrete Gestalt annimmt und in denen uns stets der gleiche von transnationalen Unternehmen bestimmte Marktradikalismus als Instrument des Drucks auf die Menschen rund um die

Erde entgegentritt. Aber Menschen wie BERNARD NJONGA beweisen, dass Schicksale auch unter Globalisierungsbedingungen durch eigenes Handeln geformt werden können.

Selbst unter den extrem ungünstigen Bedingungen der migrantischen Hausarbeiterinnen entwickelt sich organisierter Widerstand. 1998 wurde ein europaweites Netzwerk der Migrant Domestic Workers und ihrer Unterstützungsorganisationen gegründet. Im Jahr 2000 wurde Respect Deutschland ins Leben gerufen – als ein Netzwerk, in dem Hausarbeiterinnen, Frauen aus selbstorganisierten Migrantinnengruppen, Beratungsstellen und Unterstützungsgruppen zusammenarbeiten. Ziel ist der Kampf für Rechte der Hausarbeiterinnen, Schutz vor Gewalt, Erfahrungsaustausch und Öffentlichkeitsarbeit. (Silke Veth, 2000: 5)

Die Unterwerfung unter die globale Verdrängungskonkurrenz wird in der Mainstream-Argumentation als unausweichlicher Zwang dargestellt. Als würde nicht stets das Kräfteverhältnis zwischen gegensätzlichen Akteuren über Tendenzen und Gegentendenzen der gesellschaftlichen Entwicklung entscheiden, erscheint die Unterwerfung unter die Weltmarktzwänge in neoliberalen Deutungen als schicksalhaft vorgegeben wie der Ablauf in den Dramen der griechischen Klassik. Die Globalisierung wird für eine antisoziale Politik instrumentalisiert, in vielen Fällen – wie dem von MERCEDES RIVERA – durch den erpresserischen Umgang mit der schwachen Situation von Migrantinnen und Migranten.
Verbreitet tritt die Niedriglohnkonkurrenz als Import von Billigwaren zutage, beispielsweise bei Textilien und Spielwaren, aber auch in Segmenten der Verbraucherelektronik und anderen Zweigen. In der Textilindustrie hat das zu erheblicher Schrumpfung der inländischen Produktion in den Industriestaaten bei oft skandalösen Arbeitsbedingungen in den Exportländern geführt. Deshalb gehört die Forderung nach menschenwürdigen Arbeitsverhältnissen, Löhnen und Sozialleistungen in Auslandsniederlassungen einheimischer Unternehmen und darüber hinaus zur dringlichen internationalen Solidarität.
Die Informations- und Kommunikationstechnologien ermöglichen aber auch, dass Druck auf inländische Löhne und Beschäftigung durch Auftragsvergabe an Informationsarbeiterinnen und -arbeiter in wissenschaftlich-technisch fortgeschrittenen Niedriglohnländern wie Indien ausgeübt wird.

Jeanette, Ricos Frau, ist nur ein winziges Rädchen im Getriebe der Globalisierung, obwohl sie ein großes Team von buchhalterisch Beschäftigten leitet. Ein Teil ihrer Abteilung arbeitet 1500 Kilometer von ihr entfernt. Persönliche Beziehungen zu ihnen kennt sie nicht. Sie verdrängt, dass die niedrige Bezahlung dieser mit ihr nur noch elektronisch Verbundenen andere Menschen in ihrer Umgebung den Arbeitsplatz gekostet hat.

Solidarität ist in die kapitalistische Globalisierung nicht eingeschrieben. Und doch erringt sie da und dort Siege. Mit der Bolkestein-Richtlinie wurde in der Europäischen Union versucht, eine Liberalisierung von Dienstleistungen durchzusetzen, die es Dienstleistern aus den neuen Beitrittsländern gestattet hätte, zu den in ihren Herkunftsländern geltenden niedrigeren Löhnen und Sozialleistungen als Anbieter aufzutreten und in der ganzen Union zu konkurrieren. Dieser Versuch scheiterte zunächst am Widerstand in der EU, wird allerdings in gewandelter Form weiter verfolgt.
Zu den Mechanismen der globalen Konkurrenz gehören ferner der Wettbewerb um Unternehmenssteuersenkungen, die Verlagerung der Produktion in Länder mit niedrigeren Lohn-, Sozial- und Umweltstandards und die Androhung solcher Verlagerungen als Mittel der Erpressung der Gewerkschaften in Lohnkämpfen. Obwohl die Möglichkeiten solcher Verlagerung durch die Abhängigkeit auch international operierender Unternehmen von gewachsenen Forschungslandschaften, Qualifikationsniveaus, Politiknetzwerken und auch von Märkten in den Stammländern begrenzt sind, bleibt dies eine Herausforderung für die internationale Solidarität der Lohnabhängigen im Kampf um Mindestlöhne und um soziale und ökologische Mindeststandards. Zu den Alternativen gehören in den Industrieländern vor allem die sozial gleiche Teilhabe aller an Bildungsangeboten auf hohem Niveau, die Förderung wissensintensiver Branchen und die Konzentration von Innovationen auf den ökologischen Umbau von Wirtschaft und Gesellschaft.

2.5 GLOBALE DEREGULIERUNG – NICHT UNAUSWEICHLICH

Die kapitalistische Globalisierung muss keineswegs zwangsläufig eine soziale und ökologische Abwärtsspirale zur Folge haben.

Ein Grundnenner alternativer Politik muss der Anspruch sein, den Globalisierungsprozess nach sozialen und solidarischen Maßstäben zu gestalten, der neoliberalen Deregulierung also eine sozial und ökologisch orientierte Re-Regulierung entgegenzusetzen.

Die Linke kann ihre lohn-, sozial- und wirtschaftspolitischen Konzeptionen nicht ohne entschiedenen Widerstand, nicht ohne eigene Antworten auf die internationale Marktkonkurrenz und auf die schon vorangeschrittene Einschränkung nationalstaatlicher Regulierungsmöglichkeiten verwirklichen. Doch dabei stößt sie auf das Problem, dass die Internationalisierung der politischen Institutionen generell – und erst recht die institutionellen Möglichkeiten der Linken – hinter der Globalisierung der Wirtschaftsprozesse zurückgeblieben ist. Die marktradikale Globalisierung hat einen tiefen Widerspruch hervorgebracht: Die Wirkungsmacht des Marktmechanismus hat erheblich zugenommen, dagegen ist innerhalb der staatlichen Interventionen die sozialstaatliche Komponente stark zurückgedrängt worden. Die Märkte umspannen die ganze Erde; aber anders als zu Zeiten nationalstaatlich organisierter Volkswirtschaften sind auf globaler Ebene im Gegensatz zur Globalisierung der Wirtschaft keine funktionsfähigen staatlichen Strukturen absehbar, die dem Markt einen sozialökologischen Rahmen und Begrenzungen setzen könnten.
Horst Afheldt hat daraus geschlussfolgert: Es «bleibt nur, sich entweder dem Freihandel zu unterwerfen, oder aber, das freie Spiel des Marktes nur innerhalb von Räumen zuzulassen, in denen eine politische Macht, die die Ziele vorgibt, organisiert werden kann» (Afheldt, 1994: 211). Als einen solchen Raum betrachtet Afheldt die Europäische Union.

WANDEL ZU EINER DEMOKRATISCHEN SOZIAL- UND UMWELT-UNION

- Richtig ist zunächst, dass der Wandel der Wirtschafts- und Währungsunion zu einer demokratischen Sozial- und Umweltunion als Friedensmacht eine zentrale Aufgabe ist. Dazu gehören Kämpfe um armutssichere Einkommen, soziale Grundsicherungen und hohe Umweltstandards. Beschäftigung und Leistungsangebote ausländischer Wettbewerber im Inland müssen zu hiesigen Arbeitsbedingungen statt zu denen des Herkunftslandes erfolgen. Eine solche Union müsste im Gegensatz zu den

Zielen der Liberalisierungsstrategen durch EU-Regeln das Unterlaufen bereits erreichter sozialer und Umweltstandards ausschließen. Ihr Gewicht auf den Weltmärkten und ihre politische Bedeutung bieten dafür durchaus Chancen.

- Aber eine Abschottung des EU-Raumes beispielsweise gegen Agrarimporte aus so genannten Entwicklungsländern oder gegen jegliche Einwanderung, die sich nicht «rechnet», ist abzulehnen.

- Die Europäische Linke muss darauf dringen, dass die EU auf globaler Ebene soziale und ökologische Ziele wie die auf dem Millenniumsgipfel der Vereinten Nationen im September 2000 beschlossenen Ziele für sich als verbindlich betrachtet und entsprechende finanzielle und andere Verpflichtungen einlöst. Die Forderung nach demokratischer Reformierung der Vereinten Nationen und anderer internationaler Organisationen bleibt auf der Tagesordnung kapitalismuskritischer globaler Bewegungen. In den Verhandlungsrunden der WTO ginge es aus einer solchen neuen europäischen Sicht weniger um die noch weitgehendere Beseitigung aller Handelsschranken, sondern um die weltweite – der jeweiligen ökonomischen Leistungskraft entsprechend differenzierte – Einführung von Mindestlöhnen, sozialen Standards und Umweltnormen und von Vereinbarungen gegen einen Steuersenkungswettlauf. Allerdings erfordert dies die Beteiligung des Westens am Ausgleich der Nachteile, die wirtschaftsschwache Länder dadurch hinnehmen müssten.

- Mehr noch, wirtschaftlich stärkere Regionen werden nur dann auf Verständnis armer Länder für Maßnahmen gegen Lohn-, Preis- und Sozialdumping rechnen dürfen, wenn sie deren Anstrengungen zur Verringerung des Abstandes zur OECD-Welt weit umfangreicher und wirksamer als bisher unterstützen und zugleich durch eigenen Wandel der Produktions- und Lebensweisen ein Beispiel für einen anderen sozialen und ökologischen Entwicklungsweg als den nicht auf die ganze Erde übertragbaren bisherigen Weg bieten. Der Westen wird mit eigenen bewussten Einschränkungen des stofflichen Verbrauchs zu einer gerechteren Welt beitragen müssen – jedoch nicht zu Lasten der sozial Schwächeren in der Gesellschaft. Auf solche Weise vermag er sich vor einer unkontrollierten Aufgabe aller einmal erreichten Einkommens- und Sozialstandards zu schützen.

Wenn jedoch dem «Norden» mehr solidarische Umverteilung zugunsten des «Südens» abgefordert ist, müssen im Inneren soziale Gerechtigkeit und Erneuerung des Sozialstaats erkämpft werden. Die Solidarität kann nicht allein den abhängig Beschäftigten und ohnehin Benachteiligten abgefordert werden.
Es geht also nicht darum, ob gegenwärtig die internationale Bewegung von Gütern, Leistungen, Kapital und Menschen völlig frei oder stärker reguliert vor sich gehen soll, sondern darum, ob die Regulierung des Internationalisierungsprozesses mit dem Ziel höherer sozialer Standards oder gerichtet auf ihre Senkung erfolgen soll.

EINE ALTERNATIVE REGULATIONSWEISE

Grundsätzlicher formuliert: Dem mit der Globalisierung einhergehenden neoliberalen Wandel der Regulationsweise muss eine alternative Regulationsweise entgegengesetzt werden. Linke emanzipatorische Reformalternativen bedürfen im Maße ihrer Durchsetzung eines alternativen Wandels auch der Regulationsweise. Regierung und Spitzen der Wirtschaft haben als Reaktion auf die jüngste Finanzkrise angekündigt, den Märkten Rahmen und Schranken zu setzen und Bankern und Konzernlenkern Zügel anzulegen. Aber noch ehe derlei Schritte überhaupt in die Wege geleitet sind, wird schon versichert, dass sie nicht ernst gemeint seien (siehe S. 233).

> «Der Eingriff des Staates ist ein Armutszeugnis für die Finanzbranche und ein Schlag für die beste aller Lebensformen, die Soziale Marktwirtschaft mit freiem Unternehmertum. Sie scheint alternativlos, doch auf Dauer gilt weiterhin: Der Staat ist kein guter Unternehmer. Er wird sich wieder zurückziehen müssen. Das weiß auch die Kanzlerin.» (Frankfurter Allgemeine Zeitung, 13.10.2008)

63 Prozent der durch das Institut für Demoskopie Allensbach Befragten haben dagegen die Frage «Sollte der Staat angesichts der derzeitigen Finanzkrise in Zukunft stärker ins Bankenwesen eingreifen?» mit Ja beantwortet, nur 23 Prozent mit Nein (FAZ, 22.10.2008). Es wird auf ihren Druck ankommen, die Mächtigen bei ihrem Wort zu nehmen, obwohl die es nicht so gemeint haben. Aber die Durchsetzung einer alternativen Regulationsweise wird auf mehr zielen müssen als allein auf strengere staatliche Rahmensetzungen. Sie wird voraussichtlich umfassen:

— die Selbstermächtigung von Individuen und Initiativen auf unterschiedlichen gesellschaftlichen Ebenen dazu, die eigenen Interessen in ihrer Lebenswelt in die eigenen Hände zu nehmen und durchzusetzen. Demokratisierung von unten ist eine elementare Ebene für die Herausbildung einer neuen Regulationsweise (siehe Kapitel 7.2.). Dabei können und müssen die durch die neoliberale Entwicklung geförderten Individualisierungs- und Selbstentscheidungsprozesse ausgeschöpft, ihre Richtung jedoch umgekehrt werden. Eine Grundbedingung dafür ist eine Erneuerung der sozialen Sicherungssysteme, weil Selbstbestimmung von unten sozialer Sicherheiten als Rückhalt bedarf – in Entgegensetzung zu einer Selbstorganisation unter dem neoliberalen Vorzeichen der Entsicherung. Die Frage, welche Bedingungen die Entscheidung von Individuen für ein aktives alternatives gesellschaftliches Engagement fördern und welche Umstände darauf hemmend wirken, gewinnt eine erstrangige Bedeutung für die Linke – wenn sie denn Selbstbestimmung und Selbstorganisation der Individuen ernsthaft als eine wesentliche Ebene einer neuen Regulationsweise entfalten will (siehe Chrapa/Dellheim, 2003: 288 ff.);

— die Stärkung kollektiver demokratischer Akteure, von alten und neuen sozialen Bewegungen und Initiativen, um die negativen sozialen und ökologischen Folgen der Marktregulierung in Grenzen zu halten, in der Wirtschaft eine erweiterte Mitbestimmung und Wirtschaftsdemokratie durchzusetzen und vom Staat eine erneuerte Politik der Verantwortung für nachhaltige Lösungen herangereifter Probleme und Widersprüche zu erzwingen (Dellheim/Teune/Trunschke, 2007);

— Rückgewinnung und Erweiterung von Optionen für eine strategisch gestaltende Politik auf nationaler und internationaler Ebene, die das Verhältnis zwischen Marktmechanismen und staatlicher Intervention erneut verändert, diesmal jedoch zugunsten sozialstaatlicher und ökologischer Strategien, um besonders über Struktur-, Umwelt-, Bildungs- und Forschungspolitik, über mittelfristige Finanzpolitik und Sozialpolitik in den Reproduktionsprozess einzugreifen. Das schließt den Erhalt und die Ausweitung öffentlicher Güter und öffentlicher Daseinsvorsorge, insbesondere in den Bereichen Bildung, Wissenschaft, Gesundheit, Kultur und Mobilität ein;

— erneuerte staatliche Rahmensetzung, die den Marktmechanismus relativiert, ihn sozial und ökologisch konditioniert und auf solche Weise eine Umkehr einleitet. Diese zielt darauf, anstelle der Unterordnung der Gesellschaft unter die Wirtschaft die Unterordnung der Wirtschaft unter Gemeinwohlinteressen der Gesellschaft zu erreichen. Private Gewinninteressen von Unternehmen werden nicht wie ehedem im Staatssozialismus abgeschafft, sondern zurückgedrängt und auf lange Sicht überwunden wird die Dominanz des Profits in Wirtschaft und Gesellschaft.

Eine neue Regulationsweise wird in den Kämpfen «vor Ort», in der Lebenswelt der Individuen nach der Maxime «global denken, lokal handeln» entstehen. Sie wächst, wo es Gewerkschaften und sozialen Bewegungen gelingt, sich aus bloßen Abwehrkämpfen zu befreien, wo sie Druck auf das Parteiensystem und die öffentliche Hand ausüben, wo kritische öffentliche Diskurse, Streiks, Demonstrationen und andere Widerstandsformen eine Richtungsänderung staatlichen Handelns erzwingen, wo internationale Solidarität wirksam wird und einzelwirtschaftliches Denken endlich in Gemeinwohlinteressen eingeordnet wird. Die neue Regulationsweise wird von alternativen Akteuren in der gesellschaftlichen Opposition geboren, findet den Ort ihrer Entwicklung aber auch in linker Regierungsbeteiligung. Sie wird nicht aus denSchlussfolgerungen der Machteliten aus der Finanzkrise 2008 hervorgehen.

2.6. INTERNATIONALE ERFAHRUNGEN: SOZIALE ALTERNATIVEN STATT NEOLIBERALER SOZIALABBAU

Internationale Vergleiche stärken die Auffassung, dass auch unter Globalisierungsbedingungen Alternativen zum neoliberalen Entwicklungsweg möglich sind. Erfolge versprechen ein hohes Bildungsniveau ohne soziale und andere Diskriminierung, Geschlechtergerechtigkeit, intakte soziale Sicherungssysteme, Beschäftigung fördernde öffentliche Daseinsvorsorge, entsprechend hohe öffentliche Investitionen und deren Finanzierung auch durch relativ hohe Steuern und Abgaben auf Gewinne aus Vermögen und Unternehmen.
Für PETER JÄGER und Hunderttausende in seiner Lage mag das im Moment ein schwacher Trost sein. Aber ein hohes Bildungsniveau als Chance im internationalen Wettbewerb ist das, was Jäger und mit ihm Millionen Eltern auch den eigenen Kindern wünschen. Mehr öffentliche Investitionen und mehr Förderung öffentlicher Beschäftigung könnte eine Chance für Ausgegrenzte wie Peter Jäger sei. Der private Arbeitsmarkt allein wird es nicht richten.

MEHR WACHSTUM UND BESCHÄFTIGUNG BEI HÖHERER STAATSQUOTE UND HÖHEREN UNTERNEHMENSSTEUERN						
Land	Jahres-durch-schnittl. Wachstum in % 1995-2004	Entwicklg. der Real-löhne in % 1995-2004	Arbeits-losenquote 2004	Staats-quote 2004	Steuern und Abgaben in % vom BIP 2002	Unterneh-mens-steu-ern in % vom BIP 2002
Deutsch-land	1,32	-0,9	9,5	47,8	41,2	0,6
Dänemark	2,32	+15,6	5,4	55,6	49,8	2,2
Niederlan-de	2,40	+11,9	4,7	48,9	40,0	3,7
Schweden	2,82	+25,4	6,3	57,5	54,1	2,6

Quellen: Wirtschaftskammern Österreichs. Statistische Daten. Internationaler Vergleich, 2005; WSI-Mitteilungen 11/2003; Europäischer Tarifbericht des WSI / Hans-Böckler-Stiftung 2005

In Schweden, Dänemark und den Niederlanden beispielsweise ist der Anteil der Unternehmenssteuern am Bruttoinlandsprodukt höher als in Deutschland, und die Staatsquote liegt höher als in der Bundesrepublik. In Schweden und Dänemark übertrifft auch der Gesamtanteil der Steuern und Abgaben am Bruttoinlandsprodukt den Anteil in Deutschland, und in allen drei Vergleichsländern sind die Reallöhne seit 1995 im Gegensatz zu Deutschland kräftig gestiegen. Nach neoliberalen Annahmen müsste die Bundesrepublik ein höheres Wachstum und eine niedrigere Arbeitslosigkeit als in den anderen Ländern verzeichnen. Das genaue Gegenteil ist der Fall.

Eine vergleichende Untersuchung von Cornelia Heintze (Heintze, 2005) weist 7 von 18 OECD-Ländern als beschäftigungspolitisch besonders erfolgreich aus. Darunter befinden sich drei der vier skandinavischen Länder (Norwegen, Schweden, Dänemark), die Niederlande und drei der sechs angelsächsischen Länder (Irland, Neuseeland, Großbritannien) (ebenda: 29). Die skandinavischen Länder erreichen besonders hohe Beschäftigungsquoten, eine hohe Frauenbeschäftigung und eine geringere Langzeitarbeitslosigkeit mit einer relativ hohen Staatsquote, überdurchschnittlichen Abgaben- und Steuerquoten sowie starken Reallohnzuwächsen. Unter den angelsächsischen Ländern haben Großbritannien und Neuseeland beschäftigungspolitische Erfolge und Staatsausgaben und/ oder Staatseinnahmen über dem OECD-Durchschnitt.[1] Die USA und Irland sind beschäftigungspolitisch erfolgreich bei unterdurchschnittlichen Staatseinnahmen und -ausgaben (ebenda: 43). Deutschland erreicht mit einer Staatsquote, die im Durchschnitt der Jahre 1995 – 2002 48,6 Prozent betrug und damit zwar über dem OECD-Durchschnitt, aber unter dem Durchschnittsniveau der EU-15 von 49,4 lag, extrem schlechte Ergebnisse der Beschäftigungspolitik.

Cornelia Heintze kommt zu folgendem Gesamtergebnis ihrer vergleichenden Untersuchungen: «In der beschäftigungspolitischen Performance liefern die skandinavischen Ländern den Beweis, dass eine Politik erfolgreich sein kann, die genau an dem festhält, was aus Sicht neoliberaler Ökonomen in den wirtschaftlichen Ruin führt, angefangen bei einer hohen Staatsquote mit korrespondierend hoher Abgabenbelastung über eine Entwicklung der Realeinkommen der abhängig Beschäftigten, die sich an der Produktivitätsentwicklung orientiert, bis zu fortbestehend hohen Anteilen von Staatsbeschäftigten und dem Festhalten an Staatskonzernen.» (ebenda: 51)

Die reale Entwicklung beweist demnach, dass sozialstaatlich orientierte Länder, in denen Bildung, Gesundheit, Alterseinkommen, soziale Sicherungssysteme und Geschlechterverhältnisse auf solidarischen Grundlagen beruhen, sich in der globalen Verdrängungskonkurrenz besonders erfolgreich behaupten können, statt von Niedriglohnländern mit geringen Sozial- und Umweltstandards überrollt zu werden.

Dem fügt Heintze allerdings – zunächst ernüchternd für vereinfachte linke Argumentationsweisen – hinzu: «Der Umkehrschluss, hohe Steuern und eine hohe Staatsquote seien die Bedingung für eine erfolgreiche Entwicklung, lässt sich daraus nicht ziehen. Beschäftigungspolitisch erfolgreich ist auch der angelsächsische Weg, bei dem arbeits- und beschäftigungspolitische Erfolge mit einer eher niedrigen Staatsquote und korrespondierend mit einer unterdurchschnittlichen Abgabenbelastung einhergehen. Mit Blick allein auf wirtschaftliche Dynamik und Beschäftigung erscheinen die beiden Entwicklungspfade gleichwertig.» (ebenda)

Die Gesamtbewertung verändert sich jedoch sofort zugunsten der Länder, die auch unter Globalisierungsdruck an einer sozialstaatlichen Regulierung des Kapitalismus festhalten, wenn die Bewertungskriterien für die unterschiedlichen Entwicklungswege ausgeweitet werden. Relativ hohe Staatsquoten und Unternehmenssteuern öffnen Wege zur Begrenzung sozialer Ungleichheit, ermöglichen ein anspruchsvolles Bildungsniveau für breite Bevölkerungsschichten, hohe Gesundheitsstandards, wirksamen Umweltschutz, Erfolge der Geschlechtergleichstellung, der Korruptionsbekämpfung und der Entwicklungspolitik.
Dänemark, Schweden, Finnland und Norwegen zeichnen sich durch sehr niedrige Armutsquoten, durch ein relativ geringes Maß von Ungleichheit in der Einkommensverteilung und durch ein sehr hohes Niveau sozialer Integration aus. Die USA haben – gefolgt von Portugal – unter achtzehn OECD-Ländern die höchste Armutsquote und die am meisten ungleiche Einkommensverteilung; gefährdet ist die soziale Integration. Auch Großbritannien und Neuseeland befinden sich beim Vergleich von Armut und Einkommensungleichheit unter den sechs am schlechtesten platzierten Staaten (ebenda, Tabelle A – 4a). Deutschland nimmt einen mäßigen 9. Rang unter den Achtzehn ein.
Nach OECD-Berechnungen liegen bei der Frauengleichstellung (Frauenbeschäftigungsquote und Durchschnittseinkommen von Frauen im Vergleich zu Männern) Schweden, Norwegen, Dänemark, Australien und Finnland auf den Spitzenplätzen, die USA und Großbritannien auf den Plätzen 9 und 10 und Deutschland auf einem schlechten 14. Platz. Irland liegt an letzter Stelle.
Im Bildungs-, Gesundheits- und Umweltranking befinden sich Finnland, Norwegen, Schweden und Dänemark in der Spitzengruppe, die USA, Großbritannien und Deutschland im letzten Drittel.
Gemessen am Anspruch auf ein Leben ohne Armut, auf Teilhabe an Arbeit, Bildung und Gesundheit, an ökologischer Nachhaltigkeit, Geschlechtergleichstellung und internationaler Solidarität sind Länder mit starker wohlfahrtsstaatlicher Regulation und entwickelten Zivilgesellschaften auch unter den Bedingungen der Globalisierung besonders erfolgreich. Liberalisierung, Deregulierung und Privatisierung sind wider alle herrschenden Suggestionen nicht unausweichlich!

1 Unter anderem ist dieser Unterschied dadurch zu erklären, dass Großbritannien einen aus Steuern finanzierten Gesundheitsdienst hat. Das USA-Gesundheitssystem beruht dagegen vorwiegend auf privater Vorsorge.

Seit den siebziger Jahren des 20. Jahrhunderts dominiert zwar ein neoliberal geprägter Kapitalismus die internationale Entwicklung. Er bestimmt den vorherrschenden Zeitgeist. Gemessen am Zuwachs an Kapitalreichtum und Herrschaftskapital in der Verfügung einer transnationalen Machtelite ist er erfolgreich.

Aber gemessen am wirklichen Reichtum als der «Bereicherung des menschlichen Wesens selbst» (Marx, MEW. Bd. 40: 545), als «Entwicklung des Reichtums der menschlichen Natur» (Marx, MEW. Bd. 26.2.: 111), als Entwicklung aller produktiven körperlichen, geistigen und kulturellen Fähigkeiten des Menschen, ist mitten in dieser neoliberalen Entwicklungsphase ein Typ der bürgerlich-kapitalistischen Gesellschaft am erfolgreichsten und auch ökonomisch effizient, der die vorherrschende Tendenz eingengt, sozial relativiert und sich ihr nicht bedingungslos unterwirft.

Die Erfolge eines sozialstaatlich regulierten Kapitalismus gründen u. a. darin, dass er so genannte weiche Faktoren auch für den ökonomischen Erfolg zu mobilisieren vermag. Verteidigung und Ausbau des öffentlichen Gutes Bildung sind die Grundlage für eine Wettbewerbsfähigkeit, die auf hoher Qualifikation der Erwerbstätigen, auf Wissenschaftsintensität vieler Erzeugnisse und Innovationsstärke beruht. Relativ hohe Staatsquoten ermöglichen die Ausschöpfung von Bildungspotenzialen ohne Beschränkungen durch die soziale Herkunft der Auszubildenden. Sie tragen zur Vermeidung von Produktivkraftverlusten durch die Finanzierung eines gut funktionierenden Gesundheitswesens mit einem starken Gewicht der Prävention bei. Sie ermöglichen ein hohes Beschäftigungsniveau in öffentlichen Dienstleistungen, die dem Privatkapital als nicht profitabel und daher nicht als lohnende Anlagesphäre gelten. Die auf solche Weise erreichbare soziale Sicherheit wiederum setzt Kreativität frei.

ERFOLGSURSACHEN

Ein hohes Qualifikationsniveau der Beschäftigten bei wachsenden Reallöhnen, ein entwickelter öffentlicher Dienst, ein umfangreicher Non-Profit-Sektor und erhebliche Investitionen durch die öffentliche Hand stärken die Binnenkaufkraft und verringern die Abhängigkeit von Exporten.

2.7. WELCHE ZUKÜNFTE KÖNNTEN AUS GLOBALISIERUNG UND MARKTRADIKALEM WANDEL DER REGULATIONSWEISE RESULTIEREN?

ERSTENS: «Wenn es so weitergeht», wird sich als ein Grundtrend erdweit die soziale Polarisierung fortsetzen. Die Millenniumsziele für das Jahr 2015 werden voraussichtlich verfehlt werden. Umweltkrisen werden die armen Länder noch härter als bisher treffen, und Kosten zur Bewahrung der Umwelt werden sie besonders extrem belasten. Der Druck auf die reichen Länder, im eigenen Überlebensinteresse finanzielle und technische Hilfe zur Minderung der sozialen und Umweltprobleme zu leisten, wird erheblich zunehmen und sie wahrscheinlich zu erhöhten Aufwendungen zwingen. Der Anteil der Hungernden an der Weltbevölkerung mit absolut unzureichendem Zugang zu Gesundheitsdiensten, Bildung, Wohnung und gesundheitsverträglichem Wasser wird abnehmen, die absolute Zahl der Armen in vielen Ländern jedoch voraussichtlich anwachsen. Ein Versagen der Klimapolitik würde zu katastrophalen Verschlechterungen führen.

ZWEITENS: Der Widerspruch zwischen wachsender Notwendigkeit politischer strategischer Entscheidungen für eine nachhaltige sozialökologische Entwicklung und der Entfesselung (Liberalisierung, Deregulierung) der globalen Märkte bricht in der Gestalt der globalen Finanzkrise 2008 geradezu eruptiv auf. Die Deregulierung hat sich so ruinös gegen ihre Hauptexponenten auf den internationalen Finanzmärkten gewendet, dass nun diese selbst massive Staatsinterventionen fordern, bis zur – allerdings nur auf Zeit vorgesehenen! – Verstaatlichung führender Banken. Eine eigentümlich dialektische Ironie könnte die künftige Entwicklung des neoliberalen Kapitalismus bestimmen – wenn er sich nicht in der Verflechtung globaler Krisen das Genick bricht. Das würde allerdings nur geschehen, wenn alternative Gegenmächte die Gunst eines vom Sturm der Finanzkrise geöffneten Zeitfensters für eine umwälzende Veränderung der Kräfteverhältnisse nutzen könnten. Dies ist aber vorerst wahrscheinlich nicht zu erwarten.

Ohne solchen Wandel könnte die Ironie des Jahres 2008 in der Herausbildung eines staatlich dirigierten – gedämpften – Marktradikalismus bestehen. Dann würde die Herrschaft der aus den Konzentrationsprozessen in der Krise hervorgehenden Großbanken, Investmentgesellschaften und Konzerne auf den Weltmärkten mittels neuer Institutionen staatlicher Regulierung und Kontrolle funktionieren.

Ein neuer Staatsinterventionismus wird Kämpfe darum auf die Tagesordnung setzen, ob mit seiner Hilfe die soziale Polarisierung verstärkt wird. oder ob es gelingt, sozial und ökologisch orientierte politische Gestaltung einer internationalen Kooperation durchzusetzen.

«Solidarische Kooperation» könnte als zentrale Aufgabe des 21. Jahrhunderts im Globalisierungsprozess erkannt werden. Offen ist, ob ein Richtungswechsel dahin in den kommenden beiden Jahrzehnten eingeleitet werden kann.

Für Linke sollte dies jedoch ein Angelpunkt notwendig zu verstärkender internationalistischer Politik sein.

DRITTENS: Wird der Marktradikalismus immer mehr den Verlauf der Globalisierung bestimmen? Oder werden die nachlassende soziale Integrationsfähigkeit des neoliberalen Kapitalismus und seine fortschreitende Delegitimierung die Stärkung anderer Entwicklungspfade begünstigen? Werden die skandinavischen Länder ihr Entwicklungsmodell verteidigen und entfalten können? Werden andere Länder ihrem Muster folgen? Wird es Teilen Lateinamerikas dauerhaft gelingen, einen anderen Weg als den des neoliberalen Kapitalismus einzuschlagen? Werden China und Vietnam sich zu neuen Zentren des Neoliberalismus entwickeln oder werden sie eine solche Tendenz durch einen gestaltenden Staat bändigen und einen neuen Weg zur Überwindung von Armut und Zerstörung der Umwelt entwickeln können, der der US-amerikanischen Imperialität Grenzen setzt?

Wahrscheinlich ist, dass das 21. Jahrhundert zu sehr unterschiedlichen Entwicklungspfaden in den verschiedenen Regionen der Erde führen wird. Die Globalisierung im 20. Jahrhundert schien auf eine neoliberal beherrschte Welt hinauszulaufen. Aber die Weltordnung befindet sich mitten in einer weitreichenden Veränderung. Die USA werden aus der internationalen Finanzkrise 2008 voraussichtlich geschwächt hervorgehen. Das für sie mit Sicherheit schmähliche Ende des Irak-Krieges wird in der Welt als Niederlage US-imperialer Ansprüche wahrgenommen werden. Der Aufstieg Chinas, Indiens, Brasiliens und anderer Schwellenländer deutet auf eine neue Multipolarität der Welt hin. Die ungleichen Folgen des Klimawandels für die verschiedenen Weltregionen werden ungleiche politische Reaktionen hervorbringen. Das 21. Jahrhundert könnte die Erprobung unterschiedlicher Wege zur Überwindung des Marktradikalismus hervorbringen.

Ein zentraler Mythos steht dem entgegen: dass die Globalisierung ein unausweichlicher Prozess der Unterwerfung unter das Diktat der globalen Märkte sei. Dieser Mythos lähmt alternatives Handeln.

Die erste und schwerste Aufgabe der Linken in den geistig-politischen Auseinandersetzungen ist, die reale Möglichkeit von Alternativen in das öffentliche Bewusstsein zu heben. Erst wenn dies gelingt, wird die Suche nach anderen, besseren Welten nicht aufzuhalten sein. Deshalb wird der Kampf um geistige Hegemonie zu einer erstrangigen Aufgabe für die Linke, der ihre Zuwendung zu Wissen und Kultur, zu kritischen Intellektuellen und ihre enge Verbindung mit unterschiedlichsten demokratischen Akteuren für eine bessere Welt erfordert.

Bisher wurden in dieser Schrift die Herausbildung eines neuen Produktivkraftsystems (des hochtechnologischen und wissensintensiven informationellen Kapitalismus) und die Verknüpfung der kapitalistischen Globalisierung mit einer einschneidenden Veränderung der Regulationsweise als wesentliche Prozesse des neoliberalen Kapitalismus behandelt. Dessen Analyse ist jetzt durch die Betrachtung eines dritten Grundprozesses zu vertiefen. Ist die veränderte Regulationsweise allgemein durch ein gravierend gewachsenes Gewicht der Weltmärkte im Verhältnis zu sozialstaatlichen Interventionen gekennzeichnet, so haben innerhalb des Gefüges der Weltmärkte die Finanzmärkte einen so rasanten Bedeutungszuwachs erfahren, dass von einem finanzdominierten Kapitalismus oder Finanzmarkt-Kapitalismus gesprochen werden kann. Er treibt den Marktradikalismus auf die Spitze und tritt damit in das Zentrum des neoliberalen Kapitalismus.

FINANZMARKT-KAPITALISMUS

3.

Die Krise des sozialstaatlich regulierten Kapitalismus, des Fordismus, nahm – für das Kapital besonders empfindlich – die Gestalt einer Wachstumskrise an. Auf den Binnenmärkten konnte das Kapital seit den siebziger Jahren nicht mehr die zuvor erreichten Wachstumsraten erreichen. Als Reaktion darauf setzte sich die dem Kapitalismus generell eigene Expansion beschleunigt durch, gewann die Globalisierung mit den im letzten Kapitel skizzierten neuen Qualitäten ein erstrangiges Gewicht, und die Finanzmärkte wurden in einem Ausmaß wie nie zuvor zu bevorzugten Kapitalanlagesphären.

3.1. DAS NEUE DES FINANZMARKT-KAPITALISMUS

In das Zentrum der neuen globalen Regulations- und Akkumulationsweise trat ein explosiver Bedeutungszuwachs der Finanzmärkte für das Funktionieren des Kapitalismus im Verhältnis zu allen anderen Märkten, zu den Güter-, Dienstleistungs- und Arbeitsmärkten. Wichtige Veränderungen sprechen dafür, das finanzdominierte Akkumulationsregime und die finanzorientierte Regulationsweise – kurz: den Finanzmarkt-Kapitalismus – als weiteres wesentliches Strukturmerkmal des neoliberal geprägten Kapitalismus anzusehen. Die einer öffentlichen Aufsicht und Kontrolle am meisten entzogenen Finanzmärkte sind die ausgeprägteste Gestalt des Marktradikalismus, der Grundeigenschaft des neoliberalen Kapitalismus also. Ihre Wirkung durchdringt alle Seiten der Gesellschaft.

In der kritischen ökonomischen Literatur bezeichnen Aglietta und Boyer diesen Wandel als Übergang zu einem «finanzgetriebenen Akkumulationsregime» (Aglietta, 2000; Boyer, 2000). Chesnay definiert die Veränderungen als «finanzdominiertes Akkumulationsregime», (Chesnay, 2000) Bischoff sieht den Finanzmarkt-Kapitalismus als übergreifende Kennzeichnung des gegenwärtigen Kapitalismus an (Bischoff, 2006). Für solche Auffassungen sprechen folgende Prozesse:

NEUE QUALITÄTEN DES FINANZMARKT-KAPITALISMUS

- Die Umsätze auf den Kreditmärkten und mehr noch auf dem Primärmarkt für Wertpapierfinanzierung (Aktien und Anleihepapiere), auf dem Sekundärmarkt für Wertpapierhandel (vor allem auf dem Derivatenmarkt) und auf dem Währungs- und Devisenmarkt steigen weit schneller als die Umsätze auf den Waren- und Dienstleistungsmärkten und übertreffen deren Umfang um ein Vielfaches (Huffschmid, 2002: 25 ff).

Nach Angaben der Bank für Internationalen Zahlungsausgleich ist das Welt-Bruttoinlandsprodukt von 1995 bis 2005 um 52 Prozent gestiegen. Die Kapitalisierung der Börsen stieg von 10,7 Billionen Dollar auf 5,1 Billionen, also fast um 400 Prozent.

Das Volumen der Devisentransaktionen liegt 70mal höher als der Umfang des Welthandels mit Gütern und Dienstleistungen, der Handel mit Zinsderivaten mehrere 100mal höher.
Finanzmärkte sind zu den Avantgarde-Märkten globaler Liberalisierung und Deregulierung geworden. Denn sie sind am radikalsten nationalstaatlicher oder gar zivilgesellschaftlicher Kontrolle entzogen, am meisten abgekoppelt von nationalen Volkswirtschaften und am meisten gleichgültig gegenüber sozialen Verpflichtungen und ökologischer Nachhaltigkeit.

Der Finanzmarkt-Kapitalismus ist nicht eine entartete Form der sozialen Marktwirtschaft, der nach den Erfahrungen der jüngsten Finanzkrise wieder abzuschaffen ist. Sondern er ist auf die Spitze getriebener Kapitalismus, der auf den Finanzmärkten am meisten sich selbst entspricht.

- In das Zentrum des neoliberal geprägten Kapitalismus ist jene Fraktion von Kapitaleigentümern und von Managern gerückt, die die Verfügung über hochkonzentriertes Geldkapital hat. Vor allem sind das die Großeigentümer und Fondsmanager des neuen Unternehmertyps der Investmentfonds oder Vermögensfonds. Zusammen mit den Pensionsfonds und großen Versicherungsgesellschaften werden sie als institutionelle Anleger bezeichnet. Damit hat sich das zentrale Eigentumsverhältnis verändert, jenes Verhältnis, das Ziel, Mittel und Dynamik der gesellschaftlichen Reproduktion sowie Akkumulationsregime und Regulationsweise des Kapitalismus in konkret-historischen Phasen oder «Formationen» seiner Entwicklung bestimmt (Krysmanski, 2004: 57; Klein, 2006).

- Der Profit bleibt dominierendes Ziel und Maß auch im Finanzmarkt-Kapitalismus. Doch im Rahmen dieses Maßes geht eine folgenreiche Veränderung vor sich: Profite aus kurzfristigen, oft spekulativen Kapitalbewegungen und vor allem Gewinne aus der Bewegung des Kurswerts von Aktien – des shareholder value – treten in den Vordergrund. Die dabei für die Gewinner auf den Finanzmärkten erreichbaren Rentabilitätsmargen übertreffen die Profitraten aus langfristigen Kapitalanlagen in der Produktion bei weitem. Das schlägt auch auf die Produktion und auf die Dienstleistungen außerhalb der Finanzmärkte durch. Rationalisierung, Flexibilisierung und Druck auf Löhne und Sozialleistungen zu Lasten der Lohnabhängigen sollen auch dort die Profitraten und damit das Aktienkurse erhöhen.

«So gesehen hat sich der Charakter der Finanzmärkte während der 45 Jahre, in denen ich in diesem Bereich tätig bin, völlig verändert.» (George Soros, langjähriger Chef des Investmentfonds Quantum Group, 1998: 147)

INSTITUTIONELLE ANLEGER

Besonders entwickelt ist der Finanzmarkt-Kapitalismus in den USA. Dort halten die Investment- und Pensionsfonds rund 60 Prozent der Aktien von den 1000 größten US-Unternehmen. 40 Prozent dieser Aktien befinden sich in der Hand der 20 größten Fonds (Windolf, 2005: 5). Dort, wo wie in den USA der Finanzmarkt-Kapitalismus voll ausgeprägt ist, dominiert die Finanzierung von Großunternehmen durch die Emission von Aktien auf den Finanzmärkten gegenüber der Finanzierung durch Bankkredite. Das bedeutet nicht, dass Banken bedeutungslos werden. Sie gehören zu den Großeigentümern der Investmentfonds, werden aber zum großen Teil selbst von Fondsgesellschaften beherrscht.

Die Deutsche Bank ist Eigentümerin des DWS-Investmentfonds, befindet sich aber selbst zu 69 Prozent im Besitz von Fondsgesellschaften. (Windolf, 2003: 2)

Die so genannten institutionellen Anleger sammeln mit dem Versprechen einer künftigen Rendite auf die von ihnen ausgegebenen Wertpapiere Einlagen von Millionen Anlegern. Mit dem so konzentrierten Kapital erwerben sie Unternehmensaktien, die sie jedoch durchschnittlich nicht länger als 20 Monate halten, oft auch nur für geringere Dauer. Die Konkurrenz der Fonds untereinander um eine höchstmögliche Zahl von Anlegern erfordert, diesen eine möglichst hohe Verzinsung ihrer Einlagen in Aussicht zu stellen. Um diese aber zahlen zu können, üben die Fonds Druck auf die Unternehmen aus, in denen sie Aktien halten.
Moderne konkurrenzfähige Produktion und hohe Gewinne in Unternehmen unter dem Einfluss von institutionellen Anlegern reichen nicht mehr aus, wenn andere Investmentfonds ihren Kunden noch höhere Ausschüttungen auf deren Einzahlungen bieten können. Dann werden diese Unternehmen mit der Androhung der Investmentfonds, ihr Kapital aus den Unternehmen herauszuziehen, zu Maßnahmen gezwungen, die die Profite und Aktienkurse erhöhen. Dann werden selbst bei nur geringen Anteilen der Lohnkosten an den Gesamtkosten Tausende ent-

lassen, um dem Maßstab der Finanzfonds – der Erhöhung des shareholder value, des Aktienwertes – zu genügen. Nicht in erster Linie mangelnde Moral der Manager, sondern die Struktur und der Mechanismus des Finanzmarkt-Kapitalismus sind die tiefste Ursache vieler Finanzskandale und der totalen Unsicherheit, die auf diese Weise die Gesellschaft erfasst.

• Die Kapitalmacht der Investmentfonds in den USA und Großbritannien zeigt, dass der Finanzmarkt-Kapitalismus dort bereits voll ausgeprägt ist. Das Wachstum dieser Fonds in Deutschland deutet darauf hin, dass er auch in der Bundesrepublik den neoliberalen Kapitalismus zunehmend charakterisiert. Gleichwohl bleibt der Finanzsektor nur ein Teil der Gesamtwirtschaft und verweist andere Branchen und Kapitalfraktionen keineswegs in die Bedeutungslosigkeit. Nach den Angaben der europäischen Statistik resultierten im Jahr 2002 aus der Tätigkeit von Banken, Versicherungen und Börsen im Durchschnitt real 6,8 Prozent der Bruttowertschöpfung der EU 25 (eurostat, 2006: 342).

REICHE INVESTMENTFONDS

Das Vermögen von Investmentfonds im Vergleich zum Bruttosozialprodukt betrug in

	1990	2000
USA	127 %	195 %
Großbritannien	131 %	226 %
Deutschland	34 %	80 %

Quelle: OECD, Financial MaketTrends 2001. Hans-Böckler-Stiftung 2006

• Eine widersprüchliche, jedoch langfristig destruktive Rolle spielen die Hedge-Fonds. Diese Fonds sind riesige Investmentgesellschaften. Im Unterschied zu traditionellen Aktien- und Immobilienfonds unterliegen sie keinerlei Richtlinien für Kapitalanlagen, müssen der Finanzaufsicht keine Daten zur Einsicht geben und dürfen auf Kreditbasis spekulieren. Eine Begründung für diese komfortablen Konditionen lautet, dass sie Risiken übernähmen, die andere scheuen und damit zur Stabilität des Finanzsystems beitragen würden.

Das Eigenkapital der weltweit etwa 9000 Hedge-Fonds wird auf etwa 1,4 Billionen Dollar geschätzt. Die Kreditsumme, mit der sie operieren, ist ungefähr 10fach höher. Nirgendwo existiert eine Kontroll- und Aufsichtsinstitution, die nur eine Ahnung davon hat, wo und in welchen Prozessen diese rund 15 Billionen Dollar stecken.

Zu ihren Geschäftsstrategien gehören neben spekulativen Transaktionen auf Kreditbasis Leerverkäufe und Arbitragegeschäfte. Ein Leerverkauf findet statt, wenn Aktien eines Unternehmens in der Erwartung fallender Kurse zum Tageskurs von einem Hedge-Fonds geliehen und gleich wieder verkauft werden. Der Verkauf kann den Kursverfall noch verstärken. Um die geliehenen Aktien zurückzugeben, müssen sie zurückgekauft werden – bei fortgeschrittenem Fall ihres Kurses zu einem geringeren Preis als dem zuvor erzielten Verkaufspreis und folglich mit Gewinn. Arbitragegeschäfte sind Käufe – zum Beispiel von Wertpapieren – zu einem bestimmten Kurs, um die gekauften Objekte auf einem anderen Markt zu einem günstigeren Kurs sofort wieder mit einem Spekulationsgewinn zu verkaufen. Hedge-Fonds schlagen aus der Spekulation auf die Kursentwicklung von Aktien, Rohstoffen und Anleihen Profite.

Experten schätzen den Anteil von Finanzspekulationen an der Preisexplosion von Nahrungsgütern (Mais, Reis, Weizen) seit dem Frühjahr 2008 auf 20 bis 40 Prozent. Teils flüchten die verunsicherten Finanzinvestoren aus Wertpapieranlagen in Rohstoff- und Nahrungsgüterkäufe. Teils fördert die Welternährungskrise die Erwartung noch stärkerer künftiger Preissteigerungen. Der Terminhandel steigt sprunghaft an, der Kauf von Nahrungsgütern lange vor deren Ernte, um zur Erntezeit bei weiter gestiegenem Preisniveau hohe Profite aus dem Kontrakthandel zu schlagen.

Gegenwärtig steigen Hedge-Fonds besonders aggressiv in den Private-Equity-Bereich ein. Private-Equity-Fonds haben sich auf die Übernahme, den Umbau und Wiederverkauf von Unternehmen spezialisiert. Nicht deren langfristige Entwicklung, sondern Aufkauf, Durchrationalisierung, Zerlegung oder Fusionierung und Restrukturierung innerhalb weniger Jahre bis zum Wiederausstieg ist ihre Handlungsmaxime. Vulture-Fonds (Geier-Fonds) haben sich auf den Aufkauf fast oder vollständig insolventer Fabriken kapriziert, um im Stil von Leichenfledderern von deren Restbeständen und der Chancenlosigkeit ihrer Gläubiger zu profitieren.

• Eine besonders destruktive Wirkung haben die Finanzmärkte dadurch, dass die Undurchschaubarkeit der Finanztransaktionen ihr Lebenselixier ist.

EXKURS: DIE IMMOBILIEN- UND FINANZKRISE 07/08

Ein Beispiel dafür ist die Immobilien- und Finanzkrise, die im Sommer 2007 in den USA ausbrach. Ihr Ausgangspunkt war, dass im Kampf um Marktanteile auf dem Hypothekenmarkt Kredite zum Hauserwerb in großem Umfang zu niedrigen Zinsen an Menschen vergeben wurden, die sich anders als einst der Hausmeister ENRICO und viele seines Standes ein eigenes Haus eigentlich nicht leisten können – so genannte Subprime-Kredite also. Das Wachstum dieses Geschäftssegments wurde dadurch beschleunigt, dass die Finanzakteure auf dem Hypothekenmarkt selbst Kredite aufnahmen. Sie bündelten die unsicheren «faulen Kredite» mit anderen Krediten und Wertpapieren zu neuen «abgeleiteten» Wertpapieren, zu so genannten Derivaten (lateinisch: derivatum – das Abgeleitete). Diese wurden an institutionelle Anleger und Banken in aller Welt weiterverkauft. Häufig wechselten sie mehrfach den Eigentümer. Wie bei vielen anderen Derivaten können deren Käufer meist nicht mehr durchschauen, welche Vorgänge sich hinter den erworbenen Papieren eigentlich verbergen.
Als ab 2004 das Zinsniveau in den USA anstieg, viele Hauserwerber ihre Schulden nicht mehr bedienen konnten und ihre Gläubiger nun ihrerseits in Zahlungsschwierigkeiten bei den eigenen Kreditgebern gerieten, reifte die Immobilienkrise heran. Hunderttausende verloren ihre Häuser. Die Nachfrage nach neuen Krediten zur Überbrückung der massenhaften Zahlungsschwierigkeiten stieg an. Da die Finanzakteure aber wechselseitig von sich nicht wissen, welche faulen, nie wieder rückzahlbare Kredite in ihren erworbenen Derivaten-Papieren stecken, welche Verluste also bei welchen Banken und Investmentfonds auftauchen würden, setzte sich größte Zurückhaltung bei der Vergabe von Krediten selbst zwischen den Banken gerade in der Zeit größter Kreditnachfrage durch. Die Immobilienkrise mündete in eine Kreditkrise. Banken und Fonds entdeckten Schlag auf Schlag Milliardenverluste in ihren Bilanzen. Selbst große Institute gerieten an den Rand des Bankrotts oder wurden von anderen Banken geschluckt. Die Gefahr einer Abwärtsspirale wurde hoch akut: Entwertung des Immobilienbesitzes in den USA und damit Verlust der Sicherheiten von Millionen ohnehin verschuldeter Amerikaner; Verminderung ihrer Käufe parallel zu Einbrüchen der Bauwirtschaft; allgemeine Verunsicherung und weitere Dämpfung der Nachfrage auf vielen Märkten; Gewinneinbrüche bei Unternehmen mit der Folge höheren Kreditbedarfs.

In einem Bericht vom April 2008 erwartete der IWF Verluste bis zu 945 Milliarden US-Dollar als Folge der Finanzkrise, im Bericht vom 7. Oktober bereits Verluste von 1,4 Billionen.
Noch 1980 fiel der Umsatz von Derivaten kaum ins Gewicht. 1990 erreichte der börsennotierte Umsatz von Derivaten 123,4 Billionen US-Dollar, 2002 bereits 693,7 Billionen. Aber nur rund 20 Prozent des Derivatenhandels vollziehen sich an Börsen, 80 Prozent dagegen außerbörslich und außer jeder Kontrolle!

In der Finanazkrise schlägt die systemische Undurchschaubarkeit der Finanzmärkte, vor allem der hinter dem riesigen Derivatenumsatz steckenden Realprozesse voll durch. Die privaten Finanzmärkte sind aus Angst der Finanzinstitute vor noch nicht entdeckten Pleitepapieren in den Portfolios der jeweils anderen Banken und Fonds nicht in der Lage, deren Kreditbedarf zu decken und damit die Wirtschaft wieder in Fahrt zu bringen. Die Zentralbank der USA, die Federal Reserve Bank (Fed), senkte in kürzester Zeit mehrmals den Leitzins, zu dem sich die privaten Geschäftsbanken bei der Fed Geldkapital beschaffen können, um es wieder als Kredit in die Wirtschaft zu pumpen. Die Bush-Administration legte Steuersenkungsprogramme von 160 Milliarden Dollar auf, um die Marktnachfrage zu stärken. Bis Mitte Oktober 2008 hatte sie bereits mehr als eine Billion Dollar staatliche Mittel in die Stabilisierung des Bankensystems geworfen. Weitere Milliarden werden folgen. Mehrmals brachten die Zentralbanken der USA, der EU, Großbritanniens und anderer OECD Staaten in abgestimmten Transaktionen hunderte Milliarden Dollar in den globalen Geldumlauf.
Im I. Quartal 2008 geschah etwas nach bisher geltenden Maßstäben Unerhörtes. Die Fed gibt an Banken und Brokerhäuser Kredite und nimmt als «Sicherheiten» dafür deren problembeladene Wertpapiere aus Spekulationsgeschäften zur Beruhigung des Geschäftsklimas an. «Nach einigen Schätzungen könnte sie bald bis zu 400 Milliarden Dollar zweifelhafter Hypothekenpapiere in ihren Büchern stehen haben, etwa die Hälfte ihrer ganzen Bilanzen.» (Die Zeit, 19.3. 2008) Das läuft darauf hinaus, dass der Staat die Kosten riesiger Fehlspekulationen übernimmt und sie schließlich dem Steuerzahler aufbürdet. In Großbritannien eröffnete die Verstaatlichung der angeschlagenen Immobilienfinanzierungsgesellschaft Northern Rocks eine ganze internationale Serie von Teilverstaatlichungen. In Deutschland musste die Düsseldorfer Indu-

striekreditbank IKB bis zum Ende des I. Quartals 2008 mit insgesamt 9 Milliarden Euro durch die staatliche Kreditanstalt für Wiederaufbau (KfW) und den Bund gestützt werden. Die Sachsen LB brauchte nach dem Erwerb fauler amerikanischer Hypothekenderivate eine Kreditlinie von 17,3 Milliarden Euro von der DEKA-Bank und anderen Landesbanken, und danach noch 6,4 Milliarden Euro zur Deckung ihrer Verluste, 5,4 Milliarden davon vom Bund. Die Rettung der Hypo Real Estate erforderte 26,6 Milliarden Staatsgarantien.

Die Wirkungen einer Finanzkrise sind so zerstörerisch, dass auch die Teilübernahme ihrer Kosten durch den Staat schwerwiegende Folgen hat. «Als Japans Geldhäuser in den neunziger Jahren zusammenbrachen, übernahm der Staat ihre faulen Kredite, und während der schwedischen Finanzkrise garantierte der Staat die Zahlungsverpflichtungen der Finanzhäuser. ... In Japan kostete die Bereinigung der Bankbilanzen den Staat 24 Prozent des Bruttoinlandsprodukts, in Schweden immerhin knappe 10 Prozent.» (Brost u. a., 19.3.2008) Die Folge in Japan war ein Jahrzehnt stagnativer Tendenzen in der Wirtschaft.

Die Erwartungen für das Wirtschaftswachstum in Deutschland 2009 werden nach unten korrigiert – mit negativen Folgen für die Beschäftigung und selbst für jene, die bereits von Erwerbsarbeit ausgeschlossen sind. Denn je geringer das Sozialeinkommen von PETER JÄGER und Millionen anderen, desto größer der Leistungsdruck auf die noch Beschäftigten, um in der Krise noch mit einem blauen Auge davonzukommen. Wenn der Alleinerziehende noch zudem Teile seines vielleicht Ersparten aufbrauchen muss, ehe er überhaupt ein Anrecht auf das Arbeitslosengeld II hat, wächst der Druck noch mehr. PETER JÄGER mag keine Vorstellung vom Funktionieren der Finanzmärkte haben. Aber unabhängig von seinen Vorstellungen über Finanzmechanismen oder von der Abwesenheit solcher Vorstellungen sind sie in seinem Leben wirkungsmächtig. Arbeitende und Arbeitslose sind dem schleichenden Eindringen des Finanzmarkt-Kapitalismus in alle Sphären der Gesellschaft unterworfen – bis in die Alltagssphäre hinein.

Beispielsweise gehören zu den Hauptquellen des auf den Finanzmärkten angelegten Geldkapitals die Pensionsfonds, von denen sich die privaten Einzahler Sicherheit im Alter erhoffen. Je stärker jedoch solidarische Alterssicherungssysteme zugunsten privater Versicherung bei solchen Fonds abgebaut werden, desto stärker hängt die Alterssicherung vom Auf und Ab der Kurse, Gewinne und Verluste auf den Finanzmärkten ab. In den letzten eineinhalb Jahren verloren die US-Pensionsfonds 2 Billion Dollar.

Von dem weltweit angelegten Geldvermögen in Höhe von rund 80 bis 100 Billionen Dollar entfallen 21 Billionen Dollar auf Pensionsfonds. (International Financial Services, 2006: 6)

EU: STÄRKUNG DER FINANZMÄRKTE

Ein Beispiel für die Verwandlung der Alterssicherung in eine Stärkung der Finanzmärkte ist die EU-Richtlinie «Über Tätigkeiten von Einrichtungen zur betrieblichen Altersversorgung» aus dem Jahr 2003. Betriebliche Rentenfonds in der Europäischen Union halten Vermögenswerte in Höhe von 2,5 Billionen Euro. Diese zunächst auf nationaler Ebene gebildeten Rentenfonds werden durch die EU-Regelungen für den europäischen Wettbewerb geöffnet. Bis zu 70 Prozent der Einlagen dürfen in Aktien und anderen Wertpapieren, bis zu 30 Prozent in Fremdwährungen angelegt werden. In der Begründung der EU-Kommission für die Richtlinie heißt es: «Auf diese Weise können die Einrichtungen ... einen Beitrag zur Entwicklung des Risikokapitals leisten.» «Die Einrichtungen zur betrieblichen Altersversorgung spielen somit eine wichtige Rolle ... bei der Integration der europäischen Kapitalmärkte ... und tragen damit zu einer verstärkten Kapitalisierung der Aktienmärkte der Mitgliedstaaten bei.» (Europäische Kommission, 2000) Den Akteuren auf den Finanzmärkten fließt neues Kapital für ihre Geschäfte zu. Für die künftigen Rentnerinnen und Rentner sichert die EU-Richtlinie nicht einmal ab, dass sie später wenigstens die eingezahlten Rentenbeiträge zurückerhalten oder gar eine Mindestrendite garantiert wird.

Als im Gefolge der amerikanischen Immobilien- und Finanzkrise im März 2008 die fünftgrößte US-Investmentbank Bear Stearns nur durch eine Blitzaktion der New Yorker Notenbank gerettet und durch die Großbank JP Morgan Chase übers Wochenende aufgekauft wurde, fiel der Aktienkurs von Bear Stearns, der im Sommer 2007 bei 150 Dollar lag, auf 2 Dollar. 30 Prozent der Aktien befanden sich in den Händen der Mitarbeiter von Bear Stearns – als ihre Alterssicherung. Innerhalb weniger Tage löste sich ihre Altersversorgung in Luft auf.

NEOLIBERALER FINANZMARKT-KAPITALISMUS ALS PHASE DES KAPITALISMUS

Wie einschneidend der Wandel des Kapitalismus mit dem Übergang zum Finanzmarkt-Kapitalismus ist, wird auch durch einen Rückblick auf vorausgegangene Phasen oder Stufen kapitalistischer Entwicklung deutlich (Brie, 2006: 10 ff.). Im Kapitalismus der freien Konkurrenz – der ersten Phase kapitalistischer Entwicklung – war dessen Zentralfigur der Unternehmer in der Produktion, der auf dem Markt der vielen Konkurrenten keinen bestimmenden Einfluss hatte. Das einzelkapitalistische Eigentum an Produktionsmitteln, dessen Daseinsform die freie Konkurrenz war, dominierte.

Eingeleitet durch die Große Depression 1875 – 1893, der ersten großen Regulationskrise in der Geschichte des Kapitalismus, vollzog sich der Übergang zu einer durch ökonomische Machtkonzentration bestimmten zweiten Entwicklungsphase oder Formation des Kapitalismus. Zur zentralen Form des Kapitals in dieser Entwicklungsphase wurde das Monopol, in der Marktformenlehre meist als Oligopol bezeichnet. Das Monopoleigentum wurde bestimmend. Kartelle, Syndikate und Konzerne dominierten den Verlauf der Reproduktion.

Die Größe der Monopolunternehmen und ihre Dynamik erforderten eine enorme Mobilisierung von Geldkapital für Investitionen. Das führte zu einem außerordentlichen Bedeutungszuwachs der Banken. «Ein immer größerer Teil des in der Industrie verwendeten Kapitals ist Finanzkapital, Kapital in der Verfügung der Banken und in der Verwendung der Industriellen», schrieb Rudolf Hilferding und arbeitete die damit entstehende neue Rolle der Banken heraus: «Die Mobilisierung des Kapitals und die stets stärkere Ausdehnung des Kredits ändert allmählich die Stellung der Geldkapitalisten vollständig. Die Macht der Banken wächst, sie werden Gründer und schließlich die Beherrscher der Industrie.» (Hilferding, 1947: 306 f.) Lenin schrieb über diesen Prozess: «Konzentration der Produktion, daraus erwachsende Monopole, Verschmelzung oder Verwachsen der Banken mit der Industrie – das ist die Entstehungsgeschichte des Finanzkapitals und der Inhalt dieses Begriffs.» (Lenin, 1960: 230) Das Monopol nahm finanzkapitalistischen Charakter an.

In dieser Entwicklungsphase des monopolistischen Kapitalismus erfuhr der Expansionismus des Kapitals neue Impulse. Imperiale Tendenzen wurden stärker und mündeten in zwei mörderische Weltkriege. Bei der Finanzierung der Unternehmen allerdings war das mit ihnen verwachsene Bankkapital zwar an höchstmöglichen Profiten interessiert, drängte jedoch zugleich auf längerfristige Sicherheit der Kapitalanlagen und Stabilität der Industrieunternehmen. «Die Präferenzen einer Gläubiger-Bank lassen sich relativ einfach beschreiben: Die Bank hatte ein Interesse an der Kartellierung von Märkten, um durch eine Begrenzung der Konkurrenz die Ertragslage der Unternehmen langfristig zu stabilisieren; weiterhin war die Bank gegenüber dem Schuldner ein risikoaverser Vertragspartner, der versuchte, die Manager vor allzu riskanten Geschäften abzuhalten. Die Kredite der Banken waren geduldiges, kontrollierendes und risikoaverses Kapital.» (Windolf, 2005: 5) Ein finanzbestimmter Monopolkapitalismus – ein Finanz-Monopolkapitalismus – hatte sich herausgebildet, in dem das Finanzkapital allerdings, verschmolzen mit dem Industriekapital, an dessen langfristigem stabilen Wachstum zentrales Interesse hatte.

Doch eine solche Stabilität war nicht erreichbar. Dem Ersten Weltkrieg folgten in einer Reihe von Industrieländern Nachkriegsinflationskrisen, die erst allmählich von dem kurzen Aufschwung der «Goldenen Zwanziger» abgelöst wurden, der wiederum in die Weltwirtschaftskrise 1929/32 einmündete. Sie war der Beginn der zweiten großen Regulationskrise, die bis in den Zweiten Weltkrieg hinein andauerte. Sie forderte Reaktionen der Machteliten auf das offenkundige Versagen der inzwischen vorwiegend monopolistisch-oligopolistischen Konkurrenz heraus, die statt zu volkswirtschaftlichen Gleichgewichten in die tiefste Krise der Geschichte des Kapitalismus führte.

Die dominante Reaktion war das staatliche Eingreifen in Wirtschaft und Gesellschaft. Ein regulierter Kapitalismus bildete sich heraus, abermals mit einem Wandel in den Eigentumsverhältnissen verbunden. Teils stützten sich die ökonomischen Machteliten zur Durchsetzung ihrer Eigentumsinteressen auf den Staat, teils allerdings griff dieser auch politisch in die Verfügung über das Kapitaleigentum ein. Unter dem Druck von Krisenerfahrungen und der Kämpfe der Arbeiterbewegung bildeten sich in Gestalt des New Deal in den USA und wohlfahrtsstaatlicher Regulierung des Kapitalismus in nordischen Ländern ein Verteilungskompromiss zwischen Kapital und Arbeit und sozialstaatliche Ergänzungen des Marktmechanismus heraus. Dies war der Hintergrund, in dem einst das Vertrauen des Hausmeisters ENRICO, seiner Frau und einer Bevölkerungsmehrheit in den westlichen Wohlfahrtsstaaten wurzelte.

In Deutschland, Italien, Japan und weiteren Ländern dagegen entwickelten sich nationalsozialistische bzw. faschistische und militaristische Diktaturen, die den Weg der Kriegsvorbereitung beschritten und in den

Zweiten Weltkrieg einmündeten. Erst unter dem Druck des Schocks durch Weltkrieg und Holocaust und in der Konkurrenz mit dem staatssozialistischen System setzte sich in den zweieinhalb Nachkriegsjahrzehnten in der westlichen Welt ein sozialstaatlich regulierter Kapitalismus durch, der atlantische Fordismus. Der fordistische wohlfahrtsstaatliche Kapitalismus war die dritte konkret-historische Phase oder Formation in der kapitalistischen Entwicklung. Das monopolistische bzw. oligopolistische Eigentum blieb dominant. In vielen Ländern bekam staatliches Eigentum ein erhebliches Gewicht, und der Sozialstaat griff erheblich in die Verfügung über privatkapitalistisches Eigentum ein. Für den fordistischen Kapitalismus waren ein kräftiges Wirtschaftswachstum, industrielle Massenproduktion und Massenkonsumtion, auf dieser Grundlage tendenzielle Vollbeschäftigung und die Finanzierbarkeit sozialer Reformen kennzeichnend. Allerdings war von dieser Entwicklung die Mehrheit der Menschen in den ärmeren Ländern ausgeschlossen, und es dominierte in ihr das Modell des männlichen Familienernährers.

In den siebziger Jahren des 20. Jahrhunderts geriet auch diese spezifische Formation des Kapitalismus in eine Krise, in die Krise des Fordismus. Sie ist die dritte große Regulationskrise in der Geschichte des Kapitalismus.

Der aus ihr hervorgegangene deregulierte neoliberale Kapitalismus ist die vierte Formation oder Phase bzw. Stufe in der Entwicklung des Kapitalismus. Abermals findet im Zentrum der Eigentumsverhältnisse eine einschneidende Veränderung statt. Hochkonzentriertes Geldvermögen gewinnt mit dem Kerngeschäft von Finanzinvestitionen entscheidenden Einfluss auf große Teile der Kapitalanlagen. Es bestimmt den Maßstab der Kapitalverwertung – den shareholder value – neu. Das finanzdominierte Akkumulationsregime der Gegenwart unterscheidet sich von der früheren engen Verflechtung des Industriekapitals mit dem Bankkapital vor allem durch eine tendenzielle Entkopplung zwischen produktivem Kapital und dem Finanzkapital, das auf den Finanz- und Devisenmärkten in hohem Maße spekulativ angelegt wird. Nach Angaben der Bank für Internationalen Zahlungsausgleich bezog sich beispielsweise schon 1998 weniger als ein Prozent des Derivatenmarktes auf stoffliche Güter. Im Dezember 2007 hatte das Volumen der außerbörslich gehandelten Finanzderivate 596 Billionen Dollar erreicht – im Vergleich zum weltweiten Bruttoinlandsprodukt (zum Wert aller produzierten Güter und Dienstleistungen) in Höhe von 54,312 Billionen Dollar. Der weltweite Börsenhandel stieg im Zeitraum zwischen 1980 und 2000 auf das 187fache.

«Weltwirtschaftliche Einflüsse sind heute stärker als fast alles, was die Geld- oder Fiskalpolitik ihnen entgegensetzen kann.» « Heute kursieren an den Weltfinanzmärkten über 100 Billionen handelbare langfristige Wertpapiere. Da haben selbst große Marktbewegungen, wie Zentralbanken sie auslösen können, nur geringen Einfluss. Globale Marktkräfte ... sind der bei weitem dominanteste Einfluss am Finanzmarkt und in der Wirtschaft geworden. Regierungen steuern den Lauf der Welt immer weniger.» (Alan Greenspan, von 1987 bis 2006 legendärer Chef der US-Notenbank. In: Die Zeit, 31.1.2008)

BANKEN UND VERSICHERUNGEN IN DER WELTSPITZE DER 2000 GRÖSSTEN UNTERNEHMEN 2006 (MILLIARDEN DOLLAR)

Platz	Unternehmen	Branche	Firmensitz	Umsatz	Profite	Vermögen	Marktwert
1	Citigroup1)	Banken	USA	146,58	21,54	1884,32	247,42
2	Bank of America	Banken	USA	116,57	21,13	1459,74	226,61
3	HSBC-Holdings	Banken	Großbr.	121,51	16,63	1860,76	202,29
4	General Electric	Konglomerat	USA	163,39	20,83	697,24	358,98
5	JP Morgan Chase	Banken	USA	99,30	14,44	1351,52	170,97
6	American Int Group	Versicherung	USA	113,19	14,01	979,41	174,47
7	Exxon Mobil	Öl u. Gas	USA	335,09	39,50	223,95	410,65
8	Royal Dutch Shell	Öl u. Gas	Niederlande	318,85	25,44	232,31	208,25
9	UBS	Banken Finanzen	Schweiz	105,59	9,78	1776,89	116.84
10	ING Group	Versicherung	Niederlande	153,44	9,65	1615,05	93,99

1) 2007 von der größten chinesischen Bank von Platz 1 verdrängt – D.K. — Quelle: Forbes, 2007: Special Report The Global 2000 www.forbes.com/lists/2007/18/bis_07forbes2000_The-Glob ...

3.2. FOLGEN DES FINANZMARKT-KAPITALISMUS

Die Folgen des Finanzmarkt-Kapitalismus sind gravierend und zutiefst widersprüchlich: Einerseits erlauben internationale Kreditmärkte und die internationale Emission von Aktien und anderen Wertpapieren die Finanzierung von Boomphasen wie vor 1997 in Südostasien und in der zweiten Hälfte der neunziger Jahre in der New Economy vor allem in den USA und anderen Industrieländern. Einerseits hat die Finanzierung über internationale Kredit- und Wertpapiermärkte erheblich zur Durchsetzung der hochtechnologischen Basis des gegenwärtigen Kapitalismus beigetragen. Die Finanzmärkte mobilisieren kurzfristig erhebliche Mittel für Investitionen in Strukturveränderungen. Sie treiben Dynamisierung und Flexibilisierung der Produktion voran.
Andererseits führt der Finanzmarkt-Kapitalismus zu erheblichen Reichtumsverlusten und sozialen Katastrophen. Überproportionale Finanzinvestitionen verringern die Kapitalinvestition in produktiven Sphären der Gesellschaft. Wenn solche Investitionen aber doch mit hohen spekulativen Erwartungen stattfinden und dies zum Entstehen und schließlich zum Platzen von Spekulationsblasen führt, wird offenbar, das Hunderte Milliarden Dollar ohne die Nachfrage nach den aufgeblähten Angeboten investiert wurden. Dann werden durch den Bankrott von Firmen, durch Nichtauslastung von Kapazitäten und Währungsabwertungen Investitionen bis zu Hunderten Milliarden Dollar vernichtet und die Verluste beim Fall von Aktienkursen und Immobilienpreisen in der Regel durch Entlassungen, Lohnsenkungen und Sozialabbau der Bevölkerungsmehrheit aufgebürdet (Huffschmid, 2002: 183).

«Wir wissen immer noch nicht, wie viel von den so genannten privaten Kapitalanlagen der neunziger Jahre hinausgeworfenes Geld waren; aber selbst wenn wir davon ausgehen, dass nur ein Bruchteil des gesamten Wertverlusts von Aktien auf Fehlinvestitionen zurückzuführen ist, muss die Zahl doch in die Hunderte von Milliarden Dollar gehen.» (Joseph Stiglitz, Nobelpreisträger und langjähriger Chefvolkswirt der Weltbank, 2003: 48.)

Eine der dramatischsten Folgen des Finanzmarkt-Kapitalismus ist die Verschiebung zwischen kurzfristigen und langfristigen Horizonten der Wirtschaftstätigkeit. Das Interesse an Dividenden, die aus einer langfristig stabilen Entwicklung von Unternehmen resultieren, tritt hinter die Spekulation auf den Anstieg der shareholder value, also des Kurswerts der Aktien, zurück. Innerhalb von Minuten und Stunden können im Gefolge von Kursschwankungen der Wertpapiere und Devisen Milliarden verloren oder gewonnen werden. Hektik und Kurzfristigkeit bestimmen die Entwicklung – in einer Situation, in der tiefgreifende Umbrüche langfristigen strategischen Umgangs mit dem Wandel der Bedingungen bedürfen.

Zur Veränderung der Regulationsweise gehört, dass das hochmobile Finanzkapital ebenso schnell aus Ländern und Regionen abgezogen werden kann, wie es dort hinfließt. Das macht Regierungen steuer-, sozial- und umweltpolitisch erpressbar. Die Entwicklung von Wirtschaftsstrukturen wird immer weniger von Staaten und zivilgesellschaftlichen Akteuren und immer mehr von Entscheidungen in den Führungsetagen der Banken und Investmentfonds abhängig. Strategische Gemeinwohlinteressen treten in den Hintergrund, da die Fondsmanager mit kurzfristigen Horizonten handeln. Nachhaltige Zukunftsstrategien geraten unter die Räder der Finanzmärkte. Das heißt, die generelle Veränderung in der Regulationsweise – das wachsende Übergewicht der Marktregulation zu Lasten (sozial)staatlicher Regulation – wird mit dem enormen Bedeutungszuwachs der internationalen Finanzmärkte schubartig verstärkt.

Widersprüchlich sind die Wirkungen des Finanzmarkt-Kapitalismus auf die Innovationstätigkeit. Einerseits treibt die Konkurrenz um höchstmögliche Profite Innovationen noch weiter an. Andererseits wird dies jedoch häufig von einer Gegentendenz überlagert. Finanzinvestitionen, Übernahmen, kurzfristige Restrukturierung von Unternehmen und der Abbau auch hochqualifizierter Arbeitskräfte versprechen schnellere Kapitalverwertung als langfristige Unternehmensstrategien. Die Monopolisierung von Wissen und Information durch übersteigerten Patentschutz und Vorrang des Urheberrechts vor dem Anspruch auf allgemeinen Zugang zu Wissen beschneiden den Innovationsprozess gravierend. Die von Schumpeter gerühmte progressive unternehmerische Funktion der Innovation wird beschnitten – vor allem dort, wo strategische Entscheidungen auf lange Sicht wie zur Abwendung einer Klimakatastrophe äußerst dringlich wären. Joachim Bischoff formuliert sogar überspitzt: «Mit der Machtverschiebung zugunsten des Geld- und Leihkapitals verliert die kapitalistische Produktionsweise ihren Charakter der beständigen Umwälzung der Produktionsmethoden.» (Bischoff, 2006: 58)

Überaus folgenreich ist die Wirkung der Finanzmärkte für die so genannten Entwicklungsländer. Einst – in den siebziger Jahren – schienen sie Vehikel der Rettung für den Trikont zu sein. Theoretiker nachholender

Entwicklung stellten dem «Süden» unter der Voraussetzung der Öffnung seiner Märkte einen raschen Aufholprozess in Aussicht. Niedrige Zinsen für große Kredite schienen die Finanzierung der notwendigen Investitionen zu sichern. Als aber von den USA der Umstieg zu einer Hochzinspolitik ausging, gerieten die so genannten Entwicklungsländer in eine Schuldenfalle. Ihre Verschuldung stieg von 580 Mrd. Dollar im Jahr 1980 auf 2400 Mrd. Dollar im Jahr 2003. Der jährliche Schuldendienst stieg von 90 Mrd. Dollar 1980 auf 395 Mrd. Dollar 2003. Im Jahr 2005 betrug die öffentliche Entwicklungshilfe des «Nordens» an 122 Länder des «Südens» 58 Mrd. Dollar. Deren Schuldendienst, der zu 54 Prozent direkt an Banken, Investmentfonds und andere private Großgläubiger fließt, betrug in diesem Jahr 482 Mrd. Dollar (Ziegler, 2005: 51 ff.). Der Internationale Währungsfonds bindet neue Kredite in Gestalt von Strukturanpassungsplänen an marktradikale Konditionen. Zu den Auflagen des IWF gehören die Öffnung der Märkte in den Schuldnerländern für die überlegene westliche Konkurrenz, die Erhöhung ihrer Exporte zwecks Schuldentilgung mit der Folge der Minderung von für den einheimischen Verbrauch dringlichen Gütern und die Senkung der Staatshaushaltaufgaben, in der Regel vor allem der Bildungs- und Sozialaufgaben.
Neue Kredite des Internationalen Währungsfonds werden in Gestalt von Strukturanpassungsplänen an marktradikale Konditionen gebunden. Im letzten Jahrzehnt konnte eine Reihe von Schwellen- und Entwicklungsländern dank hohen Wachstums und der Ausbeutung der eigenen Bevölkerung ihre Schulden bei öffentlichen Gläubigern teilweise oder ganz tilgen, darunter ehemals hochverschuldete Länder wie Argentinien, Brasilien und Russland. Eine wachsende Zahl von Ländern, darunter viele afrikanische Staaten, nehmen Kredite nicht mehr beim IWF auf. Manche weichen auf chinesische Staatsfonds aus (Schumann/Grefe, 2008: 379 ff).
Der Finanzmarkt-Kapitalismus belastet die «Dritte Welt» jedoch weiter und in neuen Formen. Finanzkrisen sind für sie äußerst verlustreich. «Es wird geschätzt, dass die Finanz- und Bankenkrisen der letzten 25 Jahre das Einkommen der Entwicklungsländer um etwa ein Viertel verringert hat. Bei der Asienkrise wird der entgangene Output in den fünf Folgejahren auf 900 Milliarden US-Dollar geschätzt.» (Wahl, 2008: 2)
Um sich durch eigene Währungsreserven vor den Auswirkungen von Finanzkrisen zu schützen, haben sich mehrere Länder – zu Lasten von Investitionen für Entwicklungs- und Armutsbekämpfung – riesige Reserven angelegt. Im November 2007 hatten sie in China 1,5 Billionen

US-Dollar, in Brasilien 180 Milliarden, in Russland 463, in Indien 273 und in Singapur 160 Milliarden Dollar erreicht (IMF, Data and Statistics, 2008). Durch Kapitaltransfers in Offshore-Zentren erleiden die Entwicklungsländer Steuerverluste, die auf 500 Milliarden-US-Dollar jährlich geschätzt werden (Wahl, 2000: 3; Christensen/Kapoor, 2005).

3.3. RE-REGULIERUNG DER FINANZMÄRKTE ALS GRUNDELEMENT DEMOKRATISCHER ALTERNATIVEN

Aus der finanzdominierten Entwicklung des neoliberalen Kapitalismus folgt, dass demokratische Alternativen der Deformation der Gesellschaft begegnen müssen, die darin besteht, dass Produktionsentwicklungs- und Dienstleistungsangebote unter das Diktat der Finanzmärkte geraten sind. Sie müssen vom shareholder value als oktroyiertes Maß für die Entwicklung der Gesellschaft befreit werden (Huffschmid, 2002: 201 ff). Dies ist eine weitere Klammer, die linken Alternativen eine Orientierung gibt.

Schritte zur Re-Regulierung der Finanzmärkte sind möglich, setzen aber veränderte Wertekonstellationen in der Gesellschaft und veränderte gesellschaftliche Kräfteverhältnisse voraus – mehr als nur finanztechnische Arrangements.

- **ERSTENS** müssen eine größere Transparenz der Banken gegenüber der Öffentlichkeit und der staatlichen Bankenaufsicht, die Einführung hoher Eigenkapitalreserven der Banken bei der Vergabe von Krediten mit großen Risiken oder unklaren Verwendungszwecken und eine starke Mithaftung der Finanzanleger erreicht werden, um spekulativen Transaktionen entgegenzuwirken.

- **ZWEITENS**: Zurückdrängung der spekulativen Prozesse:

— Übereinkommen zur Abwehr kurzfristiger Wechselkursschwankungen und zur Lenkung kurzfristiger Kursrelationen zwischen Dollar, Euro und Yen und der mit ihnen verbundenen Währungen sind wichtig, um Währungsspekulationen einzudämmen. Eine Steuer auf Devisenumsätze, die Währungsspekulationen verteuert, kann dazu erheblich beitragen.

— Regelungen für Pensionsfonds sollten dafür sorgen, dass die ihnen anvertrauten Mittel nicht in den besonders risikoreichen Hedge-Fonds angelegt werden.

— Kredite an Hedge-Fonds sollten an hohe Eigenkapitalanforderungen gebunden, die Fonds selbst strenger Aufsicht und Kontrolle unterworfen werden. (Beim spektakulären Einbruch des Long Term Capital Management Fund / LTCM 2.8. betrug das Verhältnis des Eigenkapitals zum Fremdkapital 1:150.)

— Um die Geschäftspraktiken von Private-Equity-Fonds (Aufkauf, Durchrationalisierung, Neustrukturierung, Zerlegung, Teilverkäufe, Wiederverkauf) zu bändigen, sollte die von der Regierung Schröder aufgehobene Besteuerung der Veräußerungsgewinne von Kapitalgesellschaften beim Verkauf von Beteiligungen wieder eingeführt werden.

— Korrekturen an den Konditionen zur Einführung von REITs (Real Estate Investment Trusts), die im März 2007 im Bundestag beschlossen wurden: Rücknahme der Befreiung von Körperschafts- und Gewerbesteuer und Versteuerung aller in Deutschland anfallenden Immobiliengewinne in Deutschland selbst statt der Erhebung nur niedriger Quellensteuern von meist nicht mehr als 10 bis 15 Prozent bei ausländischen Erwerbern.

• **DRITTENS**: Entschleunigung auf den Finanzmärkten:

Einführung einer Börsenumsatzsteuer auf kurzfristige Käufe und Verkäufe von Wertpapieren, eine spürbare Umsatzsteuer auf kurzfristige Geldmarktgeschäfte von Nichtbanken und Maßnahmen der Beschränkung des Derivatenhandels zur Entschleunigung auf den Wertpapiermärkten.

Kämpfe um sozial gleiche Teilhabe für jede und jeden an den Bedingungen eines selbstbestimmten Lebens in sozialer Sicherheit und Würde müssen mit einer demokratischen Re-Regulierung der Finanzmärkte verbunden werden.

Solidarität, die auf solche Gleichheit der Teilhabe zielt, und die einer staatlichen und gesellschaftlichen Kontrolle weitgehend entzogene Konkurrenz auf den Finanzmärkten schließen sich aus. Zukünfte auf solidarischen Grundlagen erfordern die Bändigung der entsolidarisierenden Finanzmärkte.

Wenn der Finanzmarkt-Kapitalismus die Zukunft auch in den nächsten Jahrzehnten dominieren würde, bliebe sie dem neoliberal geprägten Kapitalismus verhaftet. Emanzipatorische Zukünfte werden möglich – wenn diese Dominanz geschwächt und schließlich überwunden wird.

3.4. WELCHE ZUKÜNFTE KÖNNTEN AUS DER DOMINANZ DES FINANZMARKT-KAPITALISMUS ENTSPRINGEN?

ERSTENS ist – wenn es in veränderter Weise «so weitergeht» – damit zu rechnen, dass in der Spitze der ökonomischen Machteliten für längere Zeit die Geldeliten (Investmentfonds, Banken, Versicherungen) trotz ihrer Schwächung in der jüngsten Finanzkrise die entscheidende Fraktion bleiben. Sie werden mit aller Macht versuchen, unvermeidlich gewordene Staatsinterventionen zur Rettung ihrer Macht einzusetzen: durch staatliche Garantien, durch expansive Politik des billigen Geldes (niedrige Leitzinsen) der Zentralbanken, staatlichen Aufkauf ihrer faulen Wertpapiere, zur Not durch (Teil)Verstaatlichung geschäftsunfähiger Banken und Reprivatisierung nach deren Gesundung, durch verstärkte Aufsicht zur Minderung systemgefährdender Geschäftspraktiken und insgesamt durch Abwälzung von Krisenfolgen auf die Steuerzahler und diejenigen, die entlassen werden, um in den Finanzinstituten Kosten zu sparen.
In diesem Falle wäre ein staatlich regulierter Marktradikalismus das Resultat. Denn nach der Überwindung der akuten Finanzkrise würden die mit Staatshilfe gestärkten Geldmachteliten – wenn auch unter veränderten Bedingungen – ihre Ziele abgekoppelt von sozialer Verantwortung weiter verfolgen. Mit Sicherheit würde dies in die nächsten Finanzkrisen einmünden.

ZWEITENS: Eine nachhaltige Stabilisierung des globalen Finanzsystems im Dienste produktiver Investitionen, eines ökologischen Umbaus, öffentlicher Daseinsvorsorge und Entwicklungspolitik könnte dagegen erreicht werden, wenn die unabwendbaren Staatsinterventionen zur dauerhaften Einschränkung der Verfügung der Finanzmächtigen über ihre Ressourcen nach Maßstäben des Gemeinwohls genutzt werden. Verstaatlichte Banken blieben als Rückgrat eines öffentlichen Sektors in Staatshand. Der Staat könnte aufgekaufte Aktienanteile für seinen Einfluss mittels dauerhafter Sperrminoritäten nutzen. Seine Bankenbeteiligungen und Garantien könnten an beständige Auflagen für die Banken gebunden werden. Riskante und spekulative Instrumente wie Kreditverbriefungen, außerbörsliche Termingeschäfte und Leerkäufe wären zu verbieten. Neu entwickelte Finanzprodukte würden einem „Finanz-TÜV" in öffentlicher Hand unterworfen werden.

Die Zurückdrängung des Finanzmarkt-Kapitalismus könnte zu einem zentralen Projekt der Linken für den Einstieg in einen politischen Richtungswechsel, in den Wandel der Verfügungs- und Eigentumsverhältnisse und in einen alternativen Entwicklungspfad werden.

Begünstigende Faktoren könnten dabei sein: die schockartige Wirkung von Finanzkrisen; der Druck der Umweltgefahren, zu einer langfristigen neuen Energiepolitik überzugehen; die Wahrscheinlichkeit, dass ökologischer Strukturwandel anstelle von spekulativen Finanzinvestitionen in der Weltmarktkonkurrenz künftig zentrale Bedeutung gewinnen kann (wahrscheinlich aufgrund der nahenden Klimakatastrophe, aufgrund der näher rückenden Erschöpfung von Ölreserven und zugleich der zunehmenden Rentabilität erneuerbarer Ressourcen); der Verlust der Kontrolle auch der Herrschenden selbst über die Wirtschaftsprozesse angesichts der Undurchschaubarkeit der Finanzmärkte; die zunehmende Empörung in der Öffentlichkeit über die Geschäftspraktiken von Finanzinstituten außerhalb demokratischer Kontrolle.

DRITTENS: Regulierungsfähige neue staatliche Weltinstitutionen mit Durchsetzungsmacht gegenüber dem transnationalen Kapital existieren zur Zeit des Erscheinens dieser Publikation nicht. Eine demokratische Erneuerung internationaler Wirtschaftsorganisationen wie OECD, WTO, IWF und Weltbank wird sehr lange Zeit in Anspruch nehmen. Durchsetzungsfähigkeit und Wirkungsrichtung der in Vorbereitung befindlichen institutionellen Veränderungen auf globaler Ebene werden vom Druck der Probleme und vor allem von der Stärke demokratischer Gegenmacht abhängen.

Angesichts starker wohlfahrtsstaatlicher Säulen in Skandinavien, sozialstaatlicher Traditionen und verhältnismäßig starker Gewerkschaften und sozialer Bewegungen in Westeuropa könnte am ehesten die Europäische Union Schritte des Einstiegs in eine demokratische Regulierung des Weltfinanzsystems vollziehen. Voraussetzung dafür wäre eine weitreichende Veränderung der Kräfteverhältnisse in den EU-Mitgliedsstaaten und auf EU-Ebene.

Realisierbare Maßnahmen auf Unionsebene könnten sein: die Einrichtung einer öffentlich-rechtlichen Rating-Agentur, die Risiken verantwortungsvoll und vorsichtig einschätzt; Einführung eines internationalen Kreditregisters; Verpflichtung der Hedge-Fonds und Private-Equity-

Fonds, Kreditaufnahmen mit höherem Eigenkapital abzusichern; Ausweitung der europäischen Bankenaufsicht auf diese beiden Fondstypen auf dem Weg zu ihrem Verbot; Initiativen der EU für die Einführung internationaler Steuern auf Wertpapier- und Devisentransaktionen; ebenso für die Einschränkung von Kapitaltransfers in Offshore-Zentren, wo sie sich der Finanzaufsicht und der Besteuerung weitgehend entziehen. Von der Europäischen Union sollten Initiativen für eine Reform des internationalen Währungssystems ausgehen, die z. B. durch Zielzonen die Wechselkurse stabilisiert und die Abhängigkeit von Leitwährungen wie dem Dollar überwindet. Mit solchen und anderen Schritten könnte die Europäische Union Anstöße für eine Re-Regulierung der internationalen Finanzmärkte geben. In den öffentlichen Diskursen über Konsequenzen aus der jüngsten Finanzkrise gibt es dafür durchaus Ansatzpunkte.

ÖKONOMIE DER ENTEIGNUNG UND SOZIALEN DESINTEGRATION

4.

Zu den neuen Grundcharakteren oder Grundprozessen des neoliberalen Kapitalismus zählt die Herausbildung einer «Ökonomie der Enteignung» (Harvey, 2003; Zeller, 2003) mit der Folge sozialer Polarisierung und Desintegration.

Die neoliberale Globalisierung, so wurde bisher resümiert, führt erdweit zu sozialer Polarisierung. Der Finanzmarkt-Kapitalismus macht die Kapitaleliten reicher und die Armen ärmer. Beide Grundprozesse des neoliberalen Kapitalismus münden in eine weitere charakteristische Seite dieses gegenwärtigen Kapitalismus, in eine Ökonomie der Enteignung.
Walter Benjamin forderte in den «Allegorien kultureller Erfahrung», «in der Analyse des kleinsten Einzelmoments den Kristall des Totalgeschehens zu entdecken». (Benjamin, 1984: 147) In PETER JÄGERS Abstieg in den Hartz-IV-Status, in den Ängsten RICOS und seiner Frau JEANETTE und noch bedrückender im ausgegrenzten Migrantinnen-Dasein der MERCEDES RIVERA steckt eben dies: das neoliberale Totalgeschehen, der Marktradikalismus. Eine Ökonomie der Enteignung ist seine Folge. Sie hat viele Gesichter. Eine ihrer exemplarischen Formen ist die Privatisierung nicht zuletzt des Wassers rund um die Erde. Zu den davon Betroffenen zählt AGNES MOHAPI:

Über Agnes Mohapi aus dem südafrikanischen Soweto schrieb die «Washington Post»:
«Als sie die Dunkelheit und die Kälte nicht mehr ertragen konnte, die ihre arthritischen Knie umfing, und als sie wieder daran dachte, ein Möbelstück als Feuerholz zu opfern, verfluchte Agnes Mohapi die Mächte, die sie vom Strom abgeschnitten hatten. Dann wandte sie sich an einen Nachbarschaftsdienst, der sie illegal wieder ans Stromnetz anschließen würde. Kurz darauf erschienen zwei bootlag technicians (‹Schwarztechniker›) des Soweto Electricity Crisis Commitee auf der Kreuzung der Moseka und der Mcema Straße. Ohne um eine Gegenleistung zu bitten, nutzen sie eine Kombizange und ein Taschenmesser, um mit einem Schnitt hier und einer Verbindung dort wieder Licht in die staubige, baumlose Ecke zu bringen. ‹So was sollten wir nicht nötig haben›, sagte Mohapi, 58, als sie ohne Reue mit gekreuzten Armen vor ihrem Haus steht, das die Reparateure wieder mit Strom versorgt haben.
Nichts ist vergleichbar mit der Apartheid, dem System der Rassentrennung, das die Schwarzen in arme Townships wie Soweto einschloss. Doch in all ihrem Elend und all ihrer Erbärmlichkeit hat Apartheid Agnes Mohapi

nicht den Job genommen, die Strom- und Wasserrechnungen nie in solche Höhen getrieben und sie endlich, als sie nicht mehr zahlen konnte, von der Versorgung abgeschnitten. ‹Das hat erst die Privatisierung getan›, sagt sie, die Worte vor Ärger immer schneller herauspressend. ‹Wir werden uns zusammenschließen und diese Regierung mit derselben Wut bekämpfen, mit der wir zu ihrer Zeit die Weißen bekämpft haben.› Das ist Südafrikas neue Revolution.» (Washington Post, 6.9.2001)

Die Kämpfe dauern an. Die südafrikanischen «Anti-IWF-Riots» fordern Preisnachlässe und den Wiederanschluss aller Haushalte an die Strom- und Wasserversorgung. Die Regierung musste Anfang 2003 den Verzicht auf Zahlungsrückstände in Höhe von 1,4 Millionen Euro zugestehen. Der Widerstand richtet sich unter der Dachorganisation des «Anti-Privatisation-Forum/APF» gegen die gesamte neoliberale Privatisierungsstrategie. Der «Wasserkrieg» entzündete sich in Südafrika an der Installation von Zählern, die Wasser nur noch gegen Vorkasse abgeben, vor allem in den ärmsten Siedlungen wie im Township Organe Farm. Dort wurde das Orange Farm «Water Crisis Committee/OFWCC» gegründet. Dessen Sprecher Bricks Makolo formulierte, worum es geht: «Zerstört die Zähler und genießt das Wasser! Unsere Regierung sagt, Wasser sei ein Grundrecht. Doch jetzt gibt sie unsere Rechte zum Verkauf.» (New York Times, 29.6.2003, zitiert aus: Fantomas, Sommer 2004: 42)
Deutschlands «Baufirma Lahmeyer ist wegen der Bestechung politischer Beamter in Lesotho im Rahmen des skandalösen Lesotho Highlands Water Project verurteilt worden, das mitverantwortlich ist für die drastischen Erhöhung der Wasserpreise in Soweto. Die deutsche Firma Siemens ist einer der Haupterzeuger jener verhassten Wasserzähler im Zuge der Umstellung auf Vorauszahlungen». (Patrick Bond, 2004: 43) AGNES MOHAPIS Erfahrungen sind ein winziger Ausschnitt aus der Betroffenensituation Hunderter Millionen Menschen in vielen Ländern der Erde.
Natürlich schloss die gesamte Geschichte des Kapitalismus Enteignungsprozesse ein. Der Kapitalismus trat mit kolonialen Eroberungen, mit räuberischem Handel, Ausbeutung durch das Wucherkapital, mit der Vertreibung von Bauern vom Gemeindeland oder eigenem Boden zugunsten junkerlicher oder kapitalistischer Bewirtschaftung großer Bodenflächen in die Geschichte.
Kapitalistisches Eigentum schließt stets die Aneignung eines Teils des von den Lohnabhängigen produzierten oder realisierten Neuwerts

durch die Kapitaleigentümer ein. Dieser permanente Enteignungsprozess auf der Grundlage formalen Äquivalentenaustausches ist der Sinn jeder Kapitalanlage. Kein Unternehmer würde ohne solchen Vorteil Arbeitskräfte einstellen.

4.1. EIN NEUER SCHUB DER ENTEIGNUNG

HINTERGRUND NACHLASSENDES WACHSTUM

Seit den siebziger Jahren des 20. Jahrhunderts gewinnt dieser Aneignungsprozess jedoch neue Qualitäten – ermöglicht durch den hochtechnologischen Zugang zu bisher außerhalb der Kapitalverwertung liegenden Sphären, getrieben von globaler Verdrängungskonkurrenz, angepeitscht von finanzkapitalistischen Profitmaßstäben und vor dem Hintergrund einer Jahrzehnte andauernden Wachstumsverlangsamung. Im Vergleich zum Wachstum des Weltsozialprodukts im Zeitraum 1950 bis 1973 fand in den Jahrzehnten seitdem eine Halbierung des globalen Wachstums statt (Afheldt, 2003: 127). Im Europa der 15 blieb in jedem Jahrzehnt nach 1960 der Zuwachs des realen Bruttosozialprodukts etwa gleich groß, obwohl gemessen am Umfang des Bruttoinlandsprodukts die Volkswirtschaft beispielsweise in der Bundesrepublik auf mehr als das Vierfache im Vergleich zu 1960 angewachsen ist – mitsamt der Größe der zu lösenden Aufgaben. Die verringerten Wachstumsraten in den meisten OECD-Ländern sind ein Hintergrund für die «Akkumulation durch Enteignung». Denn die Profite lassen sich nicht mehr so stark wie in den «goldenen» Jahrzehnten nach dem Zweiten Weltkrieg durch hohe Zuwachsraten in der Produktion erhöhen, nicht mehr bei gleichzeitiger beträchtlicher Steigerung von Profiten und Masseneinkommen. In den Jahrzehnten nach dem Zweiten Weltkrieg hatten sich dem Kapital riesige Felder für Investitionen geöffnet. Neue Industrien – beispielsweise die Automobilindustrie, die Petrolchemie, die Kunststoff- und Kunstfaserproduktion, die beginnende Expansion der Verbraucherelektronik – erforderten hohe Akkumulationsraten. Große Erweiterungsinvestitionen hatten starke Beschäftigungseffekte bei ansteigenden Löhnen. Die dadurch gestärkte Massennachfrage führte wiederum zu einem hohen Investitionsbedarf, auch in der Konsumgüterindustrie.

Als aber der Wachstumseffekt des Ausbaus neuer Branchen nachließ, als immer stärker Rationalisierungsinvestitionen an die Stelle der Erweiterungsinvestitionen traten, zu Entlassungen und in deren Ergebnis zur

Dämpfung der Massennachfrage führten, wurde der Raum für rentable Kapitalanlagen knapper. Die Profitraten begannen zu sinken. Im Vergleich zu den bis dahin erreichbaren Rentabilitätsmargen des Kapitals trat eine Situation der Überakkumulation von Kapital ein. Das heißt, dass zusätzliche Kapitalanlagen in den gewohnten Anlagesphären keinen Profit oder nur geringere Profitraten als bis dahin üblich abwerfen. Dringlich wurde, diese «Grenzen des Wachstums» zu kompensieren und Auswege aus der Überakkumulation zu finden (Harvey, 2005: 143 ff.). Die Wege zu diesem Ziel sind unterschiedlich, konstituieren aber insgesamt eine «Ökonomie der Enteignung».

AUFKÜNDIGUNG DES VERTEILUNGS-KOMPROMISSES

ERSTENS wurde und wird die dem Kapitalismus seit jeher eigene Tendenz zur Umverteilung von unten nach oben durch Lohndruck, Rücknahme bereits erreichter sozialer Standards und ungerechte Besteuerung verstärkt.

Der fordistische Verteilungskompromiss wurde aufgekündigt, in dessen Rahmen die Hinnahme der kapitalistischen Herrschaftsverhältnisse durch die Bevölkerungsmehrheit mit deren Beteiligung am Zuwachs des gesellschaftlichen Reichtums, an sozialstaatlichen Leistungen und repräsentativer Demokratie erkauft wurde. Seit den siebziger Jahren zerbricht dieser Klassenkompromiss. Die zeitweilig in den Industrieländern mehr oder weniger verdeckten Klassenstrukturen treten wieder offen zu Tage. Die alte soziale Frage ist wieder in die Zentren des Kapitalismus zurückgekehrt. Die «Dritte Welt» ist nicht mehr allein im «Süden», sondern erneut auch im «Nordwesten» lokalisiert.

Von den insgesamt 32,1 Millionen im Jahr 2005 Beschäftigten waren 7,5 Millionen Teilzeitbeschäftigte, 6,5 Millionen nur geringfügig Beschäftigte und 0,5 Millionen Leiharbeitskräfte. Deren Zahl stieg bis 2007 auf rund 800.000 an und wird inzwischen auf 1,5 Millionen geschätzt. Bis zu 12 Millionen Erwerbstätige sind im Niedriglohnbereich beschäftigte. 17 Prozent der Deutschen sind mit einem Einkommen unter 60 Prozent des mittleren Einkommens armutsgefährdet, ebenso 25 Prozent der Kinder unter 15 Jahren. (Hans-Böckler-Stiftung, 2007; Detje, 2008: 38 f.; Schäfer, 2006: 44; Die Zeit, 9.8.2007)

Die Massenarbeitslosigkeit schwächt die Gewerkschaften. Das Ergebnis ist eine Stagnation der Reallöhne in Deutschland seit zehn Jahren und ein deutliches Absinken der Lohnquote, d. h. des Anteils der Arbeitseinkommen am Bruttosozialprodukt.

SENKUNG DER LOHNQUOTE IN DEUTSCHLAND

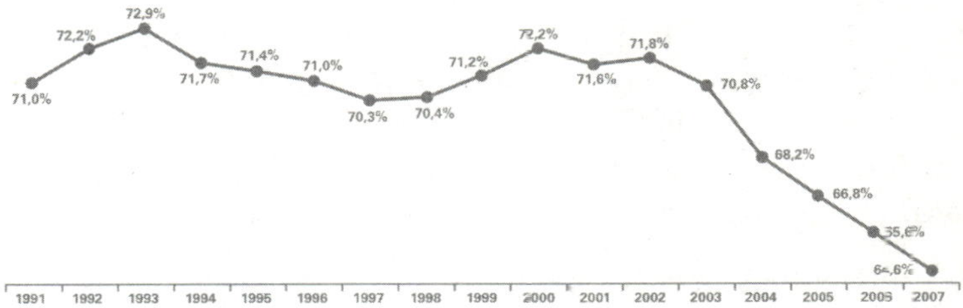

Quelle: ver.di: Berechnungen nach Statistisches Bundesamt: Volkswirtschaftliche Gesamtrechnung. In: ver.di, 2008: Genug gespart. Öffentliche Leistungen stärken. Berlin.

Der Anteil der Beschäftigten in Deutschland am Volkseinkommen ist von 71 Prozent im Jahr 1991 auf weniger als 65 Prozent zurückgegangen. Der Anteil der Gewinn- und Vermögenseinkommen ist entsprechend von 29 auf 35 Prozent gestiegen. — Die neoliberale Steuerpolitik in Deutschland hat die Steuerbelastung der Gewinne und Vermögenseinkommen von 1980 bis 2007 um ein Viertel vermindert. Die Lohnsteuerbelastung der Beschäftigten wurde fast verdoppelt.

ZUNEHMENDE STEUERUNGERECHTIGKEIT IN DEUTSCHLAND

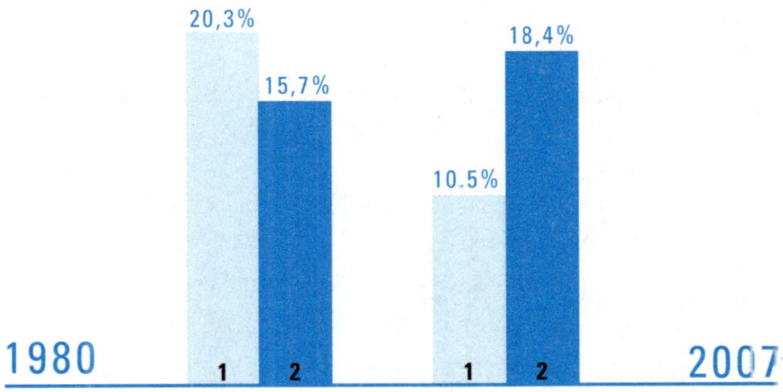

Legende:
1) Steuerbelastung der privaten Unternehmens- und Vermögenseinkommen (Körperschaftssteuer, veranlagte Einkommenssteuer, Kapitalertragssteuer, Zinsabschlagsteuer, Vermögenssteuer)
2) Lohnsteuerbelastung der Bruttolöhne und Gehälter

Quelle: ver.di: Berechnungen nach Statistisches Bundesamt Volkswirtschaftliche Gesamtrechnung. In: ver.di, 2008: Genug gespart. Öffentliche Leistungen stärken. Berlin.

Allein zwischen 2001 und 2004 entstand durch Steuersenkungen für Unternehmen ein Steuerausfall von 91,1 Mrd. Euro. Durch die Unternehmenssteuerreform 2007 werden dem Haushalt jährlich mindestens weitere 5 - 6 Mrd. Euro Körperschafts- und Gewerbesteuer entgehen. Zur Zeit der Regierung Kohl betrug die Körperschaftssteuer für Kapitalgesellschaften noch 45 Prozent. Inzwischen ist sie auf 15 Prozent gesenkt worden. Nach Schätzungen von ver.di führen die Steuersenkungen seit 1998 zu Einnahmeverlusten für den Staat von rund 40 Milliarden Euro pro Jahr.

Die Umverteilung von unten nach oben ist kein wirklich neues Element der neoliberalen Phase des Kapitalismus. In vielen Ländern steigen die Reallöhne zudem. Das gilt nicht nur für Skandinavien, sondern auch in Ländern mit ausgeprägt neoliberaler Politik wie im angelsächsischen Raum. Die Senkung der Reallöhne in Deutschland über längere Zeit hinweg ist eher das Resultat spezifisch deutscher Politik. Anders ist die Privatisierung bisher öffentlicher Bereiche rund um die Erde einzuschätzen.

KERNPROJEKT PRIVATISIERUNG

ZWEITENS nämlich ist ein globales Kernprojekt des Neoliberalismus für die nächsten Jahrzehnte die Privatisierung des Öffentlichen auf der ganzen Linie: Privatisierung öffentlicher Güter, öffentlicher Daseinsvorsorge, öffentlichen Eigentums an Wirtschaftsressourcen, öffentlicher Räume und von Entscheidungen, die bisher in gewissem Maße öffentlich oder zumindest staatlich beeinflusst werden konnten.

Dies führt auf unterschiedliche Weise zur Enteignung der Bürgerinnen und Bürger von bereits Erreichtem. Nach OECD-Angaben wurden in den Mitgliedsstaaten dieser Organisation der entwickelten Industrieländer zwischen 1990 und 2001 durch den Verkauf öffentlichen Eigentums Privatisierungserlöse von über 600 Milliarden US-Dollar erzielt (OECD, 2002: table 1).

In der Bundesrepublik veräußerten zwischen 1986 und 2003 der Bund und die Länder Vermögen in Höhe von 26 Milliarden Euro bzw. 14 Milliarden Euro. Die Kommunen verkauften allein 2005 für 5,7 Milliarden Euro Vermögensbestände, und 61.000 kommunale Arbeitsplätze wanderten in die Privatwirtschaft ab. Privatisierungen in Europa spielten in diesem Zeitraum eine große Rolle: die vom privatization barometer erfassten 1177 Privatisierungen im Europa der 15 (1977-2005) entsprachen mit insgesamt 708 Milliarden Dollar etwa der Hälfte der global in diesem Zeitraum erzielten Privatisierungserlöse.

Für AGNES MOHAPI bedeutete Privatisierung, dass sie von Strom und Wasser abgeschnitten wurde. Sie fror, und sie konnte nicht kochen. Fremde Macht griff in ihre elementarsten Lebensbereiche ein. Generell gilt, dass der Privatisierungsprozess auf breiter Front die sozialen Sicherheiten aufrollt, die in der westlichen Welt zu wohlfahrtstaatlichen Zeiten durch öffentliche Güter, öffentliche Daseinsvorsorge und öffentliches Eigentum in durchaus beachtlichem Maße gegeben waren. Sie hatten dem für moderne Gesellschaften charakteristischen Individualisierungsprozess ein soziales Fundament und eine gewisse Unabhängigkeit von den Unsicherheiten und periodischen Einbrüchen des Marktes verliehen – allerdings durch die Eigentums-, Verteilungs- und Herrschaftsverhältnisse vielfach deformiert, begrenzt und gefährdet.

Nun aber ist der neoliberale Kapitalismus dabei, das Öffentliche in der Gesellschaft durch Privatisierung auf der ganzen Linie zurückzudrängen. Er hat der Subjektivität in der Gesellschaft beträchtliche Anstöße gegeben. Jetzt aber wird das Öffentliche als Halt der Einzelnen gegen Entsicherung und Ausgrenzung und als wesentliche Bedingung ihrer Individualität geschleift durch eine «Ökonomie der Enteignung».

GESCHLECHTERVERHÄLTNISSE UND DAS ÖFFENTLICHE

Besondere Folgen hat die Zurückdrängung des Öffentlichen für die Geschlechterverhältnisse. Die Einschränkung sozialer öffentlicher Dienste führt dazu, dass beispielsweise Pflege- und Betreuungsarbeit wieder vermehrt in die Familie verlagert wird, so dass nach dem noch immer vorwiegend männlich bestimmten Muster ungleicher Verteilung der Familienarbeit die Frauen noch stärker als ohnehin belastet werden. Der Rückbau öffentlicher Daseinsvorsorge betrifft überdies am meisten Bereiche mit einer vorrangig weiblichen Beschäftigung in Sozialberufen. Das führt zu überproportionalen Entlassungen von Frauen. Ihre Rückkehr in die Erwerbsarbeit wird durch die noch immer andauernde Unterentwicklung öffentlicher Kinderbetreuung erschwert. Oder sie sehen sich gezwungen, statt häufig gewünschter Vollzeittätigkeit nur Teilzeitarbeit zu oft prekären Bedingungen anzunehmen.

Emanzipation erfordert aus sehr komplexen Gründen die Verteidigung des Öffentlichen, die demokratische Gestaltung öffentlicher Strukturen und ihre Ausweitung.

Das Solidarprinzip, das der öffentlichen Daseinsvorsorge zugrunde liegt, wird durch die Privatisierung folgenreich untergraben.

PRIVATISIERUNG VON ÖFFENTLICHEM EIGENTUM

Privatisiert werden Unternehmen und Einrichtungen, die sich bisher im öffentlichen Eigentum befanden. In der Reihe «einundzwanzig» wird ein Heft speziell diesen Problemkreis gewidmet sein. Das betrifft Produktionsunternehmen, vor allem aber Institutionen der öffentlichen Daseinsvorsorge, u. a. Verkehrsbetriebe, Unternehmen der Kommunikation, Wasser- und Energieversorgung sowie Müllentsorgung, Krankenhäuser, Bildungseinrichtungen und kommunale Wohnungsbestände. Es hatte langer Kämpfe bedurft, ehe Bildung in vielen Generationen entstandenes Wissen, Information, Gesundheit und Mobilität Anerkennung als öffentliche Güter fanden.

Die Privatisierung verwandelt öffentliche Güter wieder in private Güter. Sozial gleiche Teilhabe an elementaren Lebensbedingungen für jede und jeden wird in der Konsequenz durch ungleiche Teilhabe in Abhängigkeit von der höchst unterschiedlich verteilten Kaufkraft ersetzt. An die Stelle von Rechten der Bürgerinnen und Bürger tritt das Geld von Kundinnen und Kunden.

Ebenso wie auf gesamtstaatlicher Ebene ist der Anstoß dafür in den Kommunen häufig die Unterfinanzierung öffentlicher Ausgaben und die Misswirtschaft im öffentlichen Sektor. Vor allem im Ergebnis einer Politik steuerlicher Entlastung von großen Unternehmen und Großvermögen unterbleiben beispielsweise bei der Bahn dringend notwendige Investitionen, begleitet von Zugverspätungen, mangelndem Service und undurchsichtigen steigenden Fahrpreisen. Viele Kommunen können angesichts leerer Kassen Reparaturen und Rekonstruktion ihres öffentlichen Wohnungsbestandes und anderer kommunaler Einrichtungen nicht sichern. So wird der öffentliche Sektor in der Bevölkerung systematisch diskreditiert – getreu dem neoliberalen Credo, dass nur die Privatwirtschaft zu effizienterem Wirtschaften in der Lage sei.

So geraten Kommunen in Abwägungszwänge: Wiegt bei einem Teilverkauf von kommunalem Eigentum der Vorteil, mit den Erlösen beispielsweise kommunale Wohnungen, Schulen oder Kinderbetreuungseinrichtungen modernisieren zu können, oder wiegt der Verlust öffentlicher Steuerungsfähigkeit durch die Privatisierung bisher öffentlichen Eigentums schwerer? Der Verkauf des Kernbestandes öffentlichen Wohneigentums einer Kommune zum Beispiel ist aus der Sicht von Sozialverbänden und der meisten Linken nicht hinnehmbar, weil damit die Möglichkeit sozialer Wohnungspolitik weitgehend verloren geht. Kommunen sollten in der Lage bleiben, durch die Vergabe kommunaler Wohnungen sozial

schwache Familien mit erschwinglichen Mieten zu unterstützen. Die Privatisierung von öffentlichem Eigentum führt in manchen Fällen wie in der Telekommunikation zwar zu Preissenkungen für die Verbraucher. In der Regel sind jedoch Entlassungen, Senkung der Löhne und Verschlechterung der Arbeitsbedingungen der Beschäftigten und oft der Leistungen für die Kunden die Folge (Engartner, 2006: 1507 ff.).
Im Wohnungsbereich z. B. erreichen die internationalen Fonds ihre Renditen durch ein ganzes Bündel von Praktiken. Nach dem Kauf von Wohnungsbeständen erfolgt in der Regel das Durchrationalisieren ihrer Bewirtschaftung. Dazu gehören das radikale Ausschöpfen aller Spielräume für Mieterhöhungen, Verringerung des Management- und Betreuungspersonals um meist zehn bis zwanzig Prozent, Kürzung des Aufwandes für Bestandspflege – z. B. Hausmeisterdienste, Grünpflege und Anstrich – oder Vergabe dieser Aufgaben an Niedriglohnunternehmen, Abbau von Gemeinschaftsräumen und -einrichtungen und von Verpflichtungen im Rahmen einer komplexen Stadt- oder Stadtteilentwicklung. Auf solche Weise soll der privatisierte Wohnungsbestand attraktiv für den Wiederverkauf oder für einen Börsengang werden. Ein anderer Weg dahin ist die Sanierung und Modernisierung der eingekauften Wohnungen, um mit Verweis auf die Wertsteigerungen profitable Wiederverkäufe an Mieterinnen und Mieter oder an neue Großerwerber zu ermöglichen. Dies ist inzwischen die praktische Erfahrung fast überall, wo ehemals kommunaler öffentlicher Wohnungsbestand an internationale Finanzfonds verkauft wurde.
De facto-Privatisierungen finden im Namen der Kommerzialisierung statt, wo Unternehmen in öffentlichem Eigentum unter dem Druck der Marktkonkurrenz geführt werden, als seien sie Privatunternehmen und als gelte auch für sie, dass ihre Effizienz nahezu ausschließlich am Gewinn zu messen sei. Für gemeinwohlorientierte Politiker birgt diese Form schleichender Privatisierung die Aufgabe, öffentliches Eigentum wieder sozial und ökologisch zu gestalten.

PRIVATISIERUNG ÖFFENTLICHER DASEINSVORSORGE

Der Privatisierungsprozess betrifft sehr stark die öffentliche Daseinsvorsorge. Beispielsweise findet durch Arztgebühren, Zuzahlungen bei Medikamenten und Kürzung der durch die Krankenkassen bezahlten Leistungen eine fortschreitende Privatisierung der Kosten im Gesundheitswesen zu Lasten der Patienten statt. Die durch die Regierung Schröder beschlossene Senkung von Unternehmerbeiträgen in der Rentenversicherung zu Lasten einer Teilprivatisierung der Altersvorsorge beispielsweise bürdet den künftigen Rentnerinnen und Rentnern auf, was im Namen der Senkung von Lohnnebenkosten den Unternehmern erlassen wird. Die Ausweitung privater Bildungseinrichtungen und Gebühren für Bildungsleistungen verstärken in Deutschland die Abhängigkeit erworbener Bildung vom sozialen Status. Auch im Bildungswesen vollziehen sich auf solche Weise Enteignungsprozesse, die die Teilhabe an Bildung betreffen. PETER JÄGERS Tochter ist nur eines von den 2,5 Millionen Kinder in Deutschland unter 15 Jahren, die mit ständigem Armutsrisiko leben. Ihrem Vater ist übrigens durch das Hartz-IV-Weiterentwicklungsgesetz das Erziehungsgeld um zwei Jahre gekürzt worden.

MEHRHEIT DER BÜRGERINNEN UND BÜRGER FÜR ÖFFENTLICHE DASEINSVORSORGE

«Sollten Unternehmen wie Bahn und Telekom sowie die Energieversorgung in Staats- oder Privatbesitz sein?»
Anhänger der Parteien (Angaben in Prozent; Differenz zu hundert: Weiß nicht/Keine Angabe)
Quelle: TNS Emnid / Die Zeit 9.8.2007

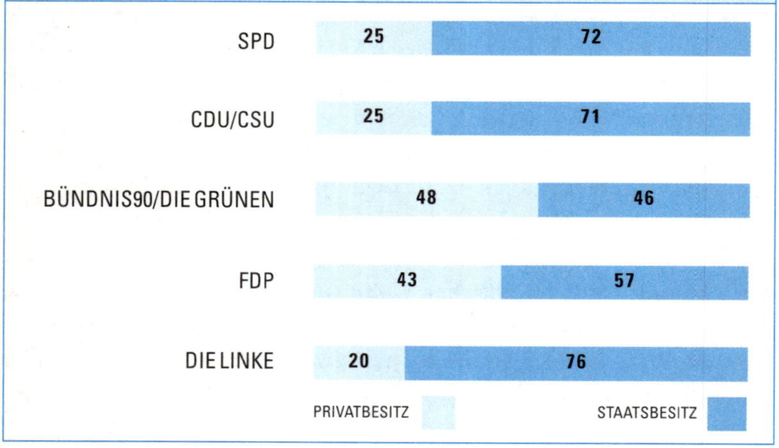

Dauerhaften Druck auf die Privatisierung bisher öffentlicher Daseinsvorsorge üben im globalen Maßstab der IWF durch seine Regeln für die Vergabe von Krediten an verschuldete Staaten, die WTO und vor allem das GATS aus (George, 2002; Fritz, 2003; Brand/Brunnengräber/ Schrader/Stock Wahl, 2000; Hoering, 2007). Die Europäische Kommission deklariert einerseits die Bewahrung von «Dienstleistungen von allgemeinem Interesse» gegen die Minderung ihrer Funktionsfähigkeit durch Unterwerfung unter den Marktwettbewerb. Andererseits jedoch hat sie in ihrer realen Politik durch spezielle Richtlinien die Liberalisierung beispielsweise für Telekommunikation, Energieversorgung, Bahn, Post und

Fernsehen verfügt und übt starken Druck zur Liberalisierung in weiteren Bereichen wie Bildung, Kultur, Arbeitsvermittlung und Abfallwirtschaft aus. Grundsätzlich sollen alle Wettbewerbsschranken im Rahmen des europäischen Binnenmarktes auch für «Dienstleistungen von allgemeinem Interesse» beseitigt werden (Artikel 86 EG-Vertrag). Die «Unvereinbarkeit von staatlichen Beihilfen mit dem gemeinsamen Markt» (Artikel 87 EG-Vertrag) soll bei stark eingegrenzten Ausnahmetatbeständen auch für die öffentliche Daseinsvorsorge gelten. Die dominierende Strategie der EU-Administration ist die Verwandlung der öffentlichen Daseinsvorsorge in Aufgaben im Rahmen von Markt und Wettbewerb. Diese Politik hat erheblich zu der Not auf kommunaler Ebene beigetragen.

Als kommunaler Investitionsbedarf für den Zeitraum von 2000 bis 2009 wurden vom Deutschen Institut für Urbanistik 686 Mrd. Euro errechnet. Von diesen Investitionen hängen die Versorgung in den kommunalen Krankenhäusern, die Bereitstellung von Plätzen in Krippen und Kitas, der Zustand der Schulen und Sportstätten, die Wasserver- und -entsorgung, der kommunale Wohnungsbestand, große Teile des Verkehrsnetzes und vieles mehr ab. Aber statt der jährlich erforderlichen 69 Mrd. werden nur etwa ein Drittel davon aufgebracht. Selbst wenn die kommunalen Investitionen im Gefolge des konjunkturellen Aufschwungs anstiegen, liegen sie nach den Angaben des Deutschen Städtetages noch um 60 Prozent unter dem Niveau von 1992.

PRIVATISIERUNG ÖFFENTLICHER GÜTER

Während die Anerkennung von Bildung und Leistungen des Gesundheitswesens als öffentliche Güter unbestreitbar erst das – gegenwärtig wieder in Frage gestellte – Resultat langer Kämpfe ist, scheint der öffentliche Charakter einer Reihe von Gütern wie Wasser, Wald, Klimastabilität, Biodiversität und Aufnahmefähigkeit der Natur für Schadstoffe und Emissionen naturgegeben zu sein. Aber in vielen Ländern der Erde werden Wasserressourcen privatisiert und zum Objekt der Kapitalverwertung in der Wasserwirtschaft (Wasserkolloquium 2008). Bisher frei nutzbare Natur als öffentliches Gut wird durch die Vergabe von Lizenzen und Zertifikaten zur Ausbeutung von Naturressourcen bzw. Belastung von Natursenken in privat verfügbares Eigentum an nunmehr privaten Gütern verwandelt. Der tropische Regenwald beispielsweise ist längst zum Feld rücksichtsloser Kapitalverwertung von internationalen Holzexporteuren geworden. Enteignet werden die indigenen Völker, die den Regenwald bisher meist in subsistenzwirtschaftlichen Formen genutzt haben.

Öffentliche Güter sind solche, von deren Gebrauch niemand ausgeschlossen werden kann und an deren Nutzung im Prinzip beliebig viele Menschen teilhaben können, ohne dass ihre Qualität gemindert wird (beispielsweise Bildung, kulturelles Erbe, Wasser, öffentliche Sicherheit). Darüber, welche Güter als öffentliche zu betrachten sind, für welche Güter also die Teilhabe aller Bürgerinnen und Bürger unabhängig von ihrer Zahlungsfähigkeit grundsätzlich gewährleistet werden soll, entscheidet in politischen Kämpfen das Kräfteverhältnis zwischen verschiedenen Interessengruppen.

In den so genannten Entwicklungsländern hält die Privatisierung von Gemeindeboden an, den die Bauern bisher kostenlos als öffentliches Gut nutzten. Häufig führt solche Enteignung zum Ruin der Kleinbauern und zu ihrer Verdrängung in städtische Slums.
Zu den öffentlichen Gütern, die einer fortschreitenden Privatisierung unterliegen, gehört die Sicherheit der Bürgerinnen und Bürger. Auf der einen Seite werden die Terrorakte vom 11. September 2001 als Vorwand genutzt, um im Namen des Antiterrorkrieges die Sicherheit der Bürgerinnen und Bürger vor dem eigenen Staat durch polizeistaatliche und überwachungsstaatliche Maßnahmen, durch Rasterfahndung und Aushöhlung von Datenschutz bis zu Rückfällen in die Duldung oder sogar Förderung von Folter in Frage zu stellen. Auf der anderen Seite wird der Schutz der Bürgerinnen und Bürger vor kriminellen Taten durch Delegierung staatlicher Sicherheitsaufgaben an private Unternehmen zunehmend privatisiert.

NEULAND FÜR PRIVATISIERUNG

DRITTENS: Eine neue Dimension gewinnt die Ökonomie der Enteignung dadurch, dass nicht allein bisher schon öffentliche Güter, öffentliche Daseinsvorsorge und öffentliches Eigentum («altes» öffentliches Eigentum) privatisiert werden, sondern es findet darüber hinaus eine Privatisierung von solchen öffentlichen Gütern statt, die dem menschlichen Zugriff beim bisher erreichten Stand wissenschaftlicher Erkenntnisse gar nicht zugänglich waren oder die – gerade erst menschlicher Innovationskraft entsprungen – im Moment ihrer Geburt öffentlich waren und nun bereits Objekt von Privatisierungsbegierden sind («neues» öffentliches Eigentum). In beiden Fällen erfolgt eine «In-Wert-Setzung» von Vorgängen, die früher überhaupt nicht in die Produktion von Werten eingezogen waren.

Erst in jüngster Zeit werden, getragen vom Biologisch-Industriellen Komplex durch die Entdeckung, Isolierung und Patentierung pflanzlicher, tierischer und auch menschlicher Gene, bisher nicht fassbare Grundbausteine des Lebens zu einer Art Monopoleigentum und zu Profitquellen von Pharmaunternehmen, medizinischen Einrichtungen, Saatgut-, Pflanzenschutz- und Lebensmittelkonzernen.

Enteignungsprozesse finden statt, wenn Millionen Bauern mit dem Versprechen größerer Erträge von gentechnisch verändertem Saatgut abhängig gemacht werden. In vielen Fällen sind die Samen der daraus hervorgehenden Pflanzen nur durchBeigaben aus dem Vertrieb der Saatgutkonzerne verwendbar. Konzerne wie Monsanto setzen beispielsweise in Indien durch, dass die Jahrtausende hindurch praktizierte Verwendung von Teilen der eigenen bäuerlichen Ernte als Saatgut unter hohe Strafe gestellt wird. Hunderttausende Bauern, die die Kosten für jährliche Saatgutneukäufe oder Gebühren nicht aufbringen können, werden ruiniert, also enteignet. Andere ereilt das Gleiche, wenn die Genmanipulation von Pflanzen zum Ausbau von Monokulturen führt und dann der Wetterverlauf oder Schädlingsbefall die gesamte Ernte vernichten oder vermindern können.

Enteignet werden indigene Völker, in deren Lebensräumen die Biodiversität besonders ausgeprägt ist, wenn ihnen die gewohnte Nutzung der Natur versagt wird. Das geschieht nach dem Zugriff internationaler Konzerne auf die biologische Vielfalt durch Patentierung von Genen, Pflanzen und Heilverfahren unter Rückgriff auf alte Volkserfahrungen.
Enteignung von einmal bereits eroberter gleicher Teilhabe der Bürgerinnen und Bürger an medizinischen Leistungen in der westlichen Welt findet statt, wenn die hohen Forschungs- und Entwicklungskosten gentechnisch gestützter Pharmaprodukte zu solcher Teuerung der Medikamente führen, dass durch Zuzahlungen oder Leistungsverweigerungen die sozial schwächeren Gruppen das Nachsehen haben.
Neben den Enteignungsprozessen, die durch den Biologisch-Industriellen Komplex vorangetrieben werden, entwickelt sich die Ökonomie der Enteignung in der Regie des Informations- und Kommunikationstechnologischen Komplexes. Gestützt auf die Computerisierung der Gesellschaft explodieren durch die Beschleunigung und Vernetzung der Forschungsprozesse Wissen und Information. Sie werden mit der Erfindung und extrem raschen Entwicklung des Internets zu beträchtlichen Teilen zu öffentlichen Gütern, zu denen zunächst allgemeiner Zugang für alle

Nutzer des Netzes möglich war. Aber mit der Verankerung von geistigem Eigentum im Rechtssystem und im öffentlichen Bewusstsein und mit der Entwicklung und Perfektionierung von Technologien, die den kostenlosen oder mit nur geringen Gebühren belasteten Zugang zu Wissen und Information ausschließen, ist eine neue Welle der In-Wert-Setzung geistiger Arbeit im Gange, die einer Privatisierung zentraler Ressourcen des 21. Jahrhunderts gleichkommt.

MENSCHLICHE BEZIEHUNGEN ALS WARE

VIERTENS: Nicht allein biologisches Leben, sondern das Leben von Millionen Menschen als pulsierender sozialer und individueller Prozess wird auch außerhalb der Arbeit zum Objekt der Aneignung und Verfügung kapitalistischer Unternehmen. Kulturelle Enteignung von selbstbestimmten Lebensweisen und individuellen Zeitrhythmen findet statt, wenn beispielsweise Fernsehprogramme die Freizeiteinteilung von Millionen Menschen bestimmen.

Der Zugang und die Nutzung von Räumen, Orten und Territorien werden kommerziell arrangiert. Vormals frei zugängliche Orte der Begegnung, Kommunikation, Bildung und Erholung werden «eingezäunt», und immer mehr sind es kommerziell arrangierte Erlebnisse, die anstelle eigenständigen Denkens das Leben und den Lebensrhythmus von Millionen in erheblichem Maße bestimmen – nach dem Maß des Profits der Erlebnisanbieter: der Musikveranstalter, der Anbieter im Fernsehen, in den Printmedien, im Internet, in den Fußballstadien, in der Freizeit- und Touristikbranche und im Politspektakel. Menschliche Beziehungen werden massenhaft vermarktet und zur Ware. Affären, Hochzeiten, Scheidungen und Skandale in der Promi-Welt sind die Quoten- und Umsatzbringer in TV-Sendungen, Magazinen und Boulevardblättern. Beziehungskisten in den unteren Schichten füllen die Formate der Vormittagsprogramme in privaten Fernsehsendern. Selbstbestimmung und Demokratie geraten auf immer neue Weise unter die Räder der Eigentums-, Verteilungs- und Herrschaftsverhältnisse, unter die geistigen Hegemonieverhältnisse im Kapitalismus.

Zusammengefasst: Zur Ware wird rundum, was bisher außerhalb der Geldgeschäfte blieb. Das Kapital erschließt sich immer neue Felder seiner Verwertung.

Der Reichtumszuwachs bei den Reichen und Superreichen ist nicht allein das Resultat der Reichtumsproduktion, sondern zunehmend auch das Ergebnis einer Ökonomie der Enteignung wachsender Teile der Bevölkerung in vielen unterschiedlichen Formen. Es vollzieht sich ganz offensichtlich ein neuer enormer Schub so genannter innerer Landnahme. So wie der Kapitalismus seine Herrschaftsräume durch Kolonialismus und Neokolonialismus, das heißt durch «äußere Landnahme» ausgeweitet hat und noch immer in Ressourcen-Kriegen ausweitet, tut er dies seit der Krise des Fordismus verstärkt auch im Innern. Die Privatisierung öffentlicher Güter und Daseinsvorsorge, öffentlichen Eigentums und öffentlicher Räume ist dabei ein zentrales Instrument, um den Nutzerinnen und Nutzern des Öffentlichen bisher garantierte Sicherheiten zu entziehen. An die Stelle der Solidarität, die den Einzelnen durch öffentliche Daseinsvorsorge zuteil wird, tritt das nackte Geld.

Umgekehrt wird die Verteidigung des Öffentlichen in seiner vielschichtigen Gestalt, die Rücknahme von Privatisierungsprozessen und die Erweiterung öffentlicher Potenziale zu einem Kernprojekt beim Einstieg in einen alternativen Entwicklungspfad. Ohne den Erhalt öffentlicher Güter, ohne öffentliche Daseinsvorsorge entfallen zentrale Bedingungen jener sozialen Gleichheit und Solidarität, ohne die individuelle Freiheit nicht zu erlangen ist.

4.2. GEGENSTRATEGIEN IN DER EIGENTUMSPOLITIK

- Auf der Ebene der Europäischen Union muss die europäische Linke dafür eintreten, dass im EU-Primärrecht die öffentliche Daseinsvorsorge und öffentliche Güter aus der Unterwerfung unter Marktregeln herausgenommen werden. Für diese Sphäre muss das eindeutige Primat des Gemeinwohlinteresses, der demokratischen Bestimmung des Gemeinwohls, der materiellen Verwirklichung von Grundrechtsansprüchen und der Funktionsfähigkeit des Öffentlichen gelten. Das Beihilferecht bedarf einer Neuregelung, die öffentliche Zahlungen für die Erfüllung von Gemeinwohlaufgaben ausdrücklich erlaubt und nach transparenten Kriterien absichert.

- Ernüchtert von den Ergebnissen der zeitweiligen Privatisierungseuphorie besinnen sich Kommunen seit einiger Zeit wieder auf die Vorteile kommunalen Eigentums. Re-Kommunalisierung ist zur Aufgabe geworden.

«Eine tot geglaubte Sparte der Ökonomie erlebt eine überraschende Renaissance: Die Kommunalwirtschaft. ‹Wir spüren einen deutlichen Trend, privatisierte öffentliche Aufgaben wieder zu rekommunalisieren.› sagt Bernd Klinkhammer von der Wormser Beratungsfirma Ökon, die sich auf Kommunalfirmen spezialisiert hat.» (Der Spiegel, 11.6.2007)

- Eine zentrale Aufgabe, die häufig unzureichend wahrgenommen wird, ist die Gestaltung des öffentlichen Eigentums. Nicht selten werden die öffentlichen Unternehmen betriebswirtschaftlich so geleitet, als wären sie Privatunternehmen. Das ist jedoch nicht der Sinn öffentlichen Eigentums. Unternehmen in öffentlichem Eigentum bedürfen größter Transparenz ihrer Aufgaben, Ziele und Betriebsweisen. Sie bedürfen der Mitbestimmung von Beschäftigten, Kundinnen und Kunden und kommunaler Akteure. Anders ist nicht herauszufinden, was die Arbeitsbedingungen, die Qualität der Leistungen für die Öffentlichkeit, die Preise oder Abgaben und die ökologischen Parameter von privatwirtschaftlichen Angeboten unterscheiden soll.
Die Effizienz in öffentlichen Unternehmen umfasst eine andere Balance als in der Privatwirtschaft zwischen sozialem und ökologischem Nutzen für das Gemeinwesen, betriebswirtschaftlichem Gewinn und Arbeitsbedingungen der öffentlich Beschäftigten einschließlich der Geschlechtergleichstellung.

- In der praktischen Politik muss entschieden werden, ob Leistungen oder Güter durch staatliche Einrichtungen selbst bereitgestellt werden sollen oder ob eine öffentliche Gewährleistung von Aufgaben ausreicht, die privaten Unternehmen übertragen werden. Wenn es das Kräfteverhältnis zwischen Kommunen und kleineren Privatunternehmen der Kommune erlaubt zu gewährleisten, dass ein solches Unternehmen hochwertige Leistungen für die Bevölkerung zu angemessenen Preisen, tariflicher Bezahlung der Beschäftigten und ökologischem Wirtschaften anbietet, mag die private Bereitstellung dieser Leistungen für die Kommune durchaus vorteilhaft sein. In solchem Falle müssen vertraglich gesicherte transparente Konditionen und Bindungen, Qualitätskontrollen und demokratische Aufsichtsgremien Bestandteil der öffentlichen Gewährleistung sein. In der Regel wird es möglich sein, örtliche Privatunternehmen zuverlässig an Verträge mit öffentlichen Institutionen zu binden. Dagegen finden hochmobile internationale Investmentfonds fast immer Wege, um Verträge zu unterlaufen. Für solche Anleger sind weder das Wohnen noch Gesundheitsvorsorge usw. wichtige öffentliche Güter, sondern ausschließlich Mittel zur Steigerung ihres Profits und des Wertes ihrer Aktien, des shareholder value.

In Berlin hatte der rot-rote Senat von der vorangegangenen CDU-SPD-Landesregierung eine hoffnungslos überschuldete öffentliche Wohnungswirtschaft übernommen, die durch Misswirtschaft eine Unterstützung öffentlichen Eigentums weitgehend verspielt hatte. Unter diesem Druck der Verhältnisse – insbesondere der Extremverschuldung der Stadt – wurden durch den von SPD und Linkspartei gebildeten Senat 66.000 Wohnungen der städtischen GSW an den Private Equity Fonds Cerberus/Whitehall veräußert. Dies erfolgte zu einem guten Preis von rund zwei Mrd. Euro. Die Alternative wäre gewesen, Haushaltsausgaben von mindestens einer Mrd. Euro für dringlichste Aufgaben mit schwerwiegenden sozialen Folgen im Landeshaushalt streichen zu müssen. Inzwischen hat sich die Führung der Berliner Partei DIE LINKE zu weitgehender Verteidigung des öffentlichen Eigentums entschlossen. Ihr Vorsitzender Klaus Lederer schrieb: «Heute sehen wir die Sache mit dem GSW-Verkauf kritischer. Wir halten den GSW-Verkauf, trotzdem wir ihn als Notlagen-Verkauf erklären können, nicht für ein Ruhmesblatt rot-roter Stadtpolitik.» (Lederer, 2006)

- Linke Eigentumspolitik sollte insgesamt auf einen ausgewogenen Mix von privatem Eigentum, öffentlichem gesellschaftlichem Eigentum, gemischtem und genossenschaftlichem Eigentum zielen.

- Privates Eigentum von Handwerkern und Händlern, Eigentum vor allem kleiner und mittlerer Unternehmen und genossenschaftliches Eigentum und sicher oft auch größere private Firmen behalten eine wichtige Stellung unter den verschiedenen Eigentumsformen. Privates Gewinninteresse und Risikobereitschaft sind vor allem für die Regulierung der Feinproportionen, für die Reaktion auf die Nachfrage der vielen Millionen Verbraucher nach Gütern und Dienstleistungen des Konsums, aber auch nach Investitionsgütern und Bauleistungen funktionell. Erforderlich ist jedoch, dass globale, europäische und nationale Rahmensetzung und orientierende strategische Planung auf dem Weg in eine andere Welt das private Kapitaleigentum und das Privateigentum kleiner Warenproduzenten in eine nachhaltige Wirtschafts- und Gesellschaftsentwicklung einbinden.

- Die entscheidende Antwort alternativer Kräfte auf die Eigentumsfrage unter den gegenwärtigen Bedingungen kann nur eine radikale

Erneuerung der Demokratie sein, die sämtliche Formen des Eigentums sozialen und ökologischen Maßstäben unterordnet.

Zu unterscheiden ist nämlich zwischen Eigentum an Machtressourcen und Verfügung über dieses Eigentum. Weitreichende Demokratisierung vermag die Verfügung über alle Eigentumsformen einschließlich des privatkapitalistischen Eigentums nach gesetzlich geregelten sozialen und ökologischen Maßstäben zu verändern. Die Geschichte der Sozialgesetzgebung belegt das – verweist allerdings zugleich auf Grenzen in Abhängigkeit vom jeweiligen Kräfteverhältnis.
Solche Veränderung in der Verfügung geschieht u. a. durch erweiterte Mitbestimmung in Unternehmen. Gestärkte Gewerkschaftsmacht und wachsender Einfluss anderer gesellschaftlicher Kräfte können Produktionszwecke, Arbeitsbedingungen und die Verhaltensweisen privater Unternehmen verändern. Sozial- und Umweltpolitik, Steuer- und Strukturpolitik, Politik für Geschlechtergerechtigkeit und Antidiskriminierungsgesetze sind in der Lage, die Verfügung auch über privates Kapitaleigentum veränderten Kriterien zu unterwerfen. Wenn dies geschieht, werden auch bei formal gleichbleibenden Eigentumstiteln die Eigentumsverhältnisse selbst verändert. Die Eigentümerfunktion muss mittels demokratischer Entscheidungen über sozial-ökologische Rahmenbedingungen des Wirtschaftens, über die langfristigen Grundrichtungen gesellschaftlicher Entwicklung und die Gemeinwohlbindung des Eigentums auf soziale Gruppen ausgeweitet werden, die bisher stets nur Betroffene sind, aber nichts mit zu entscheiden haben. Die ökonomische Herrschaft weniger über die Mehrheit dagegen soll zurückgedrängt und letztlich überwunden werden. Alternative Eigentumspolitik zielt darauf, in demokratischen Verfahren einer wachsenden Zahl von Bürgerinnen und Bürgern in wesentlichen Fragen Einfluss auf die Verfügung über Wirtschaftsressourcen zu verschaffen.

Die Unterscheidung zwischen Eigentum und Verfügung scheint in manchen Schritten lateinamerikanischer Regierungen praktische Gestalt anzunehmen. Zwar hat z. B. die Regierung Evo Morales in Bolivien am 1. Mai 2006 eine Nationalisierung der Naturgasfelder proklamiert. Aber die privaten Gesellschaften, die das Gas dort ausbeuten, wurden nicht enteignet, sondern die Aufteilung der Erlöse zwischen ihnen und dem Staat wurde im Verhältnis von 82 zu 18 zugunsten des Staates neu geregelt.

- Für einige zentrale wirtschaftliche und gesellschaftliche Sphären ist mehr als eine demokratisch veränderte Verfügung über juristisch gleichbleibende Eigentumsformen notwendig: die Überführung von Kapitaleigentum in gesellschaftliches Eigentum.

Das betrifft:

— diejenigen Bereiche, in denen für jede Bürgerin und jeden Bürger gleiche Teilhabe an Leistungen und Gütern unabhängig von individueller Zahlungsfähigkeit verwirklicht werden soll (z. B. Bildung und Gesundheit).

— Unternehmen, deren profitbestimmtes kurzfristiges und eindimensionales Handeln besonders schwere Schäden für die Gesellschaft zur Folge hat. Im Herbst 2008 brach das Versagen des finanzkapitalistischen Systems derart zerstörerisch auf, dass Regierungen und Banken innerhalb von wenigen Tagen staatliches Teileigentum an gefährdeten Banken etablierten und einige Institute ganz verstaatlichten. Allerdings sehen sie dies als vorübergehende Rettungsmaßnahme an. Aber die umfassende Wiederherstellung von privatem Bankeigentum würde nur die Grundlage der Abkopplung des Finanzsektors von Gemeinwohlinteressen erneuern. Notwendig ist daher eine dauerhafte staatliche Einschränkung der Verfügung über privates Bankeigentum, die Verteidigung und Ausweitung von Staatseigentum in der Finanzbranche und seinen Wandel zu tatsächlich öffentlichem Eigentum, das heißt für eine Nutzung des internationalen Finanzsystems für soziale und ökologische Ziele. Ähnlich könnte das z.B. Lieferanten von Waffen in militärische Konfliktzonen, private Militärunternehmen oder Pharmakonzerne betreffen, deren Preispolitik das gesamte Gesundheitssystem belastet und destabilisiert.

— Branchen, in denen die private Marktkonkurrenz Langzeitkosten für die Gesellschaft wie die Erosion der Klimastabilität, die Zerstörung der Ozonschicht, der tropischen Wälder oder des Wasserhaushaltes der Erde ausblendet. Welche Unternehmen dies aus konkreten Anlässen künftig betreffen mag, könnte sich wie in der Finanzkrise aus der Zuspitzung von Konflikten mit schwerwiegenden gesellschaftlichen Auswirkungen ergeben. Beispielsweise könnten Konflikte um die Verknappung von fossilen Energiequellen, die Zuspitzung von Klimaproblemen und die blockierende Wirkung der Energiekonzerne auf eine solare Energiewende zu Krisen führen, die öffentliches Eigentum herausfordern.

Vermutlich wird auch in solchen Konstellationen die Veränderung der Kräfteverhältnisse nicht zu schlagartiger Ersetzung von Kapitaleigentum durch gesellschaftliches Eigentum führen. Dann wird eine linke Politik zumindest auf vollständige Transparenz, demokratische Kontrollen, dafür geeignete Institutionen und Mechanismen, unabhängige Regulierungsinstanzen und bürgernahe Streitschlichtungsmechanismen zielen, um die Verfügung über das Kapitaleigentum den Gemeinwohlinteressen anzunähern und einen transformatorischen Wandel der Eigentumsverhältnisse einzuleiten.

Artikel 15 Grundgesetz:

«Grund und Boden, Naturschätze und Produktionsmittel können zum Zwecke der Vergesellschaftung durch ein Gesetz, das Art und Ausmaß der Entschädigung regelt, in Gemeineigentum oder in andere Formen der Gemeinwirtschaft überführt werden.»

«Gesetzentwurf der FDP-Bundestagsfraktion zur Abschaffung der Sozialisierung» vom 8.11.2006:

«Die Durchsetzung wirtschaftspolitischer Vorstellungen durch Sozialisierungen sowie die Vergesellschaftung als Mittel der Wirtschaftspolitik generell haben sich überlebt. Allein die Existenz des Artikels 15 GG stellt daher eine potenzielle Bedrohung der Wirtschaftsordnung der Bundesrepublik dar, da sie eine gesetzliche Ermächtigung zu Grundrechtseingriffen bedeutet.»

4.3. «DEUTSCHLAND – EINE KLASSENGESELLSCHAFT»

In der öffentlichen Wahrnehmung tragen die skizzierten Enteignungsprozesse erheblich zu dem Grundgefühl bei, in einer ungerechten Gesellschaft zu leben, in der die Kluft zwischen Reich und Arm immer tiefer wird. Das ist die Auffassung von mehr als zwei Dritteln der Deutschen. 72 Prozent der im Auftrag der «Zeit» Befragten finden, die Regierung tue zu wenig für die soziale Gerechtigkeit (Die Zeit, 9.8.2007). Nur noch 15 Prozent der erwachsenen Bevölkerung in Deutschland glauben, in einer gerechten Gesellschaft zu leben. In solchem öffentlichen

Bewusstsein spiegelt sich wider, dass in der Klassen- und Sozialstruktur der Bundesrepublik in den letzten Jahrzehnten schwerwiegende Veränderungen stattgefunden haben.
1986 glaubte einer der prominentesten deutschen Soziologen, Ulrich Beck, die Bundesrepublik noch «jenseits von Klasse und Schicht» angelangt: «Wir leben trotz fortbestehender und neu entstehender Ungleichheiten heute in der Bundesrepublik bereits in Verhältnissen jenseits der Klassengesellschaft.» (Beck, 1986: 121) Klassen, definiert als «gegenseitig abgeschottete Großgruppen, die sich durch ihre Lebensführung, ihr gesellschaftliches Bewusstsein, ihr gesellschaftlich-politisches Handeln unterscheiden», gelten Wolfgang Zapf und Bernhard Schäfers im «Handwörterbuch zur Gesellschaft Deutschlands» als nicht mehr auffindbar (Schäfers/ Zapf, 1998: 618). Sie argumentieren, dass moderne Gesellschaften «in hohem Maße universalistische Züge aufweisen, die für alle Gesellschaftsmitglieder gleichermaßen gelten» (ebenda: 619). Zugang zu Bildung und sozialen Sicherungssystemen für alle, vollzeitige Erwerbsarbeit, eine auf den Konsum zugeschnittene Lebensführung und die Durchlässigkeit der Gesellschaft für den Aufstieg in höhere gesellschaftliche Schichten wurden als Beweise für das Verschwinden der Klassengesellschaft im definierten Sinne angesehen. Vielfältige Lebensstile in unterschiedlichen sozialen Milieus und vor allem der Individualisierungsprozess werden als Überwindung von Klassenverhältnissen betrachtet.
Ein anderes Bild von der Sozialstruktur in Deutschland und darüber hinaus ergibt sich, wenn Klassen definiert werden als große soziale Gruppen, «die sich voneinander unterscheiden nach ihrem Platz in einem geschichtlich bestimmten System gesellschaftlicher Produktion, nach ihrem ... Verhältnis zu den Produktionsmitteln, nach ihrer Rolle in der gesellschaftlichen Produktion der Arbeit und folglich nach der Erlangung und der Größe des Anteils am gesellschaftlichen Reichtum». (Lenin, 1961: 410) Diese Definition gilt – auch in modernen linken Diskursen – als zu statisch, zu eindimensional und zu weit entfernt von der ausdifferenzierten Klassenwirklichkeit. Sie übergeht beispielsweise die Bedeutung von kulturellem und Sozialkapital für die Klassenkonstellation. Ihr rationaler Kern ist jedoch, dass Klassen in erster Linie durch ihre Stellung zu den Produktionsressourcen als Eigentümerklassen oder als Klassen von Nichteigentümern charakterisiert sind und dass davon in beträchtlichem Maß die Teilhabe an den Resultaten der Produktion

abhängt. In diesem Sinne war und ist die bürgerlich-kapitalistische Gesellschaft in allen Phasen ihrer Entwicklung stets eine Klassengesellschaft.

Aber das Gesicht von Klassen wird darüber hinaus durch die Stellung der ihr Zugehörigen in den gesellschaftlichen Machtstrukturen insgesamt und durch einen spezifischen Klassenhabitus bestimmt, der auf die entscheidenden Lebensstile und Kulturen, Praxisformen und Bildungsstandards verweist (Bourdieu, 1987: 175).

«Eine soziale Klasse ist definiert weder durch ein Merkmal (nicht einmal das am stärksten determinierende wie Umfang und Struktur des Kapitals), noch durch eine Summe von Merkmalen (Geschlecht, Alter, soziale und ethnische Herkunft – z. B. Anteil von Weißen und Schwarzen, von Einheimischen und Immigranten etc. – Einkommen, Ausbildungsniveau etc.), noch auch durch eine Kette von Merkmalen, welche von einem Hauptmerkmal (der Stellung innerhalb der Produktionsverhältnisse) kausal abgeleitet sind. Eine soziale Klasse ist viel mehr definiert durch die Struktur der Beziehungen zwischen allen relevanten Merkmalen, die jeder derselben wie den Wirkungen, welche sie auf die Praxisformen ausübt, ihren spezifischen Wert verleiht.» (Pierre Bourdieu, 1987: 182)

Kennzeichnend für den neoliberalen Kapitalismus ist nun, dass alle Tendenzen zur Überlagerung seiner Klassenstruktur – ob Individualisierung und Vielfalt der Lebensstile, Ausprägung unterschiedlicher gesellschaftlicher Milieus, verbesserte Bildung für große Teile der Bevölkerung, sozialstaatliche Sicherungssysteme, Konflikte zwischen einheimischer Bevölkerung und Immigranten und Generationenkonflikte – in der jüngeren Zeit das deutliche Hervortreten von Klassengegensätzen nicht mehr verdecken können. Das Wort Unterschichten geistert durch die deutschen Lande. Auch das wohlhabende Deutschland liegt im globalen Trend der sozialen Polarisierung.

POLARISIERUNG WELTWEIT UND IN DEUTSCHLAND

- Die reichsten 25 US-Amerikaner haben ein Einkommen, das dem von fast zwei Milliarden der ärmsten Erdbewohner entspricht (Milanovic, 2003: 476; UNDP: 2003: 51)
- An der Spitze der Weltsozialstruktur stehen 1125 Milliardäre, davon 469 in den USA, 87 in Russland und 59 in Deutschland («Forbes», März 2008).
  Nach Angaben der Investmentgesellschaft Merrill Lynch/Capgemini verfügen in Deutschland 798 000 Personen über ein reines Finanzvermögen von mehr als einer Million Dollar.
- 4400 Deutsche sind Eigentümer eines reinen Finanzvermögens von mehr als 30 Millionen Dollar. Sie zählen zu der kleinen globalen Geldmachtelite, für die im Jahr 2009 ein reines Finanzvermögen von 42,2 Billionen Dollar, im Jahr 2011 von 51,6 Billionen Dollar erwartet wird (Merrill Lynch/Capgemini, 2004 und 2007).
- Der Börsenwert der 659 größten Weltunternehmen im produzierenden Bereich wird auf 13,9 Billionen Dollar beziffert («Forbes", März 2007).
- Auf dem anderen Pol der gespaltenen Weltgesellschaft befinden sich die Lohnabhängigen, die prekär Beschäftigten und noch ärmere.
  Die Zahl der Lohnabhängigen in den Industrieländern Westeuropas, Nordamerikas und Japans, der Lohnabhängigen Chinas, Indiens und Osteuropas stieg von 443,4 Millionen im Jahr 1970 auf 1.051,1 Millionen im Jahr 2005 an. Die Klasse der Lohnarbeiter erfuhr mehr als eine Verdoppelung – selbst ohne die Einbeziehung anderer Erdregionen (Steingart, 2006: 182). Aber diese Klasse ist keine einheitliche. Die Klassenlage der Lohnabhängigen weist von Region zu Region, von Land zu Land starke und oft extreme Unterschiede auf, die es verbieten, von einer homogenen internationalen Klasse der Lohnabhängigen zu sprechen.
- 1,4 Milliarden Menschen gelten erdweit als working poor.
- Zur Jahrtausendwende kämpften 1,2 Milliarden Menschen mit weniger als 1 US-Dollar Tageseinkommen ums Überleben. 2,8 Milliarden leben von weniger als 2 Dollar am Tag (UNDP, 2003: 51).
- Die untere Hälfte der erwachsenen Erdbevölkerung verfügt nur über etwa 1 Prozent der weltweit vorhandenen Vermögenswerte, die dem reichsten 1 Prozent der Erwachsenen Zugehörigen dagegen über 40 Prozent der globalen Vermögenswerte (World Institute for Development Economics Research der UN-University, 2007).
- 70 Prozent der Armen auf der Erde, über die Hälfte aller Migrierten und drei Viertel der Flüchtlinge sind weiblich (Veth, 2003: 2).
- Von den 62 Millionen Menschen, die jahresdurchschnittlich sterben, kommen mehr als die Hälfte durch Hunger und Krankheiten im Gefolge von Mangelernährung ums Leben (Ziegler, 2005: 102 f.).
- Als armutsgefährdet – d. h. mit einem Einkommen unter 60 Prozent des mittleren bedarfsgewichteten Einkommens – gelten in der Bundesrepublik 17,1 Prozent der Deutschen und 25 Prozent der Kinder im Alter unter 15 Jahren (Die Zeit, 9.8.2007).
  Rund 7 Millionen Deutsche – nach anderen Berechnungen bis zu 12 Millionen – arbeiten für Niedriglöhne. Zwei Drittel von ihnen haben eine abgeschlossene Berufsausbildung, 10 Prozent einen akademischen Abschluss (Financial Times Deutschland, 12.1.2007).
  Die Zahl derer, die Arbeitslosengeld II beziehen, ist im Mai 2007 auf 7,4 Millionen angewachsen (Mitteilung des Pressereferenten SGB II der Bundesagentur für Arbeit vom 18.6.2007).

Die Weltgesellschaft und die westliche Welt selbst ist gespalten zwischen Oben und Unten, zwischen Machteliten und der Bevölkerungsmehrheit. Die sozialen Gräben sind seit dem Übergang von einem sozialstaatlich regulierten Kapitalismus in den zweieinhalb Jahrzehnten nach dem Zweiten Weltkrieg zum neoliberalen Kapitalismus in dramatischem Ausmaß tiefer geworden. Machtakkumulation und Ausgrenzung kennzeichnen die Gesellschaft mehr als der Mittelstand. Nicht einmal das Auseinanderdriften verschiedener Milieus vermag ein verbreitetes Empfinden zu verdecken, das seit den neunziger Jahren mit der Rückkehr des Begriffs der Klassengesellschaft in die öffentliche Diskussion Ausdruck findet. Im Gegenteil, gerade die Studie «Gesellschaft im Reformprozess» im Auftrag der Friedrich-Ebert-Stiftung, in deren Mittelpunkt die Beschreibung neuer spezifischer Milieus in der deutschen Gesellschaft stand, löste einen neuen Schub der Debatte über die «Rückkehr der Klassengesellschaft» und über die Existenz einer neuen Unterschicht aus (Friedrich-Ebert-Stiftung, 2006).

Drei der charakterisierten Milieus – «selbstgenügsame Traditionalisten» (11 Prozent der Gesamtbevölkerung), «autoritätsorientierte Geringqualifizierte» (7 Prozent) und «abgehängtes Prekariat» (8 Prozent) – bilden das «Unten» der Gesellschaft.

Anders als zu sozialstaatlichen Zeiten, in denen Helmut Schelsky die deutsche Nachkriegsgesellschaft als «nivellierte Mittelstandsgesellschaft» beschrieb und die Wohlstandsmitte ein reichliches Drittel der Bevölkerung umfasste, ist auch die Mitte nicht mehr das, was sie einmal war. In der Studie der Friedrich-Ebert-Stiftung werden 16 Prozent der Bevölkerung der «bedrohten Arbeitnehmer-Mitte» zugerechnet.

Das heißt, insgesamt 42 Prozent der Deutschen leben entweder mit einem weit unterdurchschnittlichen Einkommen und sind wiederholt von Arbeitslosigkeit betroffen, sind bereits ins soziale Abseits gedrängt oder haben zwar noch auskömmliche Verdienste, fühlen sich jedoch angesichts vieler Bedrohungen ihres Status tief verunsichert.

HERAUSFORDERUNG FÜR DIE GEWERKSCHAFTEN

Doch noch nie in der Geschichte wurden das Bewusstsein und das Handeln von Menschen zwingend durch ihre Klassenlage bestimmt. Erst recht gilt dies in modernen ausdifferenzierten Gesellschaften. Lohnabhängige sind oft zugleich Hausbesitzer und Kleinaktionäre. Sie sind häufig an Kursgewinnen ähnlich interessiert wie an ihren Arbeitsbedingungen. Ein großer Teil der hochqualifizierten «Leistungsindividualisten» (11 Prozent der Bevölkerung) gehört zwar nach der Art der Erlangung

ihrer Arbeitseinkommen zu den Lohnabhängigen. Nach der Höhe der Einkommen, Wertorientierungen und praktischem Verhalten stehen sie jedoch den bürgerlichen Oberschichten viel näher oder gehören selbst dazu. Das trifft auch auf die «etablierten Leistungsträger» (15 Prozent) zu, zu denen viele Meister, Vorarbeiter und Facharbeiter gehören, die sich solidarischen Werten oft kaum verbunden fühlen.
Gleichwohl sind die in der lohnabhängigen Klasse verankerten Gewerkschaften noch immer die mächtigste Kraft im «Unten» der Gesellschaft. Aber ihre traditionelle Kernmitgliedschaft – Arbeiterinnen, Arbeiter und Angestellte in der Industrie – wird seit langem durch das Schrumpfen des Industrieanteils an der gesamtwirtschaftlichen Leistung reduziert. Die herkömmliche Industriearbeit verliert anhaltend an Gewicht im Verhältnis zum wachsenden Anteil der Informationsarbeiterinnen und -arbeiter, die auch als Kybertariat bezeichnet werden. Dieser Teil der Lohnarbeiterschaft unterliegt selbst wieder starken Differenzierungsprozessen. Teils ist monotone anforderungsarme Arbeit an den Computern zu verrichten, zu einem großen Teil aber komplizierte, kreative und hoch bezahlte Arbeit, die vielen Anlass gibt, eher auf Eigenvorsorge als auf solidarische Sicherungssysteme zu setzen.
Für die Gewerkschaften wie für andere alternative Akteure bedeutet dies, dass das erneute Hervortreten von Klassenstrukturen keineswegs selbstläufig zu geeintem Handeln tendiert. Die Differenzierung der Problemlagen und Interessen innerhalb der Klassen, die Verschiedenheit der gesellschaftlichen Milieus und die durchaus sehr verschiedenen Interessenlagen der Individuen selbst führen zu einer Vielzahl von Konflikten und Interessenkämpfen. Einerseits deutet das darauf hin, dass der gegenwärtige Kapitalismus viele Angriffsflächen bietet. Andererseits wächst damit die Schwierigkeit, Solidarität für gemeinsame alternative Lösungen zu erreichen. Den Gewerkschaften ist eine Gratwanderung zwischen der Vertretung übergreifender Interessen und spezifischer Interessenvertretung für unterschiedliche Gruppen von Lohnarbeiterinnen und Lohnarbeitern abgefordert. Das wird noch deutlicher erkennbar, wenn die Mehrdimensionalität der Konfliktstruktur in Deutschland und weltweit in den Blickpunkt gerückt wird.

4.4. NEOLIBERAL GEWANDELTE GESCHLECHTERVERHÄLTNISSE

Linkes Denken und Handeln ist in einer langen Tradition auf Kämpfe entlang der Konfliktlinie zwischen Kapital und Arbeit fixiert. Aber weit älter und kaum weniger lebensbestimmend auch in der Gegenwart und rund um die Erde ist die Konfliktlinie, die aus der Dominanz von Männern über Frauen resultiert, aus patriarchalen Verhältnissen also.

Die gesellschaftliche Arbeitsteilung ist die ökonomische Grundlage, um die vielschichtige Formen der Herrschaft über Frauen gruppiert sind. Arbeit findet in zwei ganz verschiedenen Welten statt, die sich gleichwohl wechselseitig bedingen.

Die eine Welt ist die Produktion von Gütern und Dienstleistungen in Warenform für den Markt. In dieser Welt regieren Geld, Lohnarbeit und harte Konkurrenz. Dieser Welt gilt der Respekt des Zeitgeistes, denn sie ist der Raum, in dem Profit produziert, realisiert und erspekuliert wird. Dies ist die anerkannte Arbeitswelt der Männer, in der die Verdrängungskonkurrenz Härte, Durchsetzungskraft und Rücksichtslosigkeit diktiert. Einst, zu Zeiten des fordistischen, sozialstaatlich regulierten Kapitalismus, war sie die Sphäre des männlichen Familienernährers, der im typischen Fall das Geld für die ganze Familie nach Hause brachte und von dem «seine» Hausfrau nicht nur ökonomisch abhängig war.

Die andere Welt ist die Sphäre einer ganz anderen Art der Arbeit, die bis heute vorwiegend den Frauen obliegt. Dort gilt die Arbeit den Kindern, der Familie und ihrem Wohl, dem Erlernen zwischenmenschlichen Umgangs und den Mühen der täglichen Versorgung mit allem, was zum Leben gehört. Zu den in dieser Welt erforderlichen Fähigkeiten gehören im Idealfall Sorge und Fürsorge, einfühlsamer Umgang mit den psychischen und physischen Problemen der anderen in der Familie, Hinwendung und viel Geduld, Toleranz und Kompromissfähigkeit. Diese Welt gilt – historisch entstanden, durch Konventionen, Religion, Zuschreibungen, Erziehung der Geschlechter und teils auch durch Gesetze verankert – als die Welt des Weiblichen. Hier existiert männliche Herrschaft als persönliche Abhängigkeit.

> «Benachteiligungen, Einschränkungen und Unfreiheiten, denen Frauen und Mädchen als Frauen und Mädchen ausgesetzt sind, sind umfassend, alltäglich und tiefgehend. Sie betreffen nicht nur den Arbeitsplatz und die Kinderbetreuung. Sie reichen von Bedrohung und Gefährdung im öffentlichen und privaten Raum (‹wohin kann ich gehen›, ‹wie muss ich mich verhalten›) über Vorurteile, verbale Angriffe und männliche Normen im gesellschaftlichen und zwischenmenschlichen Raum (‹was darf ich sagen›, ‹wie muss ich wirken›), bis zu Zensur, Selbstzensur und ungleicher Repräsentanz im kulturellen und internationalen Raum (‹was darf ich fühlen›, ‹warum komme ich hier nicht vor›).» (DIE LINKE Bremen, 2007)

Auf der Welt, die dem Weiblichen zugeschrieben wird, gründet die gesamte Gesellschaft. In ihr wird ein guter Teil des sozialen Zusammenhalts der Gesellschaft hergestellt. Aus ihr gehen die Arbeitskräfte für die andere männliche Welt hervor. Aber hier wird nicht direkt für den Profit produziert. Deshalb verbindet sich die historisch tief verwurzelte geringere Wertung weiblicher Tätigkeit mit spezifisch kapitalistischer Ignoranz. Die weibliche Arbeit in dieser Sphäre wird auch heute noch häufig als Nichtarbeit angesehen, verbunden mit einer Geringschätzung der weiblichen Leistungen dort.

Der neoliberale Kapitalismus hat die Geschlechterverhältnisse jedoch zum Tanzen gebracht. An die Stelle der allenfalls «zuverdienenden Ehefrau im Normalhaushalt der sozialen Marktwirtschaft» ist die Normalität weiblicher Berufstätigkeit getreten. Der Anteil der Frauen an der Erwerbsarbeit stieg weltweit erheblich an, auch in der Bundesrepublik. Feminisierung der Arbeit ist der Begriff für diese Veränderung. Die Schulbildung von Mädchen hat in der westlichen Welt etwa das gleiche Niveau der schulischen Bildung von Jungen erreicht.

VERSCHIEDENE DIMENSIONEN HIERARCHISCHER HERRSCHAFT

Die feministische Bewegung hat erheblich zu der Erkenntnis beigetragen, dass entlang der Geschlechterverhältnisse ein tiefer Riss durch die Gesellschaften geht. Sie hat der emanzipatorischen Bewegung für Geschlechtergerechtigkeit entscheidende Anstöße gegeben und die Mehrdimensionalität hierarchischer Strukturen in modernen Gesellschaften in das öffentliche Bewusstsein gehoben:

HIERARCHISCHE HERRSCHAFTSVERHÄLTNISSE				
Kapital/Arbeit Finanzeliten/ Bevölkerungs- mehrheit	Männer/Frauen	Norden/Süden Global Cities/ abhängige Räume	Einheimische Bevölkerung/ ImigrantInnen	Ethnien/ Ethnien

Die patriarchalen Verhältnisse zwischen Männern und Frauen sind nicht von den kapitalistischen Lohnarbeitsverhältnissen «abgeleitet». Wohl aber werden sie für kapitalistische Herrschaft und Ausbeutung ausgenutzt – auch dies in einer durch den Neoliberalismus veränderten Weise. Einerseits hat der Neoliberalismus einen Teil der feministischen Kritik am patriachalen Wohlfahrtsstaat aufgenommen. Das betrifft die Einführung gesetzlicher Regelungen für stärkere Geschlechtergleichstellung, die Selbstbestimmung der Frau über ihren Körper, die Individualisierung von Lebensstilen, die fortschreitende Auflösung der traditionellen patriarchalen Kleinfamilie, die Zurückdrängung zwangs-heterosexueller Lebensweisen und die zunehmende Akzeptanz weiblicher Lebensentscheidungen für Biografien, in denen Karriere, Kinderlosigkeit und Alleinleben im Vordergrund stehen. Andererseits trifft das Emanzipationspotenzial verbreiteter weiblicher Erwerbsarbeit auf eine starke Gegentendenz. Frauen haben die Teilhabe an Erwerbsarbeit erobert und haben sich damit der Ausbeutung ihrer Arbeitskraft durch die Unternehmer ausgeliefert. Die Arbeit von Frauen ist noch immer auf in der Regel schlecht bezahlte Berufe konzentriert, die als spezifisch weiblich gelten, beispielsweise in Kinderbetreuung, Einzelhandel, individuellen Dienstleistungen, Pflegeberufen und Sozialeinrichtungen. Auf Frauen entfallen in Deutschland rund 70 Prozent der Beschäftigung in prekären Arbeitsverhältnissen. Sie sind in Produktion und Dienstleistungen am stärksten in Niedriglohnbereichen vertreten. Vor allem durch ihre Beschäftigung in Niedriglohngruppen, Teilzeitarbeit und Arbeitsausfall bei Geburt und Betreuung von Kindern werden sie selbst bei gleicher Qualifikation durchschnittlich um 22 Prozent schlechter als Männer bezahlt. Ihre oft schlechten Arbeitsbedingungen werden durch die Arbeitgeber als Druckmittel gegen männliche Arbeitskräfte eingesetzt, um auch sie verstärkt in prekäre Arbeitsverhältnisse zu zwingen.

Kapitalistische und patriarchale Unterdrückung der Frau ergänzen sich auf solche Weise. Frauen werden doppelt ausgebeutet. Sie sind in der Erwerbsarbeit in der Regel schlechter gestellt als Männer und tragen zugleich die Hauptlast der nicht bezahlten Arbeit in der Familie.

Die politische Ökonomie kapitalistischer und patriarchaler Doppelausbeutung der Frau führt dazu, dass Frauen mehr arbeiten als Männer, aber als weniger produktiv behandelt und schlechter bezahlt werden.

Allerdings arbeitet eine wachsende Zahl von gut ausgebildeten Frauen auch in besser bezahlten Berufen, jedoch oft um den Preis, sich den männlichen Konkurrenzmustern anpassen und auf Kinder und Familie verzichten zu müssen. Nicht selten übertragen sie die Hausarbeit auf Hausangestellte. In den gehobenen Haushalten der Global Cities werden Millionen Migrantinnen als billiges Dienstpersonal beschäftigt. In solchen Fällen werden – wie im Leben von MERCEDES RIVERA – kapitalistische, patriarchale und ethnische Hierarchien miteinander verknüpft. Zusammengefasst, der Neoliberalismus macht Frauen weltweit – und auch in Deutschland – zu Beschäftigungsgewinnerinnen, die mit ihrem Einzug in die Sphäre der Erwerbsarbeit bessere Voraussetzung ihrer Emanzipation erobern. Aber sie sind ebenso Verliererinnen, weil sie in die Welt der Erwerbsarbeit von vornherein wieder als meist Benachteiligte und Diskriminierte eintreten und weil sie die Hauptlast der unbezahlten Familienarbeit weiter zu tragen haben. Das erschwert ihre Teilnahme am politischen und gesellschaftlichen Leben trotz der Positionsgewinne in den Kämpfen gegen Diskriminierung und für Geschlechtergerechtigkeit.

Kapitalismuskritik, Antikapitalismus und sozial-ökologischer Umbau sind nur eine wesentliche Orientierung für dringlichen Richtungswechsel in der Politik. Antipatriarchaler Wandel mit dem Ziel weiblicher Autonomie ist die andere wesentliche Komponente des Aufbruchs in bessere Zukünfte.

Die «negative Emanzipation» für Frauen im Neoliberalismus, die in dessen Grenzen gebannt bleibt, muss durch eine «positive Emanzipation» aufgehoben werden, in der die verschiedenen Fähigkeiten tatsächlich gesellschaftlich gleichgestellt werden – mit dem radikalen Ziel, dass Männer wie Frauen die reale Hälfte der gesellschaftlichen Lohn- und Lohnersatzleistungen und gleiche Entwicklungschancen erhalten (Spehr, 2007: 12, 9). Das schließt viele Teilschritte ein: gleiche Teilhabe von Männern und Frauen an existenzsichernder, sinnvoller Erwerbsarbeit, Familienarbeit und gesellschaftlichen Tätigkeiten; positive Kompensation besonderer Belastungen von Frauen durch Schwangerschaft, Geburt von Kindern und historisch gewachsene Diskriminierung; Verkürzung der Normalarbeitszeiten; flächendeckende öffentliche Kinderbetreuung; tatsächlich freie Wahl zwischen Lebensmodellen und vielfältige, gesicherte Zugänge zu Gesellschaftlichkeit.

Für das Verständnis des demokratischen Sozialismus bedeutet die Konfliktlinie in der Gesellschaft zwischen den Geschlechtern, dass demokratischer Sozialismus nur als feministischer Sozialismus möglich ist, der in den Kampf um eine emanzipierte und gerechte Gesellschaft Geschlechtergerechtigkeit einschließt.

4.5. ANEIGNUNG DER EIGENEN LEBENSBEDINGUNGEN STATT ÖKONOMIE DER ENTEIGNUNG

Alternative Projekte des Einstiegs in einen emanzipatorischen, von Bürgerinnen und Bürgern selbstbestimmten Entwicklungspfad in bessere Zukünfte werden nur unter einem weiteren gemeinsamen Grundnenner erfolgreich sein: Sie werden dann transformatorischen Charakter gewinnen, wenn sie diesem Privatisierungs- und Enteignungsprozess die Aneignung oder Wiederaneignung der eigenen Lebensbedingungen durch die Individuen und kollektiven Akteure entgegensetzen.

Abschied von der Aneignung der Einen durch die Enteignung der Anderen ist geboten. Stattdessen gewinnt eine Solidarität höchste Bedeutung, der es um die Aneignung entscheidender Lebensgrundlagen für jede und jeden geht. Die Sozialforen sind Räume solcher Solidarität. Daniela Dahn berichtet über ein Tribunal im Rahmen des Weltsozialforums in Nairobi:

Bericht über ein Tribunal während des Weltsozialforums in Nairobi 2007:

Im rechten Winkel waren zwei lange Tische aufgebaut, an denen sehr gebildet wirkende Männer mittleren Alters in dunklen Anzügen, eine unter den Alternativen unübliche Kostümierung, Platz genommen hatten. Eine Frau wurde nach vorn gerufen und das Publikum aufgefordert, die Zeugin mit Respekt zu behandeln. Einer der Männer erhob sich und fragte die Frau, weshalb sie vor diesem Gericht erschienen sei.

«Die Polizei kam, um mich und meine Kinder von meinem Land in Malindi, an der Küste, zu vertreiben. Sie haben uns geschlagen, als wir uns weigerten, die Farm zerstört, meine Bananenbäume, das Haus.»

«Haben Sie Unterlagen, dass es Ihr Land ist?», fragte der Anwalt.

«Ich habe das Land von meinem Vater bekommen, der es von seinem Vater erhielt. Alle Vorfahren sind hier geboren und begraben. Es ist unser Land, weil wir hier leben.»

«Eine Urkunde haben Sie nicht?» – «Nein!»

«Was ist mit Ihrem Land geschehen?»

«Die Regierung hat es an eine Privatfirma verkauft, die Salz gewinnt, das ganze Ackerland austrocknet und versalzt.»

«Sind Sie entschädigt worden?»

«Ich habe diese Peanuts abgelehnt, drei Dollar für einen Obstbaum, der uns ernährt hat.» «Wie leben Sie jetzt?» «In einem Bretterverschlag ohne Wasser. Ich habe nicht mehr, die Kinder können nicht zur Schule gehen.» Sie begann zu schluchzen.

Nach ihr wurden noch zwei Männer mit ähnlichem Schicksal angehört. Ein Fischer aus Kwale war mit Bulldozern vertrieben worden, von einem internationalen Bergbauunternehmen, das aus dem sand of doom – dem Sand des Verhängnisses – reines Titanium gewinnt. Ohne Auflagen zur Erhaltung der Umwelt. Nachbarn sei es ähnlich ergangen, es gab Exzesse und Vergewaltigungen. Doch der Fischer hielt sein kleines Stück Land, auf dem die Eltern begraben sind, besetzt. In der afrikanischen Kultur ist die Vorstellung, dass Tote in ihrer Ruhe gestört und umgebettet werden, unerträglich. Fischen darf er nicht mehr, er hat kein Einkommen.

«Ich bitte dieses Gericht, mir zu helfen, mein Land zurückzubekommen.»

Der Anwalt der Kläger gegen die Regierung hielt ein bewegendes Plädoyer.

Schließlich wurde noch der Rechtswissenschaftler, Professor Babu Mathew, aus Indien als Zeuge gehört. «Wir haben alle die gleichen Probleme», sagte er, während auf einer Leinwand Bilder von zerstörten indischen Dörfern erschienen. «Wir brauchen ein neues Recht, das uns nicht fremd ist. Es ist Zeit, das angelsächsische Recht in den Indischen Ozean zu kippen!» Das Publikum tobte vor Begeisterung. «Wir brauchen kein Recht, um verkauft und ausgeschlossen zu werden. Kein Recht, um unseres Lebensraumes beraubt zu werden. Kein Recht auf unqualifizierte Eigentumsübertragungen. Wir wollen ein Recht des unkündbaren Besitzes an kommunalem Eigentum, damit wir das Land ohne Angst bewirtschaften und an unsere Kinder weitergeben können.» Tosender Beifall.

Unter der linken Regierung Indiens gäbe es einen Anfang für solche Rechtssprechung: Wer Land über drei Generationen bearbeitet, bekäme es übertragen.

Dann erhob sich das Gericht, um das Urteil zu verkünden: Kenia hat ein postkoloniales Recht geerbt, das im Widerspruch zu hiesigem Gewohnheitsrecht steht. Wir verurteilen die Regierung, den Vertriebenen ihr angestammtes Land zurückzugeben oder sie auf gleichwertigem Land anzusiedeln und angemessen zu entschädigen. Wir verurteilen sie, langfristige Maßnahmen zu beschließen, um die Investoren zu zwingen, die von ihnen verursachten Zerstörungen der Natur wenigstens zu mildern. Viva Afrika, viva.

Daniela Dahn, 2007: Globalisierung des Widerstandes. In: Bahr, Egon (Hrsg.), 2008: Weltgesellschaft – Ein Projekt von links! Berlin.

Noch unterdrückt vom herrschenden Zeitgeist rüttelt ein Geist des Widerstandes an den Axiomen des Neoliberalismus. Seine Spur führt von Seattle und Porto Alegre über Mumbai bis nach Nairobi. Und mit den Gefahren des Totlaufens dieser Bewegung wächst auch ihre Suche nach erneuerten Aufbrüchen. Denn: «Wer den Zeitgeist heiratet, wird bald Witwer sein.» (August Everding)
Noch verläuft die Enteignung von elementaren Lebensbedingungen, wenn auch in ganz verschiedenen Gestalten, rund um die Erde. PETER JÄGER hat nicht allein seine Arbeit verloren. Die Zahlung seines Arbeitslosengeldes II ist daran geknüpft, dass ihm zuvor ein großer Teil seiner Ersparnisse genommen wird. RICO und JEANETTE sind aus Sicherheiten herausgefallen, die für die Generationen vor ihnen noch selbstverständlich waren. MERCEDES RIVERA muss sich außerhalb aller Bürgerrechte durchschlagen. AGNES MOHAPI ist durch die Privatisierung des Wassers vom unbedingten Zugang zu dieser Lebensressource enteignet. Der BÄUERIN aus Malindi und dem FISCHER aus Kwale hat die Privatisierung ihren Boden geraubt. Sie alle sind verbunden dadurch, dass sie unter die Räder marktradikaler Mechanismen der Enteignung geraten sind.

Noch geht rund um die Erde die Entwicklung dahin, dass die Gerechtigkeit geschleift und Solidarität der allgegenwärtigen Verdrängungskonkurrenz geopfert wird. Liberalisierung und Privatisierung bedeuten Aneignung nicht allein der Wirtschafts-, Wissenschafts- und Naturressourcen durch das Kapital und die politischen Eliten. Sie umfassen die Aneignung aller Lebensbedingungen und des bestimmenden Einflusses auf das Leben der Menschen durch die ökonomisch und politisch Herrschenden.

GERECHTIGKEIT ALS MASS VON ALTERNATIVEN

Alle alternative Politik hat einen Gegenpol deutlich erkennbar zu machen. Gerechtigkeit muss zum Maß der Reformpolitik werden – jeder und jedem sozial gleiche Bedingungen für ein selbstbestimmtes Leben in sozialer Sicherheit! Das erfordert, dass die Linke ihren früher üblichen Begriff des Eigentums – weitgehend reduziert auf das Eigentum an Produktionsmitteln – im Hegelschen Sinne in einem weiterten Eigentums- und Aneignungsbegriff «aufhebt».

Eigentum ist zunächst als gesellschaftliches Verhältnis von Klassen, sozialen Gruppen und Individuen zueinander in Bezug auf Wirtschafts-, Wissenschafts- und Naturressourcen zu verstehen. Eigentum ist der Prozess der Aneignung dieser Voraussetzungen von Produktion und Dienstleistung. Es bedeutet Bestimmung oder Verfügung über Ziel, Organisation und soziale Qualität des Produktions- und Reproduktionsprozesses und Aneignung seiner Resultate durch die Eigentümer. Aber Eigentum umfasst heute weit mehr als jene Ressourcen, die Macht über die Produktion verleihen.

DIMENSIONEN DES EIGENTUMS

Das Kapitaleigentum oder Eigentum in der Verfügung von exklusiven Machteliten begründet den Ausschluss von Menschen als Nichteigentümer aus wichtigen gesellschaftlichen Zusammenhängen. Verfügungsmacht über das Leben von Millionen Menschen und Macht über deren Inklusion in die Gesellschaft oder ihre Exklusion aus wesentlichen gesellschaftlichen Sphären beruht über Wirtschaftspotenzial hinaus auch auf anderen Ressourcen (Bourdieu, 1983). Ungleich verteilt sind Bildungs- und Kulturressourcen, Information, Sozialkapital als Verfügung über gesellschaftliche Beziehungen, Teilhabe an Leistungen des Gesundheitswesens, die Bedingungen der Selbstbestimmung im Alltagsleben, die Beteiligung an politischen Entscheidungen in der Gesellschaft, der Zugang zu gesunder Umwelt und nicht zuletzt die Verfügung über Macht- und Militärapparate.

Jene, die vor allem aufgrund ihrer ökonomischen Macht weitgehend über vielgestaltige Ressourcen freier Selbstbestimmung des eigenen Lebens verfügen, sind in der Lage, sich den ganzen Reichtum menschlichen

Lebens anzueignen – sofern sie als Individuen nicht zu beschränkt dafür sind. Jene, denen es an solchen Ressourcen mangelt, befinden sich eher in Abhängigkeit von den Machteliten. Sie sind deren Anspruch unterworfen, sich mit dem Hauptanteil am gesellschaftlichen Reichtum zugleich die Verfügung über nahezu alle Sphären gesellschaftlichen Lebens anzueignen. Aneignung ist daher in der jüngeren Zeit zu einem Knotenpunkt gesellschaftlicher Auseinandersetzung geworden.

Die symbolischen «Umsonst-Kampagnen» in der Bundesrepublik für einen kostenlosen öffentlichen Nahverkehr oder andere öffentliche Leistungen zielen auf die Wiederaneignung von Mobilitätsmöglichkeiten durch alle unabhängig von ihrem Geldbeutel und generell auf sozial gleiche Aneignung öffentlicher Güter im Widerstand gegen deren Privatisierung. (Habermann, 2007: 238 f.; Kunze/Buckel, 2007: 18 f.)

Partizipative Haushalte sind auf die Aneignung von Entscheidungen über die Verwendung öffentlicher Mittel durch die Bürgerinnen und Bürger selbst gerichtet. Reformalternativen für die Arbeitswelt haben ebenfalls Forderungen nach Aneignung von Verfügungsmacht der Arbeitenden über die Bedingungen ihrer Arbeit aufzunehmen: Vereinbarkeit von Arbeitszeitregime und Familie, Geschlechtergerechtigkeit in der Neuverteilung von Arbeit, selbstbestimmte Flexibilität und volle soziale Absicherung bei selbst gewählter Teilzeitarbeit und bei freiwilligem Wechsel zwischen Erwerbsarbeit, unbezahlter Familienarbeit und Fortbildung.

Eine steuerfinanzierte bedarfsorientierte und repressionsfreie Grundsicherung soll der Aneignung der Arbeitskraft durch die Unternehmer zu beliebigen Bedingungen – als Ware zu Niedrigpreisen im Billiglohnsektor – entgegenwirken. Solche Grundsicherung soll ein Mindestmaß eigener Verfügung der Arbeitenden über die eigene Arbeitskraft ermöglichen.

Diese Beispiele verdeutlichen: Eigentum als Verfügungsmacht über Ressourcen und damit über Menschen hat heute weit mehr Dimensionen als in früheren Zeiten. Kapitaleigentum und kapitalistische Aneignung sind allgegenwärtig. Mehr als zu seinen Zeiten gilt heute Marxens Aussage: «Das bürgerliche Eigentum definieren heißt somit nichts anderes, als alle gesellschaftlichen Verhältnisse der bürgerlichen Produktion darstellen. Eine Definition des Eigentums als eines unabhängigen Verhältnisses, einer besonderen Kategorie, einer abstrakten ... Idee geben zu wollen, kann nichts sein als eine Illusion der Metaphysik oder der Jurisprudenz.» (Marx, MEW Bd. 4: 165). Das heißt aber auch, dass die kapitalistischen Eigentums- und Machtverhältnisse überall, in den Unternehmen selbst, im politischen Raum, in der alltäglichen Lebenswelt und in der kulturellen Sphäre angegriffen und in Frage gestellt werden können.

ANEIGNUNG DES EIGENEN LEBENS – ARCHIMEDISCHER PUNKT VON ALTERNATIVEN

In allen Verhältnissen rumort die Frage, ob die Lebensbedingungen und selbst die Lebensverläufe der Bürgerinnen und Bürger von den Eigentümern der Machtressourcen aller Art angeeignet werden, ob also über das Leben der Menschen fremd verfügt wird oder ob sie sich die Bedingungen ihrer Selbstbestimmung selbst aneignen.

Einstiegsprojekte in eine alternative Entwicklung müssen öffentlich erkennen lassen, dass sie geeignet sind, mit dieser Frage emanzipatorisch umzugehen. Aneignung des eigenen Lebens ist zu einem archimedischen Punkt alternativer Politik geworden.

Der Gebrauchswert linker Politik besteht darin, die in den gegebenen Verhältnissen angelegten Chancen für ein Mehr an Bedingungen selbstbestimmten Lebens in sozialer Sicherheit und Würde auszuschöpfen – nicht allein die Möglichkeiten, die im Rahmen von Profitdominanz und Unterordnung unter Weltmarktzwänge erreichbar sind, sondern nach und nach auch jene, die ein Zurückdrängen dieser Dominanz bedingen und schließlich darauf hinauslaufen, auch unternehmerische Gewinninteressen emanzipativen, sozialen und ökologischen Zielen unterzuordnen.
Die erstrangige Bedeutung einer Zurückdrängung und Überwindung patriarchaler Herrschaftsverhältnisse neben dem Kapitalverhältnis und eng verbunden mit ihm legt nahe zu betonen, dass die Aneignung sozial gleicher Bedingungen freier Persönlichkeitsentfaltung für Frauen eine doppelte Emanzipation voraussetzt: Emanzipation von kapitalistischer Unterdrückung und Ausbeutung und Emanzipation von patriarchaler – und oft von ethnisch begründeter – Unterdrückung und Ausbeutung. «Sozial gleiche Teilhabe für jede und jeden an den Bedingungen eines selbstbestimmten Lebens in sozialer Sicherheit und Solidarität» – das erfordert für die meisten Frauen, gemeinsam mit den Männern eine doppelte Wegstrecke zurückzulegen.

4.6. WELCHE ZUKÜNFTE KÖNNTEN AUS DER ÖKONOMIE DER ENTEIGNUNG ERWACHSEN?

ERSTENS: «Wenn es so weitergeht», wird nach den Prognosen der amerikanischen Zeitschrift «Forbes» eine fortschreitende extreme Reichtumskonzentration in der kleinen Gruppe der Superreichen, der High Net Worth Individuals / HNWIs, stattfinden

ZWEITENS: Vor allem bedeutet die Ökonomie der Enteignung, forciert von WTO, GATS und TRIPS, von IWF und Weltbank, Privatisierung des Öffentlichen – öffentlicher Güter, öffentlicher Daseinsvorsorge, öffentlichen Eigentums, öffentlicher Räume, öffentlicher Entscheidungsprozesse. Das kommt der Enteignung der Bürgerinnen und Bürger von bisher garantierten Rechten und deren Verwandlung in Waren gleich, von denen viele durch ihre mangelnde Kaufkraft ausgeschlossen werden. Das betrifft elementare menschliche Existenzbedingungen, Wasser etwa ebenso wie künftig den Zugang zu Gesundheitsleistungen und Bildung. Im Kern bedeutet dies einen andauernden Prozess der Enteignung von sozialer Sicherheit gerade in den kommenden Zeiten tiefster Umbrüche, die auf das Dringlichste wenigstens soziale Sicherheiten erfordern, um die eigene Individualität in den Turbulenzen der Zukunft zu behaupten.

Deshalb könnte sich der Kampf um die Verteidigung, Rückgewinnung, Erweiterung und demokratische Gestaltung des Öffentlichen zu einem zentralen Konfliktfeld in der Entscheidung über mögliche Zukünfte entwickeln. Hier könnten Richtungsentscheidungen über Jahrhundertwege fallen – Enteignung oder Aneignung elementarer Bedingungen selbstbestimmten Lebens!

Die Linke sollte diesem Konfliktfeld einen zentralen Platz in ihrer Programmatik und Realpolitik einräumen.

DRITTENS: Die «Rückkehr der Klassengesellschaft» hat in Deutschland und in vielen anderen Erdregionen zu der Einsicht gesellschaftlicher Mehrheiten geführt, in ungerechten Gesellschaften zu leben. Die Enteignung der vielen gewinnt im Lichte maßloser Bereicherung kleiner Oberschichten erhebliche politische Sprengkraft.

Das Verlangen nach Gerechtigkeit wird in das Zentrum geistig-politischer Kämpfe des 21. Jahrhunderts zurückkehren und zu einer erstrangigen mobilisierenden Kraft werden. Geistige Hegemonie im 21. Jahrhundert könnten jene gesellschaftlichen Kräfte gewinnen, denen von Mehrheiten die Durchsetzung von Gerechtigkeit bei der Lösung der dringendsten Probleme zugetraut wird.

VIERTENS: Veränderungsmacht kann die Forderung nach Gerechtigkeit dann gewinnen, wenn es gelingt, internationale Solidarität an den verschiedenen Orten in den verschiedenen Kämpfen als potenzierende Kraft zur Geltung zu bringen.

Als Alternative zu Privatisierung und Enteignung kann Solidarität bestimmend für das Gesicht des demokratischen Sozialismus im 21. Jahrhundert werden.

Solidarität ist die Bedingung der Individualitätsentfaltung jeder und jedes Einzelnen. Sie ist ein dringliches Prinzip für die Gestaltung eines erneuerten Sozialstaats. Sie wird unverzichtbar als feste Grundnorm des Verhaltens in zukunftsfähigen Gesellschaften – gegen die starken Tendenzen zunehmender Gewalt.
Solidarität ist für Hunderte Millionen Menschen die Bedingung ihres Überlebens, für alle aber die Bedingung menschenwürdigen Lebens. Privatisierung grassiert rund um die Erde. Ein Netz der Enteignung ist über sie geworfen. Die Betroffenen sind gemeinsam betroffen. Es ist überfällig, sich in der Gegenwehr zu treffen, in der Solidarität mit der BÄUERIN in Malindi, mit MERCEDES RIVERA, PETER JÄGER und BERNARD NYONGA, in der Solidarität mit gewerkschaftlichen Kämpfen und alternativen Schritten sozialer Bewegungen.
Ohne Solidarität ist die soziale Gleichheit der Teilhabe an den Grundbedingungen für individuelle Freiheit jeder Bürgerin und jedes Bürgers nicht erreichbar. Alle drei Werte in ihrer wechselseitigen Bedingtheit sind unvermeidbare Anforderungen an die Politik der Linken.

FÜNFTENS: Wie stark Enteignungsprozesse künftig weiter fortschreiten werden oder ob die Aneignung und Wiederaneignung der eigenen Lebensbedingungen von Mehrheiten sich durchsetzen wird, hängt wie in allen anderen Fragen eines alternativen Richtungswechsels davon ab, ob eine Erneuerung der Demokratie die gesellschaftlichen Kräfteverhältnisse gravierend zu verändern vermag.

Unverkennbar ist jedoch eine einsetzende Desillusionierung über die Resultate des Privatisierungsprozesses. Heribert Prantl schrieb dazu in der «Süddeutschen Zeitung» vom 29. April 2008: «Es war eine euphorische Zeit, und die Privatisierung, auch die in Deutschland, war Teil eines historischen Megatrends, der dem Markt sehr viel und dem Staat sehr wenig zutraute, der daran glaubte, dass der Markt fast alles besser und billiger machen könne als der Staat. ... Etwa 25 Jahre dauerte diese Zeit der Euphorie. ... Die Teilprivatisierung der Bahn ist ein vorerst letzter Akt. Ansonsten steht das Privatisierungspendel still und zittert. Bürgerentscheide stemmen sich erfolgreich gegen weitere Verkäufe kommunaler Betriebe. Hier und da holen sich die Kommunen die Dienstleistungen wieder von den Privaten zurück. Auf den Programmen der Tagungen von Städten und Gemeinden steht nicht mehr Privatisierung, sondern Rekommunalisierung.»
So wie als Reaktion auf die jüngste Finanzkrise eine Re-Regulierungsdiskussion Impulse erhielt, geben die Misserfolge der Privatisierung Anstöße für eine Politik der Wiedergewinnung des Öffentlichen. Es fällt der Linken zu, sie zu nutzen.

5. IMPERIALE UND IMPERIALISTISCHE POLITIK

Ein weiterer, für den gegenwärtigen neoliberalen Kapitalismus charakteristischer Grundprozess ist das Wiedererstarken imperialer und imperialistischer Politik unter Einsatz militärischer Gewalt und der Verletzung des Völkerrechts. Er führt zu Verlaufsformen der Globalisierung, die die Weltgesellschaft in schwerste Spannungen bis zu extrem verlustreichen Kriegen mit barbarischen Zügen stürzen.

5.1. IMPERIALITÄT

Imperialität als Tendenz von mächtigen Staaten zur Ausweitung ihrer Herrschaft über das eigene Territorium hinaus, zur Durchsetzung von hierarchischen ausbeuterischen Beziehungen der Ungleichheit zwischen Zentren und Peripherie, zur autoritären politischen (Ver)Ordnung des internationalen Raumes durch eine überlegene Macht existiert seit Jahrtausenden.

Friedrich Dieckmann hat den imperialen Expansionismus des Kapitals mit der unaufhörlichen Detonation des Weltalls verglichen. Die Galaxien breiten sich in Folge einer Instabilität mit der Fluchtgeschwindigkeit eines Viertels der Lichtgeschwindigkeit im All aus. Das Nichts ist der Freiraum einer endlosen Explosion.
Der imperiale Kapitalismus jagt um die Erde, als hätte seine Expansion wie das All keine Grenzen. Aber die Erde ist nach Stoff und Raum endlich. Dieckmann schreibt: «Es wird für die Zukunft des Menschen und der Erde schier davon abhängen, wann dieser Unterschied zwischen dem Weltall und dem Kapitalismus allgemein anerkannt und wann respektive wie er sich bemerkbar machen wird.“ (Friedrich Dieckmann, 2008: Erde und All. Weltbild und planetare Gesellschaft. In: Bahr, Egon, 2008: 57 ff.)

Gegen Ende des 19. und zu Beginn des letzten Jahrhunderts nahm diese Imperialität die Gestalt imperialistischer Politik kapitalistischer Staaten an. Diese beruhte durchaus auf dem ökonomischen Machtpotenzial der um Weltgeltung konkurrierenden Staaten. Aber in starkem Maße wurden für die formelle politische Annexion großer Teile der Erde als Kolonien der Metropolen militärische Drohungen und Kriege als Instrumente imperialer Interessen eingesetzt. Der Kampf um Herrschaftsräume mündete schließlich in den Ersten Weltkrieg ein. Nach dem Weltkrieg proklamierte der amerikanische Präsident Woodrow Wilson als Anspruch der

USA «the leadership of the world» – jedoch nicht in Gestalt eines Kolonialimperiums und nicht vorrangig durch Kriege, sondern als informelles, vorwiegend auf ökonomische Weltmacht gestütztes Imperium.
Nach dem Zweiten Weltkrieg und bis zur Implosion des Staatssozialismus 1989/1991 gewann ein liberalimperiales US-Empire Konturen. Es gründet auf absoluter ökonomischer Vormacht und auf der Kontrolle der internationalen Finanzmärkte durch die USA. Es beruhte auf der Liberalisierung, auf der Öffnung der ganzen Welt für amerikanische Waren, auf der Vorherrschaft der USA in den internationalen Wirtschaftsorganisationen, auf der Amerikanisierung der westlichen Welt und starker Zustimmung zu den von den USA verkörperten Grundwerten. In dieser Phase wurde die US-Imperialität also von der Kombination ökonomischer Vormacht mit der Hegemonie durch geistige Führung getragen. Die Vereinigten Staaten setzten weitgehend die Regeln der internationalen Ordnung im westlichen Teil der Welt.
Deutschland und Japan wurden nach dem Zweiten Weltkrieg nicht okkupiert, sondern in die von den USA geführten multilateralen Vertragssysteme eingebunden, durchaus mit dem Gewinn individueller Rechte in einer parlamentarisch-demokratischen Wohlfahrtsordnung. Die Vereinigten Staaten vollzogen überwiegend durch ökonomische Übermacht und ideologische Vormacht ohne direkten Zwang als liberaler Hegemon die Etablierung eines informellen US-Imperiums. Allerdings stützten sie sich schon in dieser Zeit auch auf ihre absolute militärische Übermacht. Militärische Interventionen fanden statt, wo das US-Empire als Herrschaftsraum nicht anders durchzusetzen war.
Im Verlauf der neunziger Jahre vollzog sich jedoch in den USA ein Wandel, der zu den gegenwärtigen Charakteristika des neoliberalen Kapitalismus gehört und die Ordnung der gesamten Weltgesellschaft beeinflusst. An die Stelle des eher informellen, liberalimperialen Projekts trat ein neoliberales rechtsimperiales Projekt, offen als US-Empire proklamiert. Die New York Times vom 2. April 2002 konstatierte: «Heute ist Amerika nicht mehr nur Supermacht oder Hegemon, sondern voll entfaltetes Imperium (full-blown empire).» Auch diese Gestalt des US-Imperiums beruht auf ökonomischer Macht.
Aber die wirtschaftliche Vormacht der USA ist seit langem nicht mehr unangefochten. Die Europäische Union ist ein starker Rivale. China ist der größte Gläubiger der USA. Die USA sind absolut und pro Kopf der größte Energieverbraucher der Erde; das Öl ist die Hauptenergiequelle

ihrer Wirtschaft. Der gefürchtete Peak-Oil-Punkt trifft sie besonders hart. Einflussreiche Kräfte setzen auf die militärische Aneignung noch verfügbarer Erdölreserven in anderen Erdregionen. Verschiedene Faktoren, nicht zuletzt das Erstarken militaristischer geistig-politischer Strömungen, haben dazu geführt, dass die rechtsimperiale konservative Strömung in den USA weit stärker als die liberalimperialen Kräfte auf die Kombination von ökonomischer Macht mit militärischer Stärke setzt.
Die Doktrin für den daraus resultierenden Typ des US-Empire sieht vor, potenzielle Herausforderer in der Weltarena von vornherein mit allen Mitteln auszuschalten, um die von den USA bestimmte Weltordnung zum ersten Mal in der Geschichte großer Imperien auf Dauer zu stellen – wenn notwendig mit präemptiven militärischen Interventionen und mit der Option auf einen atomaren Ersteinsatz.

Stephen Peter Rosen, Direktor des neokonservativen Olin Institute for Strategic Studies an der Harvard University, tätig für das Pentagon, den Nationalen Sicherheitsrat der USA und das Naval War College, Gründungsmitglied des Project for a New American Century: «Die Vereinigten Staaten haben keinen Rivalen. Überall in der Welt besitzen wir die militärische Dominanz. Unsere Militärausgaben übertreffen jene der nächsten sechs oder sieben Mächte zusammengenommen, und wir haben ein Monopol in vielen fortgeschrittenen oder nicht so modernen Militärtechnologien. Wir, und nur wir, formen und führen Militärkoalitionen in den Krieg. Wir benutzen unsere militärische Dominanz, um in den inneren Angelegenheiten anderer Länder zu intervenieren, weil die Einheimischen einander umbringen, Feinden der Vereinigten Staaten Zuflucht bieten oder atomare oder biologische Waffen entwickeln. Eine politische Einheit, die eine überwältigende militärische Überlegenheit besitzt und diese benutzt, um die inneren Angelegenheiten anderer Staaten zu beeinflussen, wird Empire genannt. Da die Vereinigten Staaten nicht darauf aus sind, Territorien zu kontrollieren oder die überseeischen Bürger des Empire zu regieren, sind wir sicherlich ein indirektes Empire – aber nichtsdestoweniger ein Empire. Wenn dies zutrifft, dann ist auch Ziel nicht der Sieg über einen Rivalen, sondern die Aufrechterhaltung unserer imperialen Position und der imperialen Ordnung. Die Planung für imperiale Kriege unterscheidet sich von der Planung konventioneller internationaler Kriege. Im Verhältnis zur Sowjetunion musste Krieg vermieden werden: Kleine Kriege durften nicht eskalieren oder uns von der Hauptaufgabe abhalten, Europa oder Japan zu verteidigen. Im Ergebnis wurde militärische Macht nur inkrementell angewandt. Imperiale Kriege zur Wiederherstellung der Ordnung sind dagegen nicht so eingeschränkt. Maximale Gewalt kann und sollte aus psychologischen Gründen so schnell wie möglich eingesetzt werden, um zu demonstrieren, dass bestraft wird, wer das Empire herausfordert. Während des Kalten Krieges haben wir uns nicht sonderlich bemüht, kommunistische Regierungen zu stürzen. Nun allerdings stecken wir mitten im Geschäft, feindliche Regierungen zu stürzen und Regierungen zu schaffen, die günstig für uns sind. Die einst üblichen internationalen Kriege wurden beendet und die Truppen gingen nach Hause. Imperiale Kriege enden ebenfalls, aber Garnisonen des Empire müssen noch Jahrzehnte lang bleiben, um Ordnung und Stabilität zu sicher. Das ist es, das wir erstmals auf dem Balkan und nun in Zentralasien zu sehen bekommen. ... Und endlich konzentriert sich imperiale Strategie darauf, die Entstehung mächtiger und feindlicher Herausforderer zu verhindern: durch Krieg, wenn nötig, durch Assimilierung in das Empire, wenn möglich.» (Stephen Peter Rosen, The Future of War and the American Military, in: Harvard Magazine 5/2002. Zitiert aus: Rilling, Rainer, 2002: 8.)

Rainer Rilling schrieb über die USA: «In den Jahren nach 1989 agierten sie mit größeren Kriegen oder militärischer Hilfe in Panama, Irak, Jugoslawien, Afghanistan, Iran, Haiti, Pakistan, Kolumbien, Israel, Türkei, Philippinen, Mazedonien, Indonesien und Saudi Arabien – ... wobei sie mehr größere Kriege im Balkan und im Persischen Golf führten und in mehr militärische Konflikte verwickelt waren als in der Zeit des Kalten Krieges.» (Rilling, 2007: 44)
Die Bush-Administration setzt für ihre imperiale Politik ein unvergleichliches Militärpotenzial ein. Die Vereinigten Staaten verfügen über 63 Prozent der militärischen Schiffstonnage der Welt, über 46 Prozent der landbasierten und 91 Prozent der seegestützten Luftstreitkräfte und über 39 Prozent der Bodentruppen. Im Jahr 2003 besaßen die USA mit fast 50 Staaten formelle Militärabkommen und unterhielten 702 Militärbasen in 31 Ländern (ebenda: 37 f.; Bender, 2004: 480 f.).

Die finanzkapitalistischen Geldeliten, der militärisch-industrielle Komplex, das Pentagon, Neokonservative, marktradikale Neoliberale, die fundamentalistische religiöse Rechte und andere Kräfte bilden die Machtstruktur, die die gegenwärtige Regierungspolitik der USA bestimmen. (Rilling, a.a.O, 60 f.)

Nach der Implosion des Staatssozialismus sahen die Machteliten der USA die Chance für die unmittelbare, tatsächlich globale Produktion einer imperialen Weltordnung gekommen. Multipolarität tritt in der amerikanischen Außen- und Sicherheitspolitik hinter Unipolarität zurück, ohne die Einbindung der «Willigen» in die Ziele der US-Eliten auszuschließen. Vermittelt durch die imperiale Rolle der Vereinigten Staaten beeinflussen die USA hochgradig die gesamte Weltgesellschaft. Diese ist keine «Eine Welt-Gesellschaft». Sie ist trotz aller zivilisatorischen Fortschritte durch tiefe Konflikte gespalten und gefährdet. Diese konfliktären Wirkungen der US-imperialen Politik sind ein besonders zugespitzter Ausdruck der systemischen Widersprüche und Schranken des neoliberalen Kapitalismus insgesamt, der die Großprobleme der Menschheit – die Bewahrung ihrer Naturgrundlagen, die Herstellung von Freiheit in Frieden, die Überwindung von Hunger und Elend, die Erneuerung der Arbeitswelt – nicht zu lösen vermag.

OFFENE FRAGEN Zwei miteinander eng verbundene Problemlagen überschneiden sich hier. Die eine Frage lautet: Wird dem neoliberalen Kapitalismus im Rahmen bürgerlicher Gesellschaften eine weitere Phase kapitalistischer Entwicklung folgen können, die entweder anknüpfend an skandinavische Erfahrungen auf neue Weise soziale und ökologische Staatsinterventionen in den Markt, Demokratisierung und kooperative Bearbeitung globaler Probleme stärkt oder die im ungünstigsten Fall zu noch stärkerer Entzivilisierung und Militarisierung des Kapitalismus auf autoritären Wegen führt? (Brie, 2006: 32 ff.) Oder werden wir uns so lange in einer offenen – wenn auch stark neoliberal bestimmten – Übergangssituation befinden, bis «die Akkumulation ... nicht mehr von der Profitlogik dominiert und schon gar nicht von den Vermögensansprüchen getrieben ist»? (Bischoff, 2006: 66) Die andere Frage lautet: Wird ein US-Imperium weiter für lange Zeit die Weltordnung bestimmen und wird dies weiter in rechtsimperialer und unilateraler Weise oder durch Rückkehr zu eher liberalimperialen und multilateralen Herrschaftsformen geschehen? Rilling meint: «Der imperiale Jahrhundertweg der Vereinigten Staaten von Amerika selbst ist offenbar noch nicht zu Ende.» (Rilling, 2006: 66) Nicht wenige linke Kritiker der USA, beispielsweise David Harvey und Giovanni Arrighi, sehen allerdings in der Politik der Bush-Administration ein Indiz für den Niedergang der amerikanischen politischen und ökonomischen Macht. Peter Gowan versteht dagegen die Entwicklung seit 1989 zumindest bis 2001 als kontinuierliche Stärkung der Stellung der Vereinigten Staaten im internationalen System.

Rainer Rilling verweist auf gegensätzliche Tendenzen, wenn er schreibt: «Zwar scheinen die USA trotz ihrer Stärkung nach dem Ende des Kalten Krieges gegenwärtig zu schwach, um eine Ordnung stabil zu institutionalisieren, die ihr ein dauerhaftes Primat sichert, das nicht herausgefordert werden kann. Doch andererseits sind sie zu stark, um konzedieren zu müssen, dass andere große Staaten und kapitalistische Zentren gemeinsam mit ihnen nach den Maßstäben eines kollegialen Managements des Globalkapitalismus kooperieren. ... Wie lange freilich diese offene Situation andauert, in der rechts- und liberalimperiale, global- und pluralimperiale Projekte konkurrieren und wie sie sich dann lösen wird – darauf findet sich momentan keine überzeugende Antwort.» (ebenda)
Diese Fragen werden zum Gegenstand einer weiteren Publikation in der Reihe «einundzwanzig» gehören, in der es um Szenarien möglicher Zukünfte, um gegensätzliche reale Entwicklungstendenzen und um Zukunftsorstellungen unterschiedlicher gesellschaftlicher Akteure gehen wird. In dem hier vorliegenden Versuch, das Ganze der wichtigsten Grundprozesse des gegenwärtigen Kapitalismus zu skizzieren, ist auf den Zusammenhang von rechtsimperialer neoliberaler Politik und Kriegen zu verweisen.

5.2. IMPERIALE KRIEGE UND «NEUE KRIEGE»

AGGRESSIVE SICHERHEITSPOLITIK DER USA

Das internationale Klima wird vorrangig durch die Außen- und Militärpolitik der Vereinigten Staaten bestimmt. Kriege gelten vor allem den USA, aber auch der NATO und anderen Staaten wieder als taugliche Mittel der Politik. Eckpunkte der «Nationalen Sicherheitsstrategie der Vereinigten Staaten (NSS)» sind der Anspruch auf präventive Kriegsführung, das «Recht» auf atomare Erstschläge, die Sicherung einer absoluten militärischen Übermacht, die jeden potenziellen Widersacher von vornherein chancenlos macht, die Entsendung amerikanischer Streitkräfte in jede beliebige Region der Erde, wenn eine selbstdefinierte Sicherheit der Vereinigten Staaten dies gebietet, und die Verweigerung der Zuständigkeit des Internationalen Gerichtshofes für amerikanische Bürger, selbst wenn sie als Militärs unter dem Verdacht des Völkermordes oder anderer Kriegsverbrechen stehen.

MILITARISIERUNG DER EU

In der Europäischen Union werden imperiale Interessen im Unterschied zur vorwiegend unilateralen Orientierung der USA eher multilateral und graduell zurückhaltender in Entscheidungen über den Einsatz militärischer Gewalt verfolgt. Ungeachtet dessen sind in der «Gemeinsamen Außen- und Sicherheitspolitik» der EU Militarisierungstendenzen und ihre Untersetzung durch abgestimmte Rüstungsprojekte unverkennbar. Im Lissaboner Nachfolgevertrag zum gescheiterten Verfassungsvertrag der Europäischen Union bleibt die Aufrüstungsverpflichtung für die Mitgliedsstaaten festgeschrieben: «Die Mitgliedsstaaten verpflichten sich, ihre militärischen Fähigkeiten schrittweise zu verbessern.» (Artikel 27.3.) «Aufgabe der ... dem Rat unterstellten Europäischen Verteidigungsagentur ist es, ... dazu beizutragen, dass zweckdienliche Maßnahmen zur Stärkung der industriellen und technologischen Basis des Verteidigungssektors und für einen wirkungsvolleren Einsatz der Verteidigungsausgaben ermittelt werden, und diese Maßnahmen gegebenenfalls durchzuführen.» (Artikel 30.1 e). Die Bereitschaft zu weltweiten Kampfeinsätzen ist im Artikel 28.1. fixiert. In der vom Europäischen Rat im Dezember 2003 beschlossenen «Europäischen Sicherheitsstrategie» heißt es: «Bei den neuen Bedrohungen wird die erste Verteidigung oftmals im Ausland liegen. Die neuen Bedrohungen sind dynamischer Art. ... Daher müssen wir bereit sein, vor Ausbruch einer Krise zu handeln. Konflikten und Bedrohungen kann nicht früh genug vorgebeugt werden. Wir müssen eine Strategie-Kultur entwickeln, die ein frühzeitiges, rasches und wenn nötig robustes Eingreifen fördert.» De facto ist das die Orientierung auf präventive Kriege.

Um einer Ablehnung von derartigen «Missionen» zu begegnen, ist vorgesehen, dass die zu militärischen Interventionen «Willigen» unter den EU-Mitgliedsstaaten darüber im Rahmen einer «Ständigen Strukturierten Zusammenarbeit» allein entscheiden: «Nur die Mitglieder des Rates, die die teilnehmenden Mitgliedsstaaten vertreten, sind stimmberechtigt.» (Artikel 31.3.) Dem Europäischen Parlament wird eine Entscheidungskompetenz über Militäreinsätze nicht zugemessen. Ebenso ist der Europäische Gerichtshof für Bestimmungen der Gemeinsamen Außen- und Sicherheitspolitik ausdrücklich nicht zuständig. Entscheidungen über Krieg und Frieden sollen außerhalb demokratischer Regeln getroffen werden. Mit dem Aufbau der EU-Battle-Groups schickt sich die Europäische Union an, innerhalb von 5 bis 30 Tagen überall auf der Erde militärische Kampfeinsätze leisten zu können – jenseits von demokratischen Entscheidungen der europäischen Parlamente.

Im Vergleich zur systematischen Erweiterung der Kriegführungsfähigkeiten und zu zunehmender Beteiligung der Europäer an Kriegen in der Welt – wie im Kosovo auch ohne UN-Mandat – bleiben trotz der Unterstützung für den Wiederaufbau des Kosovo und in Afghanistan die zivilen Komponenten der europäischen Sicherheitspolitik verantwortungslos unterentwickelt. Bei den Militärausgaben dagegen belegt die Europäische Union nach den USA den zweiten Platz und übertrifft sie bei den Rüstungsexporten sogar.

MILITÄRAUSGABEN 2006 (IN MRD. US-DOLLAR)

Land	Militärhaushalt
USA	560
Großbritannien	59
Frankreich	53
China	50
Japan	37
Russland	35
Italien	30
Saudi Arabien	29
Indien	24
Alle anderen	314
Welt	1.235

Quelle: Brown, 2008: 282

Seit 1999 wurden die Weltmilitärausgaben von 687 Milliarden US-Dollar auf rund 1.200 Milliarden im Jahre 2006 erhöht. Die Haushaltsausgaben für militärische Zwecke spiegeln die wahren Kosten und Verluste durch Kriege nur sehr unzureichend wider. Joseph Stiglitz, früherer Chefökonom der Weltbank, und Linda Bilmes haben dies mit ihren Berechnungen der Kosten des Irak-Krieges exemplarisch deutlich gemacht.

Die direkten operativen Kriegsausgaben der USA betragen 2008 im Monatsdurchschnitt 12,5 Milliarden US-Dollar, also 150 Milliarden im Jahr. Die gesamten Haushaltsausgaben für den Irak-Krieg während seiner bisherigen und der angekündigten Gesamtdauer werden 2,7 Milliarden erreichen. Werden jedoch die Zinsen für den weitgehend kreditfinanzierten Krieg, die Aufwendungen für Lebensversicherungen und Sterbegeld der fast 4.000 bis Anfang August 2008 gefallenen US-Soldaten, die Kosten der Invalidenversorgung und der medizinischen Behandlung von Kriegsveteranen, die durch den Krieg erhöhten Ölpreise, der Ausfall einer Gesamtproduktion von mindestens 1,1 Milliarden Dollar durch die Minderung öffentlicher Ausgaben für zivile Zwecke und die Wiederherstellung der Kampffähigkeit der Truppen auf Vorkriegsniveau nach Kriegsende in die Berechnungen der Kriegskosten einbezogen, so ergeben sich ökonomische und soziale Gesamtkosten in Höhe von fünf Billionen Dollar allein für die USA (Stiglitz/Bilmes, 2008). Darin sind die Aufwendungen der anderen Invasionsstaaten nicht enthalten, vor allem aber nicht die Verluste des Iraks selbst. Unbeziffert bleibt die Tragik von 654.965 «zusätzlichen Todesfällen» durch Kriegsumstände (New England Journal of Medicine, 31.1.2008).

«NEUE KRIEGE»

Neben die imperialen Kriege wie die Angriffskriege gegen Jugoslawien, Afghanistan oder den Irak sind immer mehr die so genannten neuen Kriege getreten, die überwiegend als innerstaatliche militärische Konflikte im Unterschied zu klassischen Kriegen zwischen Staaten stattfinden (Azzelini/Kanzleiter, 2003; Jean/Rufin 1999; Münkler, 2003; Klein, 2006).

Ihre Ursachen sind vielschichtig: militärische Unterdrückung durch Diktatoren und bewaffneter Widerstand dagegen; Kriege zwischen rivalisierenden Clans und Kriegsherren im Gefolge des Zusammenbruchs von Staaten; Grenzkonflikte, deren Wurzeln oft noch in künstliche Grenzziehungen durch die Kolonialmächte zurückreichen; Ressourcenkriege; die Mischung von sozialen Konflikten mit ethischen und religiösen Konflikten und nicht selten mit dem Aufbrechen von Jahrhunderte währenden Gegensätzen. Auf dem Boden von Hunger, Elend und Unterdrückung, provoziert durch imperiale westliche Politik und Arroganz gedeiht ein internationaler Terrorismus. Staatsterroristische Antworten und fundamentalistische Gewaltwellen verfeindeter Parteien untergraben den Frieden weiter.

Für die «neuen Kriege» sind in erheblichem Maße Entstaatlichung, Privatisierung und Brutalisierung kriegerischer Gewalt kennzeichnend.

«Faida Mugangu starrt regungslos auf die graue Zimmerwand. Doktor Ngabo spricht die ausgemergelte Frau an, berührt vorsichtig ihre Hand. Keine Reaktion. Fest, fast ein bisschen zu fest umklammert die etwa 30-

jährige das Baby, das neben ihr in Decken gewickelt auf dem Bett liegt. Laut Krankenbericht hat Faida Mugangu Gastritis, erzählt Deogratias Ngabo, Arzt im Krankenhaus «Mütterliche Barmherzigkeit» in der kongolesischen Stadt Goma.
Nachdem wir das Zimmer verlassen haben, sagt Dr. Ngabo auch, was ihr wirklich fehlt. Vor ein paar Wochen hat sie fast ihre ganze Familie verloren. Um vier Uhr morgens musste sie mit ansehen, wie Soldaten ihren Mann erschossen und drei ihrer Kinder mit der Machete hinrichteten. Sie selbst konnte mit dem jüngsten Sohn im Schutz der Dunkelheit in die Bananenstauden flüchten. Die Leiche ihres Mannes und die zerstückelten Körperteile ihrer zwei Töchter und ihres älteren Sohnes hat Faida Mugangu am nächsten Tag in der weichen Lavaerde verscharrt. Dann konnte sie eine, zwei, drei Wochen, keiner weiß wie lange, nichts essen. Irgendwann stand sie dann, das Baby im Tragetuch um den Rücken gewickelt, vor dem eisernen Tor des Diözesenkrankenhauses, körperlich und seelisch am Ende. Seitdem hat sie kein Wort mehr gesprochen. ‹Niemand weiß, wer die Täter sind›, sagt Dr. Ngabo, dem sie ihre Geschichte damals anvertraute.» (Klaus Werner/Hans Weiss, 2001: 45)

Der Krieg im Kongo hat seit 1994 zwischen 3,5 und 4 Millionen Menschen das Leben gekostet. Regierungstruppen, Warlords, Milizen und kriminelle Banden finanzieren ihn zum Teil aus der Ausbeutung des kongolesischen Ressourcenreichtums. Zu den begehrtesten und auch militärisch am meisten umkämpften Rohstoffen gehört das Coltan, ein Erz, aus dem Tantal gewonnen wird. Tantal ist unentbehrlich für die Elektronikindustrie. Es steckt beispielsweise in jedem Mobiltelefon. Rund die Hälfte des weltweit gewonnenen Tantals wird von der deutschen Firma H. C. Stark verarbeitet, auch Tantal aus dem Kongo. Von dort stammt ein Fünftel der Weltproduktion. Es wird dort – zum Teil von Kindern – mit einfachsten Werkzeugen unter elenden Bedingungen geschürft. H. C. Stark ist ein Tochterunternehmen des Bayer-Konzerns (Werner/Weiss, 2001: 50 ff.).
FAIDA MUGANGUS furchtbares Erleben ist gewiss ungleich schrecklicher als der Abstieg PETER JÄGERS in den Sozialhilfestatus. Es ist nicht vergleichbar mit der Trennung MERCEDES RIVERAS von ihren erstgeborenen Kindern, nicht mit den Verlusten der AGNES MOHAPI und der BÄUERIN AUS MALINDI, denen «nur» das Wasser und der Boden genommen wurden.

Aber in jedem dieser Fälle von vielen Millionen ist es der neoliberale Marktradikalismus, der das Leben der Betroffenen verändert hat. Die Einkommenssituation der Hartz-IV-Empfänger soll sie zur Arbeit auch unter prekären Bedingungen «aktivieren» – im Namen der Wettbewerbsfähigkeit deutscher Unternehmen auf den Weltmärkten. Die Ausbeutung von Migrantinnen verstärkt den Druck auf die Lohnabhängigen ebenfalls – im Interesse internationaler Konkurrenzfähigkeit der Unternehmen. BERNARD NYONGO und die bäuerlichen Hühnerproduzenten Kameruns bekamen die Wucht eben dieser Konkurrenzmacht zu spüren, die im Nachbarstaat Ghana bereits 400.000 bäuerliche Kleinproduzenten die Existenz gekostet hat. Der Wettlauf auf den Märkten und die Privatisierung der Wasserressourcen ist bis zu AGNES MOHAPI in Südafrika vorgedrungen. Und es ist die Schlacht internationaler Konzerne um Naturressourcen, die von den meist kriminellen Kombatanten im Kongo genutzt wird, um die von ihnen in blutigen Bürgerkriegen angeeigneten kongolesischen Naturschätze auf verschlungenen Wegen an Unternehmen wie die Bayer-Tochter H. C. Stark zu verkaufen.
Im Kongo und in anderen Ländern entstanden Kriegsökonomien, in denen große Teile der Wirtschaft weitgehend abhängig wurden von der Verbindung andauernder militärischer Gewalt mit der Ressourcenausbeutung und -verarbeitung seitens der Gewaltakteure selbst oder mit deren Kontrolle über die Handelswege von illegalem Waffenhandel, Drogen-, Frauen- und Kinderhandel. Kriegsressourcen werden durch Vertreibung und Beraubung der Bevölkerung, Erhebung von «Schutzgeldern», Prostitution, Schmuggel und Piraterie mobilisiert. Schicksale wie das FAIDA MUGANGUS sind zu Hunderttausenden das Resultat daraus entsprungener Brutalisierung.
Die Regulationsweise der globalen Ökonomie erfährt eine fatale Variation. Staatliche und zunehmend privatisierte Militärgewalt wird in vielen Ländern verstärkt zum Exekutor ökonomischer Interessen. Militärische Gewalt selbst wird zur Ware, die auf globalen Gewaltmärkten verkauft wird. Global agierende Private Military Companies, oft von ehemaligen Generälen der US-Armee geleitet, stellen beliebigen staatlichen oder privaten Kriegsparteien Kampfeinheiten als Söldnertruppen zur Verfügung (z. B. bisher in Angola, Sierra Leone, Kenia, Sambia, Ruanda, Zaire und Uganda), übernehmen den Schutz von Niederlassungen transnationaler Konzerne samt der Niederschlagung von Aufständischen und Widerstandsbewegungen, bieten Militärberatung und -ausbildung an, stellen

Waffen und militärische Infrastruktur zur Verfügung und errichten Militärgefängnisse wie im Militärstützpunkt Guantanamo Bay. Im Irak allein sind 120.000 private contractors im Kriegseinsatz (Die Zeit, 27.9.2007).
Es kommt zur Verflechtung der Wirtschaftstätigkeit globaler Gewaltkonzerne, militärischen Unternehmertums, militärischer Gewalt und internationaler organisierter Kriminalität und zur Einbindung aller dieser Elemente in globale Wirtschaftskreisläufe und imperiale Strategien.
Nicht fern der westlichen Welt und nicht gesondert von ihr, sondern durch direkte Beteiligung von Unternehmen führender NATO-Länder und über illegale Geldwäsche mit der legalen Ökonomie verbunden, vollziehen sich Rückfälle in die Barbarei, die in Völkermord, Kriegsverbrechen, systematischen Massenvergewaltigungen und dem Einsatz von Kindersoldaten zum Ausdruck kommen. Die mit Kriegen verbundenen Entzivilisierungsprozesse stehen in Wechselwirkung mit inneren Gestalten der Entzivilisierung. Die Missachtung des Völkerrechts korrespondiert mit der Aushöhlung der bürgerlichen Werte- und Rechtsordnung und humanistischer Moralnormen im Inneren der OECD-Welt. Mit imperialer Außen- und Sicherheitspolitik gehen Ausländerfeindlichkeit, Gewalt gegen die «Anderen», Rechtsextremismus, Rassismus und Antisemitismus einher.
Der Consulting-Unternehmer RICO hat Richard Sennett im Gespräch auf dem langen Flug über den Atlantik seine Bindung an strukturkonservative Werte zu erkennen gegeben: Sorge für die Familie, Verantwortung für die Kinder, Verlässlichkeit, Zielstrebigkeit, Eigenverantwortung im Arbeitsleben und drakonische Verhaltensregeln im Gemeindeleben. Tendenzen zur Barbarei in der Entwicklung der Gesellschaft machen ihn betroffen. Für PETER JÄGER als Vater einer Zehnjährigen ist die Verrohung von etwa 300.000 Kindersoldaten weltweit eine Schreckensvorstellung. Aber er kann sich glücklich schätzen im Vergleich zum Schicksal FAIDA MUGANGUS.

5.3. ALTERNATIVE POLITIK: FRIEDENSPOLITIK

Der Globalisierung unter imperialen Vorzeichen, in der militärische Gewalt zum Instrumentarium der neuen neoliberalen Weltordnung wird, muss eine friedliche Gestaltung des Globalisierungsprozesses entgegengesetzt werden. Emanzipatorische Alternativen sind uneingeschränkt dem Frieden und internationaler Solidarität verpflichtet. Dies ist ein weiterer Grundnenner eines alternativen Entwicklungsweges.

Sicherheit kann unter den Bedingungen fortgeschrittener und erdumspannender wechselseitiger Abhängigkeit nur gemeinsame Sicherheit sein. Das erfordert, die Sicherheit anderer Länder und Regionen als Bedingung der eigenen Sicherheit anzusehen. Sicherheit ist nur als komplexe Sicherheit zu erlangen. Militärische Sicherheit muss mit sozialer Sicherheit, mit Schutz vor Hunger und Umweltkatastrophen einhergehen. Friedenspolitik wird nur im Verein mit Schritten zur Überwindung der empörenden Ungerechtigkeit in der Verteilung der Lebenschancen zwischen den verschiedenen Erdregionen erfolgreich sein. Sie erfordert solidarische Entwicklungspolitik unter Einsatz erheblich größerer Ressourcen als bisher. Denn Kriege entspringen aus dem Kampf um Macht, Märkte und höchste Profite, aus der Verknappung und ungerechten Aneignung von Naturressourcen. Sie resultieren aus Armut und Unterentwicklung, aus dem Zerfall von Staaten, aus ethnischen und religiösen Konflikten sowie aus Umweltkonflikten wie Kämpfen um Wasser. Armut in großen Teilen der Erde, Missachtung fremder Kulturen und Religionen durch die Arroganz imperialer Mächte und deren Anspruch auf die Naturressourcen anderer Länder sind der Nährboden des internationalen Terrorismus.

Zu einer friedensstiftenden Sicherheitspolitik gehören daher:

- universelle Verwirklichung der Menschenrechte als Maß für eine alternative Gestaltung des Globalisierungsprozesses: Schritte zu einer von imperialer Herrschaft freien gerechten Welt- und Weltwirtschaftsordnung, in der Armut, Hunger, leicht heilbare Erkrankungen von Hunderten Millionen Menschen und ihr Leben in Slums, patriarchale Herrschaft, Analphabetismus und extreme Unterbeschäftigung solidarisch überwunden werden. Eine Demokratisierung und Reformierung der Vereinten Nationen und internationaler Wirtschaftsorganisationen sind dafür wichtige institutionelle Bedingungen.

- Globale Gerechtigkeit wird nur zu erreichen sein, wenn die Stagnation im Abrüstungsprozess überwunden, wenn die Entwicklung neuer Massenvernichtungswaffen gestoppt wird und A-, B- und C-Waffen geächtet werden. Kaum weniger wichtig sind die Einschränkung und das Verbot des Exports von Kleinwaffen, die das militärische Hauptarsenal in den «neuen Kriegen» bilden. Statt der Rüstung muss eine humanorientierte Entwicklung in den armen Regionen der Erde finanziert werden.

- Frieden ist nur bei strikter Einhaltung und Durchsetzung des Völkerrechts zu erreichen, nur wenn die internationale Gerichtsbarkeit gestärkt und respektiert wird, nur im Dialog der Kulturen und Zivilisationen. Dringlich sind zivile Konfliktvorbeugung und -bearbeitung anstelle der untauglichen Versuche zur Lösung von Konflikten durch Krieg.

- Multilaterale imperiale Politik, die sich mit dem Ausbau weltweit einsetzbarer Militärmacht der Europäischen Union abzeichnet, ist keine taugliche Alternative zur unilateralen imperialen Politik der USA. Stabilität und Sicherheit würden durch die demokratische Weiterentwicklung der Europäischen Wirtschafts- und Währungsunion zu einer europäischen Friedens-, Sozial- und Umweltunion gewinnen. Ein anderes friedliches Europa könnte zu einem Zentrum für globale Abrüstung und Entwicklung werden.

- Die NATO ist ein Militärbündnis. Aber die drängenden globalen Probleme – Abwendung einer Klimakatastrophe, sozialökologischer Umbau, Überwindung der Armut, Stabilisierung der Finanzmärkte – sind militärisch nicht zu lösen. Anstelle der NATO als Militärpakt ist ein umfassendes kollektives System gemeinsamer und komplexer Sicherheit erforderlich geworden. Veränderte Herausforderungen unter gravierend veränderten Bedingungen erfordern neue Institutionen. Etablierte Institutionen der Macht sind aber in der Regel gepanzert gegen grundlegende Erneuerungen. Deshalb ist starker Zweifel berechtigt, ob die NATO selbst fähig ist, einen Wandel einzuleiten, der de facto der Ersetzung durch ein anderes Sicherheitssystem gleichkommt, dem auch neue andere Partner gleichberechtigt angehören werden. Deshalb müssen alternative Friedenskräfte die Herausbildung einer neuen internationalen Sicherheitsarchitektur auf die Tagesordnung setzen.

5.4. WELCHE ZUKÜNFTE KÖNNTEN AUS IMPERIALEN UND IMPERIALISTISCHEN TENDENZEN FOLGEN?

ERSTENS: Manches spricht dafür, «dass es so weitergehen wird», dass eine amerikanische Politik andauert, die ein US-Empire auch mit militärischen Mitteln festigen und ausweiten soll. Zu Gründen dafür zählen das gewachsene Gewicht des militärisch-industriellen Komplexes; die Knappheit eigener US-Ölressourcen und der Versuch, die Energiebasis eher durch die Aneignung ausländischer Öl- und Gasvorkommen als durch eigene nachhaltige Energiepolitik zu sichern. Das wird die Gefahr von Kriegen in vielen Erdregionen erhöhen. Auch die Versuchung, einem wieder erstarkenden Russland militärische Grenzen zu setzen, birgt Sicherheitsrisiken. Gefährlich ist das Zusammenfallen eines dominant militärischen Sicherheitsdenkens in den USA mit der Schwäche der Vereinten Nationen im Angesicht vieler risikobeladener Konflikte in der Welt.

ZWEITENS: Die längst international in Gang befindliche Delegitimierung US-amerikanischer Führung, die voraussehbare Niederlage der rechtsimperialen Kräfte im Irak, die Tendenz zu einer neuen Multipolarität, die Mehrheitsstimmung in vielen Ländern gegen Auslandseinsätze ihres Militärs, die künftigen enormen Kosten zur Abwendung von Umweltkatastrophen und der Widerstand gegen den Abbau von sozialen Sicherungssystemen deuten dagegen auf reale Chancen für die Friedensbewegung und für friedliche Außenpolitik von Staaten, besonders für die Europäische Union, hin. Aber sie müssten von alternativen Akteuren gegen den von den USA und der NATO getragenen und auch in Russland nicht gebrochenen imperialen Trend durchgesetzt werden. Demokratisierung und Veränderung der Kräfteverhältnisse zugunsten des Friedens sind auch auf diesem Politikfeld richtungsentscheidend.

DRITTENS: Die Erfahrungen im Irak und in Afghanistan sprechen dafür, dass der Terrorismus nicht durch Krieg zu beseitigen ist, sondern durch imperial-militärische Politik im Gegenteil geschürt wird.

Ob imperiale Kriege, der Terrorismus und «neue Kriege» in Afrika und anderen Erdregionen zurückgedrängt werden können, hängt hochgradig davon ab, ob es gelingt, anstelle imperialer Politik eine komplexe Sicherheits- und Entwicklungspolitik als Politik gemeinsamer kooperativer Sicherheit durchzusetzen.

Die Linke sollte damit rechnen, dass ebenso eine stärker friedensgefährdende Reaktion der konservativen Machteliten auf die voraussehbare Schwächung des Neoliberalismus wie eine erzwungene stärkere Bereitschaft zur Rüstungskontrolle möglich ist.
In beiden Fällen erfordert das von der Linken, ihrem Wirken in der Friedensbewegung und deren Stärkung größte Bedeutung beizumessen.

6.

POSTFORDISTISCHE NATURVERHÄLTNISSE — ZUNEHMENDER KONFLIKT ZWISCHEN KAPITALLOGIK UND LOGIK DER NATURREPRODUKTION

AKUTE UMWELT-BEDROHUNG – GRUNDMOMENT DES NEOLIBERALEN KAPITALISMUS

Die hier gegebene Impression von den Wirkungen der Produktivkraftentwicklung, der Globalisierung und insbesondere des Wandels der Regulationsweise, die knappe Kennzeichnung des Übergangs zu einem finanzgetriebenen Akkumulationsregime, der Herausbildung einer Ökonomie der Enteignung und ebenso von imperialen und imperialistischen Tendenzen als charakteristische Grundprozesse des zeitgenössischen Kapitalismus münden insgesamt in ein weiteres Charakteristikum gegenwärtiger kapitalistischer Entwicklung, das hier zusammenfassend skizziert werden soll.

Zu den Grundcharakteristika des neoliberalen Kapitalismus gehört eine fortschreitende globale Umweltkrise. Ihr bedrohlichster Ausdruck, die heranreifende Klimakatastrophe, könnte in naher Zukunft in das Zentrum kapitalistischer Krisen treten. Ohne weitreichenden sozialökologischen Umbau wird sie die Zerstörungskraft der Finanzkrise um ein Vielfaches übertreffen. Nur wird sie anders als diese nicht kurzfristig zu dämpfen sein, wenn sie einen kritischen Punkt erst einmal überschritten hat.

Oft verlaufen kritische Umweltdiskurse gesondert von der Verständigung über den Charakter des gegenwärtigen Kapitalismus. Der Zusammenhang zwischen neoliberalem Kapitalismus und fortschreitender Umweltkrise wird dagegen beispielsweise betont von Elmar Altvater (Altvater/Mahnkopf, 1996; Altvater, 1992 und 2006); Alain Lipietz (Lipietz 2006); Werner Raza (Raza, 2003); Ulrich Brand und Christoph Görg (Brand/Görg, 2001) und von Walden Bellow (Bellow/Bullard/Sachs/Shiva, 2003). Häufig ist aber zu beobachten, dass in der Auseinandersetzung mit dem Kapitalismus die Kritik an seinen Umwelt zerstörenden Wirkungen hinter brennenden sozialen Auseinandersetzungen zurücktritt. Auch in der Neuformierung der Parteilinken in Deutschland ist das zu beobachten. Die konzeptionelle Einordnung der Umweltverhältnisse in die Kennzeichnung des heutigen Kapitalismus soll zur Korrektur dieser Praxis beitragen.

VOR DEM UMKIPPEN

Wie könnten die für den postfordistischen Kapitalismus charakteristischen Verhältnisse zwischen Gesellschaft und Natur beschrieben werden? Naturverhältnisse sind in modernen Gesellschaften stets gesellschaftliche Naturverhältnisse (Raza, 2003: 160 ff; Görg, 2003: 185 ff). Die Natur ist längst von der Gesellschaft verändert und stark beeinflusst – all zu häufig sind ihre Gleichgewichte untergraben. Die Natur hat ihre eigene Reproduktionslogik, ihren Eigensinn, ihre Nichtidentität gegenüber der Gesellschaft. Und wo ihrer Logik die Kapitallogik aufgezwungen wird, wehrt sie sich mit Zusammenbrüchen ökologischer Kreisläufe und mit Naturkatastrophen, die auf die Gesellschaft zurückschlagen und ihr ihre Naturabhängigkeit deutlich machen.

Für den fordistischen Kapitalismus waren der ungebrochene Glaube an die Beherrschbarkeit der Natur und deren tendenziell schrankenlose Ausbeutung eine wesentliche Wachstumsgrundlage. Die Ölkrise Anfang der siebziger Jahre und der Bericht des Club of Rome «Grenzen des Wachstums» setzten dieser falschen Zuversicht ein jähes Ende. An der Schwelle zum postfordistischen Kapitalismus standen erste Einsichten in die Brüchigkeit der durch ihn bestimmten Naturverhältnisse. Dem lagen einschneidende Veränderungen in den realen Naturverhältnissen zugrunde: Im Gefolge des starken fordistischen Wachstums begann sich die Endlichkeit der Naturressourcen, insbesondere der fossilen Ressourcen und vor allem der Ölreserven, abzuzeichnen. Die Überlastung der Natursenken ist so weit fortgeschritten, dass sie nicht länger ignoriert werden kann. Nie waren die Erscheinungen der Umweltkrise so alarmierend wie unter den gegenwärtigen postfordistischen Verhältnissen. Wetterkatastrophen, Ausweitung des Ozonlochs, Vernichtung des Regenwaldes, Überfischung der Meere und Artenschwund deuten darauf hin. Noch nie fanden so viele Umweltkonferenzen und Vertragsabschlüsse über die Eindämmung dieser Prozesse statt.

«Wir alle leben mit Risiken. Jeder Autofahrer oder Fußgänger ist auf der Straße einem geringen Unfallrisiko mit der Möglichkeit schwerer Verletzungen ausgesetzt. Wenn das Risiko eines solchen Unfalls auf über 10 Prozent stiege, dann würden es sich die meisten Menschen überlegen, ob sie sich ans Steuer setzen, ... würde die Gefahr eines gravierenden Unfalls auf 50 : 50 steigen, wäre es absolut unerlässlich, ernsthafte Maßnahmen zur Risikoverringerung einzuleiten. Auf dem Gebiet der Treibhausgasemissionen befinden wir uns jedoch auf einem Kurs, der gefährliche Klimaveränderungen praktisch zur Gewissheit macht, mit einem sehr hohen Risiko der Überschreitung einer Schwelle, über der es zur ökologischen Katastrophe kommt.» (UNDP, 2008: 44)

DAS ZEITFENSTER

Die qualitativ neue gegenwärtige Umweltsituation besteht darin, dass in den nächsten 10 bis 20 Jahren entschieden wird, ob eine Klimakatastrophe größten Ausmaßes noch abgewendet werden kann oder nicht. Nicht irgendwann, sondern innerhalb dieses Zeitraumes muss ein sozialökologischer Umbau von Wirtschaft und Gesellschaft eingeleitet und so weit vorangetrieben werden, dass die Treibhausgaskonzentration in der Atmosphäre zwischen 450 und 550 Teilen pro Million (ppm) stabilisiert wird. Niemals zuvor in der Menschheitsgeschichte musste eine so hochkomplexe Aufgabe von so globaler Dimension in so kurzer Zeit mit so weitreichenden Folgen im Falle ihrer Nichtbewältigung gelöst werden.

Dabei ist die Stabilisierung der Treibhausgasemissionen nur das herausragendste Ziel unter vielen anderen umweltpolitischen Herausforderungen. Gegenwärtig liegt die Treibhausgaskonzentration bei 430 ppm CO_2-Äquivalenten im Vergleich zu 280 ppm CO_2e vor der industriellen Revolution. (Stern, 2006; Edenhofer, 2006. Auf beide Quellen beziehen sich auch die folgenden Angaben.) «CO_2-Äquivalent» (CO_2e) meint die Menge von unterschiedlichen Treibhausgasen, umgerechnet auf die Wirkung von Kohlendioxid. Nur eine Stabilisierung der Emission unter 550 ppm bietet die Aussicht, dass ein Anstieg der globalen Durchschnittstemperatur um 2 Grad Celsius nicht überschritten wird. 550 ppm CO_2e könnten aber, «wenn alles so weitergeht», schon im Jahr 2035 erreicht und danach überschritten werden. Tatsächlich beschleunigt sich derzeit der jährliche globale Emissionsfluss sogar. Bei einem Emissionsniveau von 550 ppm CO_2e steigt jedoch die Wahrscheinlichkeit eines Anstiegs der globalen Durchschnittstemperatur um mehr als 2 Grad Celsius auf 77 bis 99 Prozent.
In jüngster Zeit hat der Bericht «The Economics of Climate Change», der unter Leitung des früheren Chefökonomen der Weltbank, Sir Nicholas Stern, entstand, das öffentliche Bewusstsein über die Nähe einer Klimakatastrophe schockhaft berührt. Nach den Erwartungen in den prominenten Studien, die zu diesem Bericht auf rund 700 Seiten zusammengeführt wurden, werden bei einer Konzentration von 550 ppm CO_2-Äquivalenten, beginnend allerdings schon bei über 450 ppm, schwerwiegendste Störungen der Naturreproduktion mit gravierenden sozialen Folgen eintreten.

«Bei einem schwachen Handeln in den nächsten 20 bis 30 Jahren würde selbst eine Stabilisierung bei 550 ppm CO2e aus dem Rahmen des Möglichen entweichen – und dieses Niveau ist bereits mit erheblichen Risiken verbunden». (Ottmar Edenhofer, Chefökonom des Potsdam-Instituts für Klimafolgeforschung, 2006: XVI)

Nahrung	• Sinkende Ernteerträge in vielen Entwicklungsregionen • Eine steigende Anzahl von Menschen wird von Hunger bedroht. (Nach einer der Studien für den Stern-Bericht 25 bis 60 Prozent der Erdbevölkerung in den 2080er Jahren.) Die Hälfte des Anstiegs von Hunger wird in Afrika und Westasien stattfinden.
Wasser	• Erhebliche Änderungen in der Wasserverfügbarkeit. (Eine Studie prognostiziert Wasserknappheit für zusätzlich mehr als 1 Mrd. Menschen in 2080er Jahren. Besonders betroffen wird Afrika sein – bei Wasserzunahme in anderen Regionen.) • Über 30 Prozent Ablaufabnahme in der Mittelmeerregion und in Südafrika.
Ökosysteme	• Möglicher Kollapsbeginn des Amazonas-Regenwaldes im Ganzen oder zumindest in Teilen. • Ein großer Teil der Ökosysteme kann seine derzeitige Stabilität nicht halten. • Viele Arten sterben aus, nach einer der Studien für den „Stern"-Bericht 20 bis 50 Prozent.
Extreme Wetter-Ereignisse	• Steigende Intensität von Stürmen, Waldbränden, Dürren, Überflutungen, Hitzewellen.
Risiko von rapidem Klimawandel und großen irreversiblen Einflüssen	• Risiko einer Schwächung der natürlichen CO_2-Absorbtion, evtl. Anstieg oder Freisetzung von natürlichem Methan oder Schwächung von Atlantik-THC. • Beginn irreversibler Schmelzen von Grönlandeis. • Beginn eines erhöhten Risikos von abrupten, großen Verschiebungen des Klimasystems (z. B. Kollaps von Atlantik-THC und der Eisscholle in der Westantarktis).

Quellen: Vierter Sachstandsbericht des Intergovernmental Panel on Climate Change. www.ipcc.ch
Stern, Nicholas, 2006: The Economics of Climate Change. Cambridge MA; Edenhofer, Ottmar, 2006: Warum der Klimawandel ein moralisches und ökonomisches Problem ist. Potsdam.

Bei einer Fortsetzung der gegenwärtigen Trends würden die globalen Durchschnittstemperaturen in den nächsten Jahrzehnten um 2 bis 3 Grad Celsius oder mehr ansteigen und mit größter Wahrscheinlichkeit zu den in der Tabelle gekennzeichneten Veränderungen führen. Hans Joachim Schellnhuber, wissenschaftlicher Direktor des Potsdam Instituts und Berater der deutschen Bundesregierung in Nachhaltigkeitsfragen, befürchtet: «Wahrscheinlich werden dabei so genannte Kippschalter im planetaren System aktiviert (z. B. Zerfall des Grönlandeisschildes, Kollaps des Amazonasregenwaldes, Störungen des indischen Monsuns), die sich für Jahrtausende nicht mehr rückstellen lassen.» (Schellnhuber, 2006). «Wenn kein Klimaschutz betrieben würde und die globale Oberflächentemperatur um bis zu 4,5 Grad Celsius bis zum Jahr 2100 steigen sollte, können in den kommenden 50 Jahren volkswirtschaftliche Kosten in Deutschland von bis zu 800 Milliarden Euro auftreten. Zusätzlich zu den Klimaschäden entstehen Anpassungskosten an den Klimawandel.» (DIW, Wochenbericht 12-13/2008: 140)
Schon in wenigen Jahrzehnten werden ein «Weiter so» oder eine sozialökologische Zeitenwende die Lebensbedingungen oder sogar das Überleben beträchtlicher Teile der Menschheit bestimmen. Im Bericht des United Nations Development Program (UNDP, 2008: 33 ff.) über die menschliche Entwicklung 2007/2008 wird die wechselseitige Verstärkung der verschiedenen Negativwirkungen des Klimawandels hervorgehoben, der besonders stark die Entwicklungsländer betrifft, wenn keine Umkehr erfolgt:

— Geringere landwirtschaftliche Produktivität: Dürren und Niederschlagsveränderungen könnten bis 2080 zusätzlich für 600 Millionen Menschen akute Mangelernährung bedeuten.
— Erhöhte Unsicherheit der Verfügung über Wasser: Durch den Klimawandel könnte die Anzahl der Menschen, die unter Wasserknappheit leiden, bis 2080 um 1,8 Milliarden steigen – insbesondere in Teilen Chinas, Indiens, Pakistans, in den Anden-Ländern und im subsaharischen Afrika.
— Verstärktes Auftreten von Überschwemmungen in Küstengebieten und von extremen Wetterereignissen: Zwischen 2000 und 2004 betraf das rund 262 Millionen Menschen. Ihre Zahl könnte um 180 bis 230 Millionen ansteigen.
— Artenschwund: Bei einer durchschnittlichen Erderwärmung von 3 Grad wären 20 bis 30 Prozent der Arten einem «hohen Risiko» des Aus-

sterbens ausgesetzt. Das könnte z. B. die Lage Hunderter Millionen Menschen, deren Ernährung und Einkommen vom Fischfang abhängen, drastisch bedrohen.

— Erhöhte Gesundheitsrisiken: Allein das Risiko, an Malaria zu erkranken, könnte sich durch die zu erwartenden Klimaveränderungen für zusätzliche 220 bis 400 Millionen Menschen erhöhen.

Bei sofortigem Handeln würden nach den Schätzungen des Stern-Reports die jährlichen Kosten für die Stabilisierung der Treibhausgaskonzentration bei 500 bis 550 ppm CO_2-Äquivalenten noch erträglich bei 1 Prozent des Weltinlandsprodukts liegen.

6.1. NEUE PRODUKTIVKRÄFTE UND UMWELT

WOHL …

Die modernen Produktivkräfte eröffnen größere Chancen als jemals zuvor für ökologische Nachhaltigkeit. Die neue Zentralität des Wissens, der erreichte Stand wissenschaftlicher Einsichten und die daraus hervorgewachsenen Technologien erlauben den erfolgreichen Einstieg in den sozial-ökologischen Umbau von Wirtschaft und Gesellschaft. Sprunghaft entwickeln sich die wissenschaftlich-technischen Grundlagen für eine solare Energierevolution, die die fossilistische Energiewirtschaft ablösen kann. Nicht allein für die Energieversorgung werden dezentral einsetzbare Technologien entwickelt. Dezentralisierung, die auf lokalen und regionalen Ressourcen ohne großen Transportaufwand basiert, ist selbst eine große Potenz nachhaltiger Entwicklung. In der Automobilindustrie lässt die Entwicklungsarbeit an neuen Antriebssystemen wie der Brennstoffzelle auf umweltfreundlichere Lösungen hoffen. Die Mikroelektronik erlaubt eine Miniaturisierung vieler Produkte und entsprechende Materialersparnis. Informations- und Kommunikationstechnologien gestatten Kooperation bei erheblich gesenktem materiellem Aufwand. Häuser der Zukunft ohne Energieverbrauch existieren längst und können mit einigem Entwicklungsaufwand zum Standard werden. Konversionstechnologien stehen bereit für Abrüstung und damit für die Abwehr von skandalöser Ressourcenverschwendung.

… ODER WEHE

Zugleich birgt das gegenwärtige Produktivkraftsystem Umwelt zerstörende Tendenzen. Die Computer, die auf der einen Seite Aufwand senkende Wirkung haben, verschlingen selbst für ihre Produktion erhebliche Ressourcenmengen. Für die Herstellung eines PC mit 17-Inch-Bildschirm werden

rund 1,8 Tonnen Rohstoffe benötigt: darunter 240 kg fossile Energieträger, 22 kg Chemikalien und 150 kg Wasser. Der Elektroschrott ist besonders umweltschädlich und erreicht in Europa einen Umfang von jährlich etwa 40 Millionen Tonnen.Die insgesamt steigende Produktivität droht die Senkung des Materialaufwandes, des Produktionsabfalls und der Emissionen durch die wachsende Masse der produzierten Güter wieder aufzufressen.
Die Atomenergie vereint die Verlockung, CO_2-Emissionen senken zu können, mit der ständigen Gefahr des Supergaus. Die Gentechnik verheißt Aussichten auf die Befreiung von unheilbaren Krankheiten und birgt Risiken, die niemand abschätzen kann. In solcher zwiespältigen Lage entscheiden die Ziele und Maßstäbe der Wirtschaft und der Politik darüber, ob die Produktivkräfte zu Wohl oder Wehe der Gesellschaft wirken werden. Zur Herausforderung wird, Wissenschafts-, Forschungs- und Technologiepolitik in engster Wechselwirkung mit der Wirtschafts-, Umwelt- und Sozialpolitik auf einen sozial-ökologischen Umbau der Gesellschaft zu orientieren. Die Linke wird der Wissenschafts- und Technologiepolitik weit größere Aufmerksamkeit als gewohnt zuwenden müssen. Innovation für eine ökologische Zeitenwende gewinnt erstrangige Bedeutung.
Doch geht es nicht einseitig um Umwelteffizienz, sondern mindestens genauso sehr um einen einschneidenden, die Natur bewahrenden Wandel der Lebensweisen. Überlebensfähige Zukünfte erfordern Umbrüche der Lebensweise, die das Leben jeder und jedes Einzelnen umkrempeln werden. Der Sinn des Lebens und seiner Alltagsnormen werden neu zu bedenken sein, die Maßstäbe individuellen Handelns mehr zu verändern, als wir ahnen. Eine sozial-ökologische Kulturrevolution wird auf uns zukommen. Und zu suchen ist nach den Schrittfolgen, die Akzeptanz bei Mehrheiten finden können und doch schnell genug erfolgen, um vor dem point of no return noch Umkehr zu ermöglichen.

6.2. GLOBALISIERUNG, POSTFORDISTISCHE REGULATIONSWEISE UND UMWELT

ERSTENS – die Globalisierung wirkt dadurch zerstörend auf die Umwelt, dass sie sich als Polarisierung zwischen Arm und Reich vollzieht. 1960 war das Einkommen des reichsten Fünftels der Menschheit dreißigmal höher als das des ärmsten Fünftels. Zu Beginn des 21. Jahrhunderts hat sich das Verhältnis auf etwa 75 : 1 verschlechtert (Nollmann/Strasser,

2001: 1). Das Einkommen des reichsten Zehntels der Weltbevölkerung verhielt sich noch 1980 wie 70 : 1 zu dem des ärmsten Zehntels. 1999 war das Gefälle auf 122 : 1 angewachsen (Faux, 2003: 79). Die zu dem einen Prozent der Weltbevölkerung Zählenden, das die Reichsten der Erde umfasst, haben ein Einkommen, das dem von 57 Prozent der Menschheit entspricht (Milanović, 2002: 51; UNDP, 2003: 49).

Die Reproduktion von Armut bedeutet, dass Ressourcen für den Umweltschutz fehlen, dass arme Länder niedrige oder fehlende Umweltstandards als Wettbewerbsvorteile einsetzen, dass einheimische Unternehmen im Raubbau an der Natur eine Konkurrenzchance suchen. In Chile sind die Küstenregionen seit langem überfischt, und große Teile des Regenwaldes sind verschwunden. In Mexiko werben Sonderwirtschaftszonen, so genannte Maquiladores, die Investoren unter anderem mit niedrigen Umweltauflagen. Das nutzen aber nicht allein mexikanische Firmen, sondern Auslandsunternehmen, beispielsweise US-amerikanische Autozulieferer, mit zerstörerischen Folgen für die Umwelt (Engelhardt/Steigenberger, 2003: 13).

ZWEITENS und vor allem hat der Wandel der Regulationsweise, d. h. die Liberalisierung und Deregulierung zugunsten ungezügelter globaler Marktkonkurrenz und zu Lasten sozialer und ökologischer staatlicher Regulierung, schwerwiegende Folgen für die Umwelt. Die Verdrängungskonkurrenz wird verschärft und führt zu Abstrichen im Umweltschutz, um kurzfristig Kosten zu sparen.

Die Bush-Administration verweigerte den Beitritt der USA zu dem am 16. Februar 2005 in Kraft getretenen Kyoto-Protokoll über die Reduktion von Treibhausgas-Emissionen mit Verweis auf Wettbewerbsinteressen der amerikanischen Industrie. Dabei ist die Kyoto-Vereinbarung selbst schon durch umweltfeindliche Konkurrenzinteressen begrenzt. Die eingegangenen Verpflichtungen zu einer Emissionsreduzierung um 5,2 Prozent bis 2012 im Vergleich zu 1999 entsprechen bei weitem nicht den Anforderungen der Vermeidung einer Klimakatastrophe. Dringlich ist nach Auffassung des Intergovernemental Panel on Climate Change (IPCC) bis zum Jahr 2050 eine weltweite Minderung um 60 Prozent, in den reichen Ländern nach dem Stern-Bericht um bis zu 80 Prozent im Vergleich zu 1990. Wenn aber nicht mehr geschieht als in den Festlegungen des Kyoto-Protokolls vorgesehen, werden die Emissionen voraussichtlich weltweit um 50 Prozent und in den Industrieländern um 11 Prozent ansteigen, statt zu sinken (Scheer, 2005: 183). Zudem kritisiert Hermann Scheer die illusionäre Fixierung des Kyoto-Prozesses auf konsensuale globale Verhandlungen, auf «flexible Instrumente» – Handel mit Emissionsrechten, Joint Implementation und Clean Development Mechanism –, die durchweg nicht den Übergang zu erneuerbaren Energien fördern und keinen Anreiz bieten, die Verpflichtungsquote von durchschnittlich 5,2 Prozent zu überschreiten (Scheer, 2005: 184 ff.).

WELTINSTITUTIONEN UND UMWELT

DRITTENS wirken die Institutionen globaler Regulierung – vor allem die Welthandelsorganisation (WTO), das Allgemeine Abkommen über den Handel mit Dienstleistungen (GATS) und das Abkommen über handelsbezogene geistige Eigentumsrechte (TRIPS) – zerstörend auf die Umwelt. Die WTO ist die zentrale internationale Institution zur Durchsetzung eines marktorientierten Wandels der Regulationsweise. Dadurch wird nicht allein die globale Verdrängungskonkurrenz mit ihren negativen Wirkungen verschärft. Alle so genannten nicht notwendigen Disziplinen, d. h. regulierende Mechanismen einschließlich von Umweltgesetzen, die als «mehr handelseinschränkend als notwendig» gelten, werden als Verstoß gegen die WTO-Regeln betrachtet. Gegen sie kann vor der Schlichtungsstelle Dispute Settlement Body (DSB) der WTO geklagt werden – nicht zuletzt zum Schaden der Umwelt.

Als die EU-Administration die Einfuhr von mit Hormonen gespritztem Rindfleisch aus den USA verbot, strengten – gedrängt vom Monsanto-Konzern – Vertreter der Vereinigten Staaten und Kanadas vor der DSB einen Streitfall an. Die EU unterlag in diesem Streit; den USA wurde gestattet, 116,8 Millionen US-Dollar Strafzölle pro Jahr auf Importe aus der Europäischen Union zu erheben. Der Vorstoß der USA gegen die Europäische Union war als Warnung aller Staaten vor Widerstand gegen die die Umwelt gefährdenden WTO-Regeln aufzufassen.

Unter Androhung von WTO-Strafzöllen wurden Bolivien und Sri Lanka gehindert, Gentechnikverbote einzuführen. Kroatien, Thailand und Südkorea gaben aus Angst vor WTO-Sanktionen geplante Regulierungsmaßnahmen von vornherein auf. Als in Mexiko die US-Firma Metalclad Land für eine Sondermüllanlage in der Nähe eines Naturschutzgebietes gekauft hatte, Umweltauflagen den Bau dieser Anlage aber verhinderten, wurde das Land Mexiko von der Schlichtungsstelle des Nordamerikanischen Freihandelsabkommens (NAFTA) zur Zahlung von 90 Millionen US-Dollar Entschädigung für schon geleistete Investitionen verurteilt (Wandel/Mittler, 2003: 145).

Die Regeln des GATS zur Liberalisierung beziehen sich unter anderem ausdrücklich auch auf die Teilbereiche Umwelt, Müllabfuhr, Landschaftsschutz, Fracht- und Passagiertransport per Schiene, Straße, See und Raumfahrt. Wer sich als Konkurrent auf diesen und anderen Gebieten durch staatliche Subventionen geschädigt oder diskriminiert fühlt, kann gegen solche Regulierungsmaßnahmen in den Streit bei der Schlichtungsstelle gehen.

Eine Arbeitsgruppe des GATS für innerstaatliche Regulierung definiert rechtlich zwingende Beschränkungen für die Regulierungstätigkeit von Regierungen. Wenn sie staatliche Interventionen als nicht angemessene Schranken definiert, müssen diese abgeschafft werden. «In einer Reihe spektakulärer Fälle – der Thunfisch-Delfin-Fall zwischen den USA und Mexiko und der Shrimp-Schildkröten-Streit, in dem sich die USA und die asiatischen Länder gegenüberstanden – schien es, als würden nationale Umweltgesetze dem Freihandel untergeordnet.» (Bello, 2003: 27).

Kurz, das GATS ist das Vehikel für einen andauernden Prozess vollständiger Privatisierung aller Sphären der Gesellschaft, bisher öffentlicher Güter und der öffentlichen Daseinsvorsorge. Nicht zuletzt betrifft das die öffentliche und zivilgesellschaftliche Verantwortung für die Umwelt, die durch Marktmechanismen abgelöst werden soll.

Das TRIPS zielt darauf, bisher als öffentliches Gut betrachtetes Wissen weitgehend in privates Eigentum zu verwandeln. Für die Umwelt schließt das Gefahren ersten Ranges ein. Durch die Patentierung entdeckter Gene – das heißt ihrer Isolierung, der Bestimmung ihres Informationsgehaltes und ihrer Funktion – wird privates Eigentum an Leben konstituiert und monopolisiert. Selbst Pflanzen, die seit Jahrhunderten von Bauern gepflegt, angebaut und verbessert wurden, werden durch Patentanmeldung in monopolartiges Eigentum überführt. Das betrifft auch tierisches und sogar menschliches Ausgangsmaterial (Rifkin, 2000: 96 ff). Das neu kreierte private Eigentum an geistigem Wissen wird in der pharmazeutischen Industrie, in agrar-industriellen Komplexen, von den Saatgutkonzernen, in der Tiermedizin und Humanmedizin «in Wert gesetzt», d. h. zum Ausgangspunkt der Kapitalverwertung.

Zwar sind die «Konvention über biologische Vielfalt» und andere internationale Vertragswerke dem Erhalt der Arten- und der genetischen Vielfalt verpflichtet. Sie deklarieren eine faire Regelung des Zugangs und eines Vorteilsausgleichs zwischen den Staaten als Souverän über ihre Naturressourcen und anderen Nutzern. Aber aus dem Kräfteverhältnis der beteiligten Staaten des «Südens», besonders der indigenen Bevölkerungsteile dort, in deren Lebensumfeld sich ein großer Teil der genetischen Ressourcen befindet, und den kapitalmächtigen Weltkonzernen des «Nordens» ergibt sich, dass in der realen Entwicklung die Sicherung von Eigentumsrechten an genetischen Ressourcen und deren kommerzielle Verwertung im Vordergrund stehen (Brand/Görg, 2003: 7, 8, 11, 24). Das Ergebnis ist neben neuen Zügen der Profitmacherei – beispielsweise in der pharmazeutischen Industrie durch die Verwertung patentierter Gene – die Dezimierung der Artenvielfalt und damit der Verlust an Genressourcen.

Ein Vergleich von Pflanzensortenlisten vom Anfang des 20. Jahrhunderts mit aktuellen Bestandslisten des US-amerikanischen Landwirtschaftsministeriums ergab: Von 75 verschiedenen Gemüsearten sind rund 97 Prozent der Sorten ausgestorben, von 7098 Apfelsorten existieren über 86 Prozent nicht mehr, und von 2683 Birnensorten sind nur noch 329 übrig geblieben.

Ein Zwischenfazit ergibt: Die Globalisierung als ein Grundzug des neoliberalen Kapitalismus und als Prozess einschneidender marktradikaler Veränderung der Regulationsweise führt zu systemisch bedingten schweren Störungen der Umwelt.

6.3. FINANZMÄRKTE UND UMWELT

Eine Re-Regulierung der Finanzmärkte ist nicht zuletzt deshalb dringlich, weil ihre Funktionsweise erheblich zur Destabilisierung der Naturkreisläufe beiträgt. Drei Grundeigenschaften der Finanzmärkte vor allem kollidieren mit Erfordernissen der Nachhaltigkeit: die Kurzfristigkeit ihrer Maßstäbe, die Unterkomplexität ihres Wirkungsmechanismus oder die Eindimensionalität der Entscheidungsmaßstäbe und das extreme Tempo der Prozesse auf diesen Märkten.

ERSTENS: Naturkreisläufe haben einen langen Atem. Wenn gegenwärtig die Grundregeln nachhaltiger Entwicklung verletzt werden, wenn also mehr nichterneuerbare Ressourcen verbraucht werden als durch erneuerbare ersetzt werden können, wenn der Verbrauch von erneuerbaren Potenzialen ihr Nachwachsen übersteigt und wenn der Umweltraum nicht gerecht verteilt wird, wenn der Klimawandel den Jahrhundertezyklus des Golfstroms bedroht, reichen die Wirkungen weit in das Leben vieler kommender Generationen hinein. Die Treibhausgasemissionen von heute werden das Klima über Jahrzehnte beeinflussen. Radioaktiver Atommüll ist eine Gefahr über Jahrtausende. Der Übergang von einer fossilistisch-atomaren Energiewirtschaft zu einer solaren Energiewirtschaft muss die Erschöpfung von Öl und Gas, die in absehbaren Jahrzehnten eintreten wird, schon gegenwärtig in Rechnung setzen.

Kurz, Nachhaltigkeit im Umgang mit den Naturverhältnissen erfordert einen weiten Zeithorizont. Aber just in der Lage extremen Bedarfs in der Umweltpolitik und auf anderen Politikfeldern nach verantwortlicher politisch-strategischer Gestaltungsfähigkeit gesellschaftlicher Akteure explodierten die Finanzmärkte, auf denen Minuten- und Stundenhorizonte über Milliardengeschäfte entscheiden und die das Gegenteil von strategischen Institutionen sind.

Die schnelle Umschlagzeit von Finanzinvestitionen im Unterschied zu langen Umschlagzeiten von Investitionen in Produktionsanlagen steigert die in der Finanzsphäre erreichbaren Profitraten und vor allem den shareholder value weit über die in Produktion und humanorientierten Dienstleistungen bisher erreichbaren Rentabilitätsmargen hinaus. Erst recht gilt das im Verhältnis zu vielen Umweltinvestitionen, deren wahre Effizienz häufig erst in der Vermeidung langfristiger Umweltschäden sichtbar wird. Das trägt erheblich zur Unterakkumulation in Bereichen des ökologischen Umbaus von Wirtschaft und Gesellschaft bei.

ZWEITENS wirkt der Finanzmarkt-Kapitalismus durch die Unterkomplexität seines Mechanismus negativ auf die soziale und ökologische Nachhaltigkeit. Nachhaltige Umweltreproduktion erfordert die Beachtung extrem komplexer Zusammenhänge (Kommission für Umwelt und Entwicklung, 1988: 52 ff.). Die verschiedenen Umweltbelastungen stehen in Wechselwirkung miteinander, beispielsweise CO_2-Emissionen, Klimawandel, Wetterkatastrophen, Entwaldung, Wüstenbildung und Artenverluste. Umwelt und Wirtschaft korrespondieren miteinander in konflikthafter Weise. Fossilistische Energiewirtschaft gefährdet das Klima. Dessen Wandel trägt zu Bodenverlusten bei; düngungsintensive Landwirtschaft belastet die Wasserqualität und führt zu Raubbau an Wäldern; die dramatische Reduzierung der tropischen Regenwälder hat schwerwiegende Folgen für das Klima. Umwelt- und Wirtschaftsentwicklung sind wiederum mit sozialen und politischen Faktoren verbunden. Viele Umweltschäden betreffen besonders die armen Länder, ihre Bevölke-

rung und vor allem Frauen und Kinder. Das schnelle Bevölkerungswachstum in großen Erdregionen belastet umgekehrt die Umwelt.
Die Dominanz der Finanzmärkte hat vor allem deshalb entwicklungs- und umweltschädigende Wirkungen, weil sie für hochkomplexe, vieldimensionale gesellschaftliche und Naturprozesse – noch mehr als der Kapitalismus ohnehin schon immer – einen einzigen eindimensionalen Entscheidungsmaßstab diktiert: den Maßstab des Geldes, der Verwertung des Geldkapitals. Dieser dominiert strukturell gegenüber anderen Kriterien in Politik, Wissenschaft und weiteren gesellschaftlichen Teilsystemen.
Längst ist die Kombination ganz unterschiedlicher Entscheidungskriterien überfällig: Selbstbestimmung jeder und jedes Einzelnen über das eigene Leben, Solidarität mit anderen, ökonomische Effizienz und sozial-ökologische Nachhaltigkeit, Verteilungs-, Geschlechter- und Generationengerechtigkeit. Doch mehr als je zuvor ist mit der Orientierung wirtschaftlicher Entscheidungen an der Bewegung der Aktienkurse das Geld oder genauer die Verwertung des Geldkapitals zum dominierenden Maß aller Dinge geworden. Aber dieser Maßstab ist untauglich dafür, den sozialen Zusammenhalt der Gesellschaft, die Reproduktion der ökologischen Gleichgewichte, Gesundheit und Bildung auf bestmögliche Weise zu sichern.
DRITTENS wirken die Finanzmärkte dadurch destruktiv auf die Umwelt, dass sie ökonomische Prozesse enorm beschleunigen. In kurzen Rhythmen müssen börsennotierte Unternehmen hohe Gewinne und Dividenden nachweisen, wenn die Aktienkurse nicht einbrechen sollen. Beschleunigung ist das Markenzeichen der Finanzmärkte. Nachhaltigkeit bedarf dagegen der Entschleunigung, der Akzeptanz langer Umschlagzeiten des Kapitals, langer Nutzungsdauer der Güter statt hektischer Jagd nach der Ersetzung des Neuesten durch das Allerneueste. Sie bedarf der Reparatur- und Wiederverwendungsfähigkeit von Produkten oder Teilen davon.

6.4. ÖKONOMIE DER ENTEIGNUNG UND UMWELT

Die Privatisierung bisher öffentlicher Güter und deren «In-Wert-Setzung», das heißt Unterwerfung unter privatkapitalistische Verwertungsinteressen, betreffen in hohem Maße Naturressourcen, die bisher besonders für die lokale oder regionale Bevölkerung unentgeltlich zugänglich waren. Die «innere Landnahme» verändert die gesellschaftlichen Naturverhältnisse auf weitreichende Weise.

Bio- und Genforschung dringen in bisher unerforschte Tiefenstrukturen der Materie und des Lebens ein. Die Patentierung ihrer Entdeckungen, aber sogar die Aneignung des pflanzlichen und tierischen Ausgangsmaterials – als seien konventionelle Pflanzen selbst Entdeckungen! – führt zur Konstituierung von exklusivem monopolistischem Eigentum an der Natur, verändert also die «gesellschaftlichen Naturverhältnisse» in entscheidender Weise. Information und Wissen werden generell zu einem zunehmend zentralen Konfliktfeld (Brand/Görg, 2003: 47). Besonders trifft dies für die Naturverhältnisse zu, die das Aktions- und Verwertungsfeld der so genannten aufsteigenden Life Science Industries sind, der Konzerne in der Pharma-, Saatgut-, Pflanzenschutz- und Nahrungsgüterindustrie und von Forschungszentren im medizinischen und tiermedizinischen Bereich (Rifkin, 2000: 90 ff.).

Hier interessieren außer den sozialen Folgen «innerer Landnahme» die ökologischen Folgen. Die Aneignung genetischer Ressourcen führt über die Züchtung von Hochertragssorten zwar in vielen Bereichen zunächst zur Ertragssteigerung pro Hektar. Aber der effiziente Einsatz solcher teuren Sorten erfordert den Anbau auf großen Flächen, am besten von cash crops für den Export. Mit umweltschädigenden Folgen werden interkontinentale Transportströme mitsamt dem Energieverbrauch verstärkt. Die neuen Sorten benötigen überdies in der Regel mehr chemische Düngemittel und Pestizide, die ebenfalls die Umwelt belasten. Der damit einhergehende Konzentrationsprozess in der Landwirtschaft stürzt nicht nur Hunderttausende kleine Bauern ins Elend, sondern verdrängt mit ihnen auch Anbauweisen, die die Pflege einer Vielfalt von Nutzpflanzen sichern. Die Intensivierung der Landwirtschaft führt zum Verlust an Genvielfalt. Monokulturen steigern die Anfälligkeit für Schädlingsbefall. Die Netze biologischer Interdependenzen werden gestört (Brand/Görg, 2003: 101 ff.; Norberg-Hodge, 2003: 104 ff.).

Enteignungsprozesse finden ferner in neuen Dimensionen dadurch statt, dass der tropische Regenwald, ein globales öffentliches Gut par excellance von höchster Bedeutung für den Erhalt des klimatischen Gleichgewichts der Erde und für die Bewahrung der Arten- und Genvielfalt, rücksichtslos dezimiert wird. Dies erfolgt sowohl durch Raubbau seitens der internationalen Großexporteure von Hölzern und anderen Rohstoffen als auch der Latifundistas, die ihre Nutzflächen in den Wald vortreiben oder die Bauern von ihrem Boden vertreiben und sie so zu Brandrodungen nötigen, um weiter expandieren zu können.

Die Ökonomie der Enteignung nimmt ferner im umweltrelevanten Bereich die Gestalt der Privatisierung von Wasserressourcen an. Sie führt nicht allein in vielen Fällen zur Verteuerung des Wasserangebots und der Abwasserentsorgung durch Abgabendiktat seitens internationaler Wasserkonzerne und zur Ausschaltung bürgernaher kommunaler Verantwortung für die öffentliche Daseinsvorsorge. Für die Umwelt sind weitere Wirkungen der Privatisierung in der Wasserwirtschaft alarmierend. Lokale Wasserversorger tragen angesichts lokaler Umweltinteressen eine Mitverantwortung für den Schutz der Ressource Wasser. Mit der Liberalisierung im Wasserbereich und der Dominanz überregionaler Privatunternehmen wachsen die Möglichkeiten, einem mit Kosten verbundenen wichtigen Ressourcenschutz vor Ort zugunsten der Versorgung aus entfernteren Wasserressourcen auszuweichen. Kommunen geben Umweltschutzgebiete, aus denen sie Wasser gewinnen können, gestützt auf Fernbezug zgunsten von Gewerbegebieten auf, da sie ja Wasser aus entfernteren Gebieten statt aus lokalen Wasserwerken erhalten können. Überdies beansprucht der Fernbezug einen höheren Energieaufwand. Vorsorgender Ressourcenschutz für Grundwasser erfordert Investitionen auf lange Sicht. Das kurzfristige Gewinninteresse privater Unternehmen tendiert zur Vernachlässigung von langfristigem Ressourcenschutz (Umweltbundesamt, 2000).

Die Ökonomie der Enteignung ist also, so lautet ein Zwischenfazit, mit einem weit reichenden Wandel der gesellschaftlichen Naturverhältnisse verbunden. Sie führt zu einer erheblichen Vertiefung der Umweltkrise in unterschiedlichen Erscheinungsformen.

6.5. KRIEG, RÜSTUNG UND UMWELT

Rüstung und Kriege sind immer auch Krieg gegen die Umwelt. Umgekehrt werden Umweltzerstörungen zu Ursachen für bewaffnete Konflikte. Ökonomische und machtpolitische Interessen an Rohstoffen werden zu Kriegsursachen und Zielen imperialistischer Politik. Die Ausbeutung von Naturressourcen ermöglicht die Finanzierung der Kriege von Warlords in vielen Ländern und ist zu einer Grundlage von so genannten neuen Kriegen geworden. Kämpfe um die Beherrschung von Ressourcen führen häufig zur Abspaltung von Regionen und dabei zu bewaffneten Konflikten. Missbrauch der Ressourcenbeherrschung durch bevorzugte Oberschichten provoziert bewaffnete Aufstände und Rebellionen der Ausgebeuteten (Le Billon, 1999: 29 ff.).

Das Center for Strategic and International Studies hält bewaffnete Konflikte im Gefolge des Klimawandels für 46 Staaten mit 2,7 Milliarden Einwohnern schon um das Jahr 2040 für «eher wahrscheinlich».

Durch die Rüstung werden der Natur riesige Mengen an Ressourcen – oft strategisch besonders wertvolle knappe Ressourcen – für zerstörerische Zwecke entzogen. Der Zugriff auf Rohstoffressourcen gilt als Legitimation imperialer Herrschaftsansprüche, militärischer Präsenz der USA und ihrer Verbündeten in vielen Regionen der Erde und selbst von Kriegen. Rüstungsausgaben verschlingen weltweit mehr als 1,2 Billionen Dollar, die zum Teil für Umwelt und Entwicklung eingesetzt werden könnten. Mobilisiert für die dezentrale Ausschöpfung erneuerbarer Energien könnte beispielsweise die Versorgung mit gesundem Wasser gesichert und Millionen Kindern das Leben gerettet werden. Von vornherein könnte anstelle des zerstörerischen Weges einer fossilistischen Energiewirtschaft eine alternative Energiepolitik gefördert werden.

Nach offiziellen Angaben hatten die USA bereits bis 2004 für die in Afghanistan und im Irak geführten Kriege 280,9 Milliarden US-Dollar ausgegeben. In dieser Zahl sind die beanspruchten Mittel aus dem normalen Budget des Pentagon und die Militärausgaben anderer an diesen Kriegen beteiligter Staaten nicht enthalten. Der Preis einer Windkraftanlage liegt nach Expertenschätzungen bei etwa 1000 US-Dollar pro Kilowatt-Leistung. 280,9 Milliarden US-Dollar würden theoretisch den Bau von Windkraftanlagen ermöglichen, die 280 Gigawatt Strom produzieren könnten – genug, um rund 400 Atomkraftwerke abzuschalten (http://www.freace.de/artikel/200406/11064a.html) oder Millionen Menschen dezentral mit Strom zu versorgen.

Im zweiten Golfkrieg wurden allein die direkten Verluste durch Ölbrände in Kuwait auf 50 bis 100 Milliarden Dollar geschätzt (Hornig/Kopp/ Otto/ Schinke/Span, 2005). Die Auswirkungen der brennenden Ölquellen auf Landwirtschaft, Viehzucht und Fischfang sind dabei nicht berücksichtigt. Unbestreitbar wurde aber durch 1,8 Millionen Tonnen ausgetretenes Öl ein Ölteppich verursacht, der das Meer, wertvolle Korallenbänke, Seegrasteppiche und damit den Lebensraum von etwa 300 Fischarten und von Meeresschildkröten sowie 400 Kilometer der Küsten erheblich geschädigt hat (ebenda).

Nach Angaben der Weltbank kosten «typische Bürgerkriege» die betroffenen Länder 15 Prozent ihres Wirtschaftspotenzials, und die Armut nimmt um 30 Prozent zu. Erst recht führt die vollständige Auflösung und Zerrüttung der Wirtschaft in den häufig mehr als ein oder zwei Jahrzehnte andauernden «neuen Kriegen» zu schwersten Schäden der Umwelt.
Eine neue Dimension der Wechselwirkung von Umweltkrisen und Kriegen droht mit höchster Wahrscheinlichkeit wenn das Klima nicht in kürzester Zeit stabilisiert wird. Millionen, wahrscheinlich aber Hunderte Millionen Klimaflüchtlinge werden dem Wassermangel und dem Hunger als Folge von Dürren oder Überschwemmungen durch die Flucht in weniger betroffene Regionen zu entkommen suchen. Ihre Verzweiflung wird mit einer sich bereits heute abzeichnenden explosiven Gewaltbereitschaft verbunden sein. Die Bewohner begünstigter Regionen werden sich gegen die Flüchtlingsströme zur Wehr setzen.
Schon heute kann die «Frontex», die «Europäische Agentur für die operative Zusammenarbeit an den Außengrenzen der Mitgliedsstaaten der Europäischen Union», 20 Flugzeuge, 30 Hubschrauber und über 100 Schiffe zur Abschottung gegen die Afrikaner einsetzen, deren letzte Überlebenshoffnung Europa ist. Das amerikanische Repräsentantenhaus hat beschlossen, mit einem Aufwand von mehr als 2 Milliarden US-Dollar 1.125 km Grenze zu Mexiko durch High-Tech-Zaunanlagen zu befestigen. Schon zwischen 1998 und 2004 sind durch diese Grenze 1.954 Personen zu Tode gekommen, im Mittelmeer allein im Jahr 2006 etwa 3.000 Bootsflüchtlinge (Welzer, 2008: 20 ff). Doch diese Tragödien könnten sich als winziges Vorspiel im Vergleich zu den Opfern künftiger Klima- und Ressourcenkriege erweisen.

Bereits heute ist der Sudan ein Beispiel für die Verflechtung von Klimaveränderungen mit anderen Ursachen andauernder Kriege. Im nördlichen Sudan hat sich die Wüste in den letzten 40 Jahren um rund 100 Kilometer nach Süden ausgeweitet. Die Getreideernten werden voraussichtlich um 70 Prozent zurückgehen. Schon die katastrophalen Dürren der letzten Jahrzehnte haben zu Flüchtlingsströmen von etwa sieben Millionen Menschen beigetragen. Wenn die nomadischen Viehzüchter durch Wüstenausweitung ihre Weidegründe verlieren, dringen sie auf das Land der Bauern vor. Gewaltsam ausgetragene Konflikte verbinden sich mit anderen Kriegsgründen. In Darfur wurden bisher 200.000 bis 500.000 Menschen getötet (Welzer, 2008: 23 ff.).

Klimakatastrophen und Kriege und die mögliche Verflechtung von beiden zu verhindern, wird zur größten Herausforderung des 21. Jahrhunderts. Entwicklung zur Überwindung der Armut in großen Regionen der Erde als ständige Quelle von Konflikten ist davon nicht zu trennen.

6.6. KOMPLEXE NACHHALTIGKEIT ALS ANFORDERUNG AN EMANZIPATORISCHE ALTERNATIVEN

Ein Zwischenfazit ergibt: Profitdominanz, noch dazu fixiert auf kurzfristige Steigerung des shareholder value, kollidiert zwangsläufig mit ökonomischer, sozialer und ökologischer Nachhaltigkeit.
Zu den übergreifenden Maßstäben emanzipatorischer Alternativen gehört daher, der Unterwerfung der Natur unter diesen Maßstab Widerstand entgegenzusetzen und sie schließlich zu überwinden. Radikaler müssen Alternativen am Kriterium nachhaltiger Entwicklung orientiert werden und darin einen wesentlichen inneren Zusammenhang finden. Ein sozialökologischer Umbau erfordert die Ausweitung der Menschenrechte auf eine weitere Dimension, auf das Recht jeder und jedes Erdbewohners auf gleichen oder vergleichbaren Umweltraum. Auch die Solidarität bekommt damit einen erweiterten Horizont. Die Lebensweisen im Westen müssen auch deshalb nachhaltig verändert werden, weil sonst die Ansprüche in der «Dritten Welt» auf Naturressourcen und auf ein besseres Leben nicht ohne weitere Destabilisierung der Naturverhältnisse erfüllt werden können.

«Nachhaltige Entwicklung ... ist notwendig ein Komplexbegriff; sie umfasst a priori ökologische, soziale und institutionelle sowie auch ökonomische Nachhaltigkeit», «Überzeugungen, Normen, Beziehungen, Eigentumsrechte» und «Meta-Leitbilder» (Spangenberg, 2005: 27 f.).

Die Produktivkräfte bieten größte Chancen des ökologischen Umbaus von Wirtschaft und Gesellschaft. Aber die Gesamtheit der für den neoliberalen Kapitalismus charakteristischen Grundprozesse hat vielschichtige destruktive Wirkungen auf die Umwelt. Die neoliberale Kapitallogik und die Logik der Naturreproduktion kollidieren derart, dass dies als einer der bedrohlichsten Grundprozesse des gegenwärtigen Kapitalismus anzusehen ist, von dessen Überwindung das Schicksal großer Teile der Menschheit im 21. Jahrhundert abhängt.

In gewisser Weise kulminieren die Zusammenhänge zwischen den Grundcharakteren des neoliberalen Kapitalismus in der akuten Bedrohung der – gesellschaftlichen – Naturverhältnisse und damit der natürlichen Lebensbedingungen aller künftigen Generationen.

Die hohe Arbeitslosigkeit, der wachsende Anteil prekärer Beschäftigungsverhältnisse, Druck auf Löhne und Sozialeinkommen, steigende Beiträge, Leistungseinschränkungen oder stärkere finanzielle Belastung der Einzelnen im Gesundheitswesen und Ängste vor Altersarmut drängen allerdings im Alltag und nicht selten auch in der Politik der Linken die Zuwendung zu Umweltproblemen zurück. Auf die Tagesordnung gerät jedoch, solche Trennung zu überwinden. Die Durchsetzung von Nachhaltigkeit ist ein umfassender Prozess und erfordert ein engeres Zusammenwirken der Akteure auf den verschiedenen Konfliktfeldern. Der marktlichen Deregulierung entgegengesetzt sind zivilgesellschaftliche politische Gestaltung, anstelle wettbewerbsstaatlicher Entwicklung eine Erneuerung sozial-ökologischer Verantwortung nationaler und internationaler staatlicher Institutionen und umfassende Demokratisierungsprozesse das Gebot der nächsten Jahrzehnte.

Für das Verständnis des demokratischen Sozialismus führt die Analyse des Konflikts zwischen Kapitallogik und Logik der Naturreproduktion zu dem Schluss, dass er nur als ein transformatorischer Prozess möglich ist, der eine nachhaltige Transformation auch der gesellschaftlichen Naturverhältnisse einschließt.

INSTRUMENTENMIX

Eine wichtige Frage ist die nach den wirksamsten umweltpolitischen Instrumenten. Aus markttheoretischer Sicht ist die Vergabe von Lizenzen oder Rechten zur Belastung der Umwelt besonders geeignet zur Internalisierung bisher externalisierter Kosten in die betriebswirtschaftliche Rechnung. In der Europäischen Union ist der 2003 eingeführte Handel mit Emissionsrechten das Kernstück der Bemühungen um die Reduktion des CO2-Ausstoßes. Die Emissionszertifikate werden bisher in der Regel kostenlos an Unternehmen vergeben und sollen erst später versteigert werden. Sie wurden zudem – orientiert an der bisherigen Emissionshöhe der einzelnen Unternehmen – in solcher Menge vergeben, dass kaum Druck auf die Senkung des CO2-Ausstoßes entstand. Überdies können die Unternehmen den von ihnen gar nicht bezahlten Preis der Zertifikate auf ihre Produktpreise aufschlagen. Dadurch eignen sie sich bisher allein in Deutschland jährlich Profite von rund 500 Millionen Euro an. Die kostenlose Vergabe von Emissionsrechten kann dazu führen, dass Länder, die diese Rechte wegen ihrer Wirtschaftsschwäche gar nicht ausnutzen können, sie profitabel an andere Länder verkaufen werden, die sich damit von Emissionssenkungen freikaufen können. Hermann Scheer rechnet damit, dass beispielsweise Russland durch den Verkauf nicht ausgeschöpfter Emissionszertifikate bis 2012 jährlich einen Erlös von etwa 3,5 Milliarden Dollar erreichen kann, ohne dass damit seine Umweltpolitik erfolgreicher wird (Scheer, 2005: 186 ff).

Claus Noë plädierte in seiner letzten Arbeit aus solchen Gründen zwar für das Instrument handelbarer Emissionsrechte, die er Klimaschutzbriefe nannte (Noë, 2008: 136 ff.) Aber er argumentierte zugleich, dass sie in nichtmarktliche Regulierungen eingebunden werden müssten. Sie sollten nach dem Prinzip des Rechts für jede und jeden auf gleichen Umweltraum, darunter auf gleiche Belastung der Natur mit klimarelevanten Gasen pro Kopf, vergeben werden. Fraglich ist allerdings, ob in der Phase des dringlichen Einstiegs in eine alternative Klimapolitik eine so weitgehende Ausgangsforderung durchsetzbar ist. Vermutlich müssten auf der Grundlage dieses Ansatzes Kompromisse ausgehandelt werden. Dieser Ausgangspunkt statt der bisher praktizierten kostenlosen Verteilung von Emissionszertifikaten nach dem gegenwärtigen Ausstoß würde die heutigen Markt- und Machtverhältnisse in Frage stellen. Die Industrieländer und ihre Unternehmen müssten in großem Umfang Zertifikate kaufen, da sie weit höhere Pro-Kopf-Emissionen als Schwellen- und Entwicklungsländer haben.

Der Einsatz von Emissionszertifikaten als Instrument der Klimapolitik muss von anspruchsvollen verbindlichen Zielen ausgehen, auch künftig kombiniert mit Erneuerbare-Energien-Gesetzen, Geboten und Verboten in der Umweltpolitik. Das Setzen hochgesteckter Ziele zur Senkung des Ausstoßes klimarelevanter Gase muss zur Verknappung der umlaufenden Zertifikate führen, um Druck auf die Unternehmen auszuüben. Sozialpolitik für die Einkommensschwachen und Entwicklungspolitik für die Entwicklungsländer sollten die steigenden Energiepreise jedoch in geeigneter Weise kompensieren.

Einfacher und unbürokratischer könnte aber eine CO2-Steuer ständigen Druck zur Minderung der Emission von Klimagasen ausüben. Auch diese Steuer würden die Unternehmen an die Verbraucher weitergeben.

GLOBALE UNGLEICHHEIT DER CO_2-EMMISSIONEN

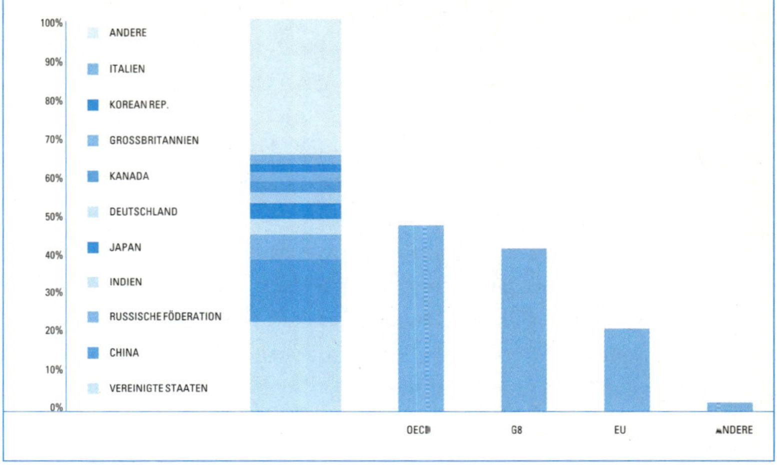

Legende:
OECD-Länder: Australien, Belgien, Dänemark, Deutschland, Finnland, Frankreich, Griechenland, Großbritannien, Irland, Island, Italien, Japan, Kanada, Koreanische Republik, Luxemburg, Mexiko, Neuseeland, Niederlande, Norwegen, Österreich, Polen, Portugal, Schweden, Schweiz, Slowakei, Spanien, Tschechische Republik, Türkei, Ungarn, Vereinigte Staaten
G8: Deutschland, Frankreich, Großbritannien, Italien, Japan, Kanada, Russische Föderation, Vereinigte Staaten
EU: Belgien, Bulgarien, Dänemark, Deutschland, Estland, Finnland, Frankreich, Griechenland, Großbritannien, Irland, Italien, Lettland, Litauen, Luxemburg, Malta, Niederlande, Österreich, Polen, Portugal, Rumänien, Schweden, Slowakei, Slowenien, Spanien, Tschechische Republik, Ungarn, Zypern
Andere (am wenigsten entwickelte Länder): Afghanistan, Angola, Äquatorialguinea, Äthiopien, Bangladesh, Benin, Butan, Burkina Faso, Burundi, Dschibuti, Eritrea, Gambia, Guinea, Guinea-Bissau, Haiti, Jemen, Kambodscha, Kap Verde, Kiribati, Komoren, Kongo. Dem. Rep. Laos, Vr, Lesotho, Liberia, Madagaskar, Malawi, Malediven, Mali, Mauretanien, Mosambik, Myanmar, Nepal, Niger, Ruanda, Sambia, Samoa, Sao Tome und Principe, Senegal, Sierra Leone, Solomon-Inseln, Somalia, Sudan, Timor-Leste, Togo, Tschad, Tuvalu, Uganda, Tansania, Ver. Rep. Vanuatu, Zentralafrikanische Republik

Quelle: UNDP; Bericht über die menschliche Entwicklung 2007: 52

Deshalb ist der Vorschlag sinnvoll, in dieser Konstellation jeder Bürgerin und jedem Bürger einen Betrag zur erschwinglichen Sicherung ihres Grundbedarfs an Energie zu zahlen. Das würde sozial Schwächere schützen, würde aber oberhalb der Grundbedarfsschwelle einem verschwenderischen Mehrverbrauch entgegenwirken.
Die so genannten Schwellenländer haben dagegen einen geringeren Ausstoß, als ihnen bei international gleichen Pro-Kopf-Emissionen zugestanden wird. Sie könnten also einen Teil der ihnen zuzuteilenden Emissionszertifikate verkaufen, um damit Umweltschutzmaßnahmen zu finanzieren. Noë schlug allerdings Sanktionen gegen solche Länder vor,

die diese Chance für die Erfüllung von Umweltstandards nicht nutzen; aber auch gegen Industrieländer, die den Kauf von Emissionsrechten als Freikauf von Zielen zur Emissionssenkung missbrauchen. Marktorientierte Instrumente müssen also mit anderen Instrumentarien kombiniert werden, mit verbindlichen Umweltzielen, mit Ge- und Verboten, mit umweltorientierter Technologiepolitik, Umweltbildung und der Beseitigung von Hemmnissen für Verhaltensänderungen. Vor allem muss das Vorsorgeprinzip zu voller Geltung gebracht werden: die Verantwortung für die Vermeidung von Umweltzerstörungen und die Vorgabe von Zielen dafür. Nicht die Märkte wissen, welche Schwellen des Ressourcenverbrauchs und der Naturbelastung nicht überschritten werden dürfen, sondern Menschen, Umweltbewegungen und Experten. Und die Politiker haben danach zu handeln.

6.7. ZU WELCHEN ZUKÜNFTEN KÖNNTE DER KONFLIKT ZWISCHEN KAPITALLOGIK UND LOGIK DER NATURREPRODUKTION FÜHREN?

ERSTENS: «Wenn es so weitergeht», werden die gegenwärtigen Trends zu schwerster Schädigung des Erdklimas, der Wasserkreisläufe und des Bodens in vielen Regionen, zur beschleunigten Vernichtung von Arten, zu militärischen Ressourcenkonflikten und zu gewaltsamen Auseinandersetzungen als Resultat von umweltbedingten Flüchtlingsströmen führen, zu Folgekosten, die ihrerseits vor allem die soziale Lage der sozial schwachen Gruppen in den Gesellschaften stark verschlechtern würden.
Die Destabilisierung ökologischer Gleichgewichte auf der Erde und in der Erdatmosphäre ist dabei, die größten von Menschen in ihrer Geschichte verursachten Langzeitzerstörungen zu bewirken.
ZWEITENS: Die Verdichtung von Schäden auf diesem Wege und die dafür bereits sensibilisierte öffentliche Aufmerksamkeit könnten im Verlauf der nächsten beiden Dekaden aber auch die Auseinandersetzungen um die Dringlichkeit eines sozialökologischen Umbaus außerordentlich verstärken. Der Ausgang ist offen.
DRITTENS: Die Höhe der voraussehbaren ökonomischen Verluste für das Kapital selbst, die Chance für Unternehmen, mit umweltfreundlichen Technologien und gesteigerter Umwelteffizienz Konkurrenzvorteile zu gewinnen und die zu erwartenden Schocks im öffentlichen Bewusstsein

durch kommende ökologische Großkatastrophen rücken den Beginn einer sozialökologischen Wende während der nächsten zwei Jahrzehnte in den Bereich des Möglichen.

Kapitalfraktionen, die Umwelttechnologien entwickeln und produzieren, könnten größere strategische Bedeutung gewinnen. Das spekulative Verhalten der Geldeliten dagegen wird starker Delegitimierung unterliegen. Das kann den Druck von Akteuren sozialökologischen Wandels auf die Herrschenden entschieden begünstigen.

VIERTENS: Ein ausreichend radikales Fortschreiten des sozialökologischen Umbaus allerdings erfordert tiefgreifende Veränderungen in den Eigentums-, Verfügungs- und Machtverhältnissen, einschneidenden Wandel der Lebensweisen vor allem in der westlichen Welt und für große Bevölkerungsteile in den Schwellenländern, radikales Umdenken über den Sinn und die Werte des Lebens und über die Stellung des Menschen in der Natur. Diese Veränderungen laufen auf einen langen transformatorischen Prozess mit der Tiefe eines revolutionären Umbruchs hinaus.

Aus dem Zusammenhang zwischen gesellschaftlichen Verhältnissen und Naturverhältnissen wird in den nächsten Dekaden des 21. Jahrhunderts die Frage in das Zentrum historischer Entwicklung rücken, ob es gelingt, eine emanzipatorische Umwälzung der gesellschaftlichen Verhältnisse in entscheidenden Ländern und Regionen zu erreichen, die zugleich eine Umwälzung und Gesundung der gesellschaftlichen Naturverhältnisse ermöglicht.

FÜNFTENS: Da bürgerliche Kräfte kaum den Kampf um die Überwindung der Dominanz von Profit und Kapitalverwertung in der Gesellschaft auf ihre Agenda setzen werden, fällt es der Linken bereits jetzt zu, die Alltäglichkeit ihrer gegenwärtigen Kämpfe mit dem Atem realistischer großer Visionen für das Jahrhundert zu verbinden.

Die Gesellschaften rund um die Erde sind in ein Millennium des tiefsten Umbruchs der gesellschaftlichen Naturverhältnisse in der Menschheitsgeschichte eingetreten. Zerstörung der natürlichen Lebensbedingungen für viele kommende Generationen in großen Teilen der Erde oder Übergang zu nachhaltiger Bewahrung der Natur, das ist die Frage. Ihre Beantwortung erfordert visionäre Kraft. Für die Linke bedeutet diese existenzielle Scheidewegkonstellation, dem Einstieg in den sozialökologischen Umbau Deutschlands und der EU zentrale Bedeutung in Programmatik und Politik zu geben – im Unterschied zur bisherigen Praxis.

WANDEL DES STAATES UND EROSION DER DEMOKRATIE

7.

Die bisher skizzierten, für den neoliberalen Kapitalismus charakteristischen Grundprozesse der Gegenwart sind mit einer Transformation des Staates und starken Entdemokratisierungsprozessen verbunden.

Einschneidende Veränderungen des Staates und die Ausweitung der parlamentarischen Demokratie auf weitere Erdregionen, zugleich aber die Schwächung und der Abbau der Demokratie in vielen Formen sind ein weiterer Grundprozess des gegenwärtigen Kapitalismus.

7.1. TRANSFORMATION VON STAAT UND POLITIK

Unter den vielschichtigen Veränderungen, die den Staat unter neoliberalen Bedingungen betreffen, sind zwei Prozesse des Wandels besonders wichtig.
ERSTENS wird der fordistische Sozialstaat durch den sich herausbildenden nationalen Wettbewerbsstaat zurückgedrängt (Hirsch, 1995; Hirsch, 2005).
ZWEITENS existieren die Nationalstaaten als zentrale politische Akteure zwar weiter, aber staatliche Macht wird immer stärker auf internationaler Ebene institutionalisiert, und die auf globale Konkurrenz ausgerichteten Nationalstaaten sind selbst Träger von internationalen staatlichen Organisationen und Regimen. Sie selbst treiben Globalisierungsprozesse voran, in deren Verlauf sie auf wichtigen Politikfeldern politische Macht und Regulationskapazität an private transnationale Unternehmen, vor allem an die großen Finanzmarkt-Akteure, verlieren, aber gleichzeitig an Bedeutung für die politische Durchsetzung marktradikaler und imperialer Veränderungen gewinnen (Brand/Brunnengräber/Schrader/Stock/Wahl, 2000).

VOM SOZIALSTAAT ZUM NATIONALEN WETTBEWERBSSTAAT

Die Mutation des Sozialstaates zum nationalen Wettbewerbsstaat begegnet den Bürgerinnen und Bürgern als sehr praktischer Prozess, der alle Sphären ihres Lebens durchdringt. Die einen, vornehmlich jene, deren Geschäft die Expansion auf den Weltmärkten ist, erfahren diesen Wandel als segensreiche Förderung ihrer Konkurrenzmacht. Ihnen werden Senkungen der Unternehmenssteuern und der Unternehmerbeiträge in den sozialen Sicherungssystemen geboten. Der Abbau von Arbeitnehmerrechten und Abstriche von Sozialtransfers gibt ihnen Druckmittel in die unternehmerische Hand, um die Aufnahme schlecht bezahlter Arbeit erzwingen zu können. Dies geschieht im Namen ihrer Unterstützung im globalen Standortwettbewerb. Für die anderen, die Lohnabhängigen, bedeutet die Senkung der Unternehmenssteuern, dass die Höhe und der Anteil ihrer Lohn- und Verbrauchssteuern am Gesamtsteueraufkommen ansteigen. Auch sie werden durch die Senkung der gesetzlichen Sozialversicherungsbeiträge entlastet. Aber die Kehrseite ist, dass sie nun die Leistungen, die nicht mehr aus den gesetzlichen Kassen finanziert werden, durch zusätzliche Privatversicherungen ausgleichen und Leistungskürzungen akzeptieren sollen. Ein Wettbewerbsstaat ist eben kein Sozialstaat oder nur ein solcher mit erheblichen Abstrichen.

Im Wettbewerbsstaat ist Solidarität ein fremdes Element, das ins Abseits gehört.

Das schließt nicht aus, dass Bildung und anspruchsvolle Leistungen des Gesundheitswesens für alle wichtige so genannte weiche Standortfaktoren sind, deren Sicherung «an sich» zu den Aufgaben des Wettbewerbsstaates gehören könnte. Aber dem stehen die Interessen der Vermögensbesitzer und Unternehmen an niedrigen Steuern und das neoliberale Dogma der Deregulierung entgegen. Die Verwandlung des fordistischen Sozialstaats in den nationalen Wettbewerbsstaat vollzieht sich vor allem im Gefolge und als Teil des marktradikalen Wandels der Regulationsweise, der oben als wesentlicher Inhalt des Globalisierungsprozesses behandelt wurde. In dieser neuen Regulationsweise dominieren die Interessen transnationaler Unternehmen. Den Nationalstaaten fällt zu, sie durch die Reduzierung von sozialen Standards und Arbeiterrechten von Kosten und Verfügungsschranken zu befreien und durch Exportbegünstigung, innovationsfördernde Politik, Finanzierung der Grundlagenforschung und Liberalisierungsstrategien ihre Expansionskraft zu stärken. Während die neoliberale Meinungsbildung den schlanken und am besten magersüchtigen Staat predigt, erfolgt in der Praxis ein selektiver Umbau der Staatsfunktionen. Ihre soziale Dimension wird reduziert (Deregulierung), die Staatsaktivitäten im Unternehmerinteresse werden erheblich ausgeweitet. Genau dies bestimmt die Lebensumstände von PETER JÄGER wie von MERCEDES RIVERA.
In diesen Veränderungen tritt zutage, dass der Staat stets eine spezifische und materielle Verdichtung gesellschaftlicher Kräfteverhältnisse ist (Bretthauer, 2006: 82 ff.). Er ist eine Arena, in der die Interessen gegensätzlicher Klassen, sozialer Gruppen und Organisationen aufeinandertreffen. In diesem Kampffeld setzen die Machteliten ihre Ziele durch, müssen aber in Abhängigkeit von den jeweiligen Kräftekonstellationen

auch ausgehandelte Kompromisse mit anderen Kräften hinnehmen. Im neoliberalen Kapitalismus und in dem von ihm dominierten Globalisierungsprozess sind es die international operierenden Großbanken, Investmentfonds und Konzerne, die das größte Gewicht in die staatlichen Arenen einbringen und sie dadurch nach neoliberalen Leitbildern verändern.

«Kurz, den Staat als materielle Verdichtung eines Verhältnisses zu begreifen, heißt, ihn auch als strategisches Feld und strategischen Prozess zu fassen.» (Nicos Poulantzas, 1977: 167; 2002: 167)

Die jüngste Finanzkrise hat allerdings in den ambivalenten Prozess der Rücknahme des Sozialstaats und der antistaatlichen Ideologie des Neoliberalismus einerseits und eines Ausbaus des Wettbewerbsstaats andererseits ganz plötzlich eine überraschende Wendung hineingebracht. „Die Finanzkrise hat Sein und Bewusstsein erschüttert. Die Hoffnung richtet sich auf den Staat." ist in der „Zeit" vom 23. Oktober 2008 zu lesen. „Staat hat Konjunktur". So bringt es die „taz" auf den Punkt. Eine – von vornherein gedämpfte – Renaissance des Staates soll einen Balanceakt zustande bringen. Die kommenden Krisenzeiten werden die Konkurrenz verschärfen. Da werden die Staaten als Wettbewerbsstaaten ihre Standorte gegen andere Standorte zu stärken haben. Aber in stürmischen Zeiten muss zugleich das internationale System mehr zusammengehalten werden; erst recht für Maßnahmen gegen den Klimawandel, gegen zu gefährliche Exzesse der Finanzmärkte und um Machtverschiebungen im globalen Staatengefüge unter Kontrolle zu behalten.
Der Wettbewerbsstaat soll die Deregulierung re-regulieren – eine Quadratur des Kreises.

INTERNATIONALISIERUNG DES STAATES

Die Internationalisierung des Staates in Gestalt von Strukturen jenseits des Nationalen (UN-System, G8, IWF, Weltbank, WTO, GATS, TRIPS, OECD, EU, NAFTA, APEC) und in der Form nationalstaatlicher Förderung fortschreitender Globalisierung entspricht überwiegend der Notwendigkeit, dem ökonomischen Internationalisierungsprozess auch auf der Ebene oberhalb der Nationalstaaten staatlichen Rückhalt zu geben. Auch auf dieser Ebene findet eine Verdichtung der Kräfteverhältnisse derart statt, dass im Interesse des global agierenden Großkapitals Liberalisierung, soziale Deregulierung und Privatisierung in der Regel die dort institutionalisierte Politik bestimmen. Kein Wasser für AGNES MOHAPI, Vertreibung der BÄUERIN IN MALINDI und des FISCHERS AUS KWALE von ihrem Land sind die Folgen, die für die Erfahrung von Hun-

derten Millionen Menschen stehen. Da der Staat aber auch auf internationaler Ebene nicht allein das Herrschaftsinstrument der Machteliten ist, sondern eine spezifische Gestalt komplexer Kräfteverhältnisse, wirken dort auch die Interessen der so genannten Entwicklungsländer, handeln Nichtregierungsorganisationen und beeinflussen andere zivilgesellschaftliche Kräfte in großer Vielfalt die übernationalen politischen Entscheidungen. Im UN-System werden im Rahmen des United Nations Environment Program (UNEP) durchaus existenzielle Fragen der Überwindung von Hunger, Armut, Bildungsdefiziten, Aids und anderen Krankheiten zur Geltung gebracht. Welternährungsfragen werden im Rahmen des Welternährungsprogramms bearbeitet.
Beginnend mit einer internationalen Regierungskonferenz zur Reparatur des internationalen Finanzsystems im November 2008 werden sich internationale Staatenkonferenzen jagen – getrieben von ungelösten Weltproblemen.
Aber internationalen Kompromissen zugunsten der Unterdrückten, Ausgebeuteten und Ausgegrenzten auf der Erde stehen mit großer Wirkungskraft die imperialen Tendenzen der USA und anderer Mächte entgegen. Im Internationalen Währungsfonds (IWF), in der Weltbank und in der Welthandelsorganisation (WTO) sind die Vereinigten Staaten die Führungsmacht. Sie bestimmen in erheblichem Maße deren Politik und damit die gegenwärtige Weltordnung. Die Konflikte und ungelösten Probleme im Globalisierungsprozess – Armut in der «Dritten Welt», Umweltzerstörung, Kriege, Staatenzerfall, Bevölkerungsexplosion, internationaler Terrorismus, Finanzkrisen, Rivalität zwischen großen Mächten und Regionen, Ungleichgewichte in den internationalen Handels- und Leistungsbilanzen beispielsweise – sind aber durch Diktat und Führung einer Supermacht nicht zu lösen.
So wie die nationalen Volkswirtschaften und Gesellschaften des Nationalstaates als Träger allgemeiner – zugleich allerdings durch die Herrschaftsverhältnisse bestimmter – Reproduktionsbedingungen bedürfen, bedarf auch die Weltmarktkonkurrenz und die durch Widersprüche zerklüftete Weltgesellschaft internationaler staatlicher Regelungen. Das findet seinen Ausdruck in den Diskursen über Global Governance, oft ins Deutsche als «Regierungshandeln» übersetzt.

«Aber gerade die Übersetzung ‹Regierungsführung› führt in die Irre. Bei Global Governance handelt es sich nämlich gerade nicht um Regierungshandeln, sondern um das Zusammenwirken von Regierungen, internationalen und supranationalen Institutionen, ökonomischen und anderen Nichtregierungsakteuren in einem Geflecht von formellen und informellen Beziehungen. Global Governance umfasst darüber hinaus die Verknüpfung verschiedener Politikebenen, nämlich der internationalen mit der nationalen und lokalen Ebene.» (Brand/Brunnengräber/Schrader/Stock/Wahl, 2000: 13)

Global Governance ist genauer als konfliktreiches Zusammenwirken gegensätzlicher Akteure und verschiedener Politikebenen, als das internationale Terrain von Interessenkämpfen zu verstehen. Die globalen Machteliten erstreben durch die Einbeziehung unterschiedlichster Kräfte in die Regelung globaler Prozesse größere Effizienz bei der Durchsetzung ihrer Strategien und eine Beilegung der immer wieder aufbrechenden Legitimationskrise ihrer Politik. Unter dem Druck globaler Probleme wie der Destabilisierung des Klimas und der Finanzkrise suchen Teile des hegemonialen Machtblocks auch nach Kompromissen zwischen Herrschaftssicherung und neuen Wegen zur Vermeidung von Katastrophen. Zivilgesellschaftliche Akteure befinden sich einerseits stets im Sog der herrschaftlich geprägten internationalen staatlichen Strukturen, suchen aber andererseits die Chance zu nutzen, ihre eigenen Gruppeninteressen, aber auch allgemeine Interessen an einer sozial und ökologisch nachhaltigen friedlichen Entwicklung der Welt zur Geltung zu bringen.
Die Realität transnationaler Netzwerke zwischen Wirtschaftsexponenten, Regierungen, Staatsapparaten, Nichtregierungsorganisationen und Gewerkschaften, das bei vielen Beteiligten tief verankerte Ausblenden der in den Globalisierungsprozess eingelassenen Machtverhältnisse und die Hoffnung auf eine neue handlungsleitende Weltethik vereinen sich in den Diskursen über Global Governance zu der Erwartung, das internationale System von oben durch Partnerschaft, Dialog und Kooperation im Sinne von Good Governance reformieren zu können.
Die weltwirtschaftlichen Machtstrukturen, die etatistische Illusion, der Staat sei ein von diesen Strukturen unabhängiger Gegenpol zur entfesselten Ökonomie und die Geschlechtsblindheit des Global Governance-Diskurses machen ihn missbrauchbar für die Modernisierung des Neoliberalismus (ebenda: 17 f.). Das schließt aber für die Linke keineswegs

aus, die Bündnismöglichkeiten mit den vielen Vertretern der Global Governance-Konzepte bis hinein in den UN-Apparat zu suchen, die den Globalisierungsprozess sozial und ökologisch gestalten wollen. Global Governance ist ebenso ein Versuch der aufgeklärten Machteliten, ihre angeschlagene Führung wieder stärker als orientierende Hegemonie in breitem Konsens zu stabilisieren, wie eine Möglichkeit, humanistische Entwicklungsvorstellungen in eine emanzipatorische Richtung zu wenden. Dem steht allerdings die Erosion der Demokratie durch Theorie und Praxis des Neoliberalismus und im Besonderen durch die von ihm bewirkte Transformation des Staates entgegen.

7.2. EROSION DER PARLAMENTARISCHEN DEMOKRATIE UND MISSACHTUNG VON MENSCHENRECHTEN

Ursprünglich stützte die aufsteigende junge Bourgeoisie die Legitimation ihrer Herrschaftsansprüche auf die Deklaration von Freiheit, Gleichheit und Brüderlichkeit, auf die großen Forderungen der Französischen Revolution. Die amerikanische Revolution 1767 und die Französische Revolution 1789 – 1794 traten mit der Erklärung der Menschenrechte in die Geschichte. Die Demokratie als das Geltendmachen der politischen Freiheiten wurde ebenso zum Mittel der Verwirklichung der Menschenrechte wie sie selbst schon deren Ausdruck ist.

«Menschenrechte bilden die wichtigste Grundlage der Rechtfertigung, der Legitimation von Macht in modernen Gesellschaften. Wenn Herrschaft nicht von Gott kommt, wenn es kein ‹Gott Königs Gnadentum› gibt, wenn von der ‹Rasse› ausersehene Führer in die Katastrophe führen, wenn es keine Partei gibt, die einen durch die ‹historische Mission› begründeten Führungsanspruch aufrechterhalten kann, dann werden demokratische Wahlen zu einer wichtigen Prozedur, durch die politische Macht erlangt werden kann. Die politischen Freiheiten (freie Wahlen, freie Bildung von Parteien und Verbänden, Meinungsfreiheit usw.) sind dafür die allernotwendigste Bedingung. Politische Macht ist unter derartigen Verhältnissen eher dazu gezwungen, sich einerseits durch den Schutz dieser Freiheiten und andererseits an sozialen und kulturellen Bedürfnissen der Bürger zu orientieren.» (Brie, 1997: 36).

DEMOKRATISCHER ANSPRUCH UND REALITÄT

Demokratie galt stets als Trumpf der westlichen Welt in der Auseinandersetzung mit dem Staatssozialismus, der freie Wahlen ausschloss. Für Menschenrechte zu stehen, machte die Anziehungskraft des Westens für große Teile der Welt aus, nicht zuletzt für die Völker im Osten Europas – obwohl diese Rechte seit ihrer Deklaration nur höchst ungleich eingelöst werden, in Abhängigkeit von der Lage der Klassen und sozialen Gruppen und von deren Machtressourcen.

Einst waren Freiheitsrechte aber tatsächlich das Lebenselixier der jungen bürgerlichen Gesellschaften gegen den feudalen Absolutismus. Die Arbeiterbewegung, die Frauen- und Friedensbewegung, kolonial ausgebeutete Völker und später die Öko-Bewegung und andere Kräfte kämpften für die Ausweitung politischer Rechte und gegen die starke Tendenz zu deren Beschränkung. Sie setzten in einer Reihe von Staaten mehr oder weniger weitgehend eine nächste Generation von Menschenrechten, die sozialen Rechte, durch. Mit der Berufung auf die ganze Menschheit werden in einer dritten Generation von Rechten Friede, Erhaltung einer gesunden Umwelt, gleiche Rechte für jede und jeden auf Umweltraum und das Recht auf Entwicklung eingefordert.

Aber der neoliberal geprägte Kapitalismus untergräbt – während sich seine geistigen Träger weiter auf Demokratie und Menschenrechte berufen – die eigene demokratische Verfasstheit der westlichen Welt und missachtet die Menschenrechte bis hin zu Kriegsverbrechen.

Die Demokratie wird systemisch untergraben, indem in den Chefetagen transnationaler Unternehmen Entscheidungen mit Auswirkungen auf die Lebensbedingungen von Millionen Menschen und auf die Umwelt in fernen anderen Ländern und Kontinenten fallen – vorbei an nationalen Parlamenten und erst recht an Mitentscheidungsmöglichkeiten von Bürgerinnen und Bürgern in ihrer unmittelbaren Lebenswelt. Demokratie wird ad absurdum geführt, wenn in ihrem Namen unter Verletzung des Völkerrechts selbstmandatierte Präventivkriege geführt werden. Die parlamentarische Demokratie nimmt permanent Schaden, wenn Finanzunternehmen mit dem Abzug von Kapital drohen oder Investitionen von der Einlösung ihrer Forderungen abhängig machen. Ohnehin werden Entscheidungen im vorparlamentarischen Raum über die Lobby-Arbeit der Machteliten vorstrukturiert oder zumindest stark beeinflusst.

«Die moderne High-Tech-Kriegsführung ist darauf ausgerichtet, physischen Kontakt zum Feind zu vermeiden: Wenn man Bomben aus einer Höhe von 10.000 Metern abwirft, ‹spürt› man nicht, was man tut. Bei der modernen Wirtschaftssteuerung verhält es sich ganz ähnlich: Von einem Luxushotel aus kann man gefühllos Konditionen auferlegen, über die man zweimal nachdächte, würde man die Menschen kennen, deren Leben man zerstört." (Joseph Stiglitz, Nobelpreisträger für Wirtschaft, 2002: 38)

Diese Negativwirkung wurzelt in der im Kapitel 2.2. dargestellten marktradikalen Veränderung der Regulationsweise. Im Vergleich zur vorangegangenen Phase des sozialstaatlich regulierten (fordistischen) Kapitalismus gewinnt das Diktat der entfesselten Weltmärkte das Übergewicht über soziale und ökologische Interventionen von Staaten. Wenn Marktmechanismen, in die soziale und ökologische Blindheit eingeschrieben sind, das Schicksal der Menschen mehr bestimmen als gestaltende Politik und wenn dies noch mit der Suggestion der Alternativlosigkeit verbunden wird, gerät die Demokratie samt der Betroffenen an den Rand der Gesellschaft. Wo die Suche nach Alternativen als abwegig gilt, verliert die Demokratie ihren Sinn. Der Profit und der Zuwachs des Kapitalreichtums bestimmen den Gang der Dinge, und menschliche Persönlichkeitsentfaltung als der «wirkliche Reichtum» (Marx) bleibt auf der Strecke.

Der fortschreitende Konzentrationsprozess im Medienbereich unterwirft die öffentliche Meinung hochgradig dem Einfluss weniger privater Medienkonzerne. Sie formen den Zeitgeist, dessen der Neoliberalismus bedarf. Der Geist, den die neoliberalen Think Tanks produzieren, wird über die Medien mit Umsätzen von Hunderten Milliarden profitabel in den Mainstream des öffentlichen Denkens verwandelt. Auf diesem Wege dringen private Partikularinteressen in das politische Bewusstsein ein und wirken einem auf Sachinformation beruhenden demokratischen Meinungsbildungsprozess entgegen. Die Verflachung im Unterhaltungsangebot und das so genannte Infotainment sind damit verbunden, dass aufwändige und in der Regel teure Recherchearbeit und die journalistische Bearbeitung seriöser Themen oft in den Hintergrund treten.

Die geistigen Wegbereiter des Neoliberalismus haben Jahrzehnte in finanzmächtigen Denkfabriken und Universitäten daran gearbeitet, die Interessen der Kapitalakteure auf den Märkten als Sachzwänge erscheinen zu lassen. Sie haben erreicht, dass Mehrheiten inzwischen die Kapitallogik für eine reine Sachzwanglogik halten. Wo aber Sachzwänge zu regieren scheinen, verlieren Wahlentscheidungen zwischen verschiedenen Konzepten an Bedeutung. Die Politikangebote der großen Parteien werden einander immer ähnlicher. Denn nach der inzwischen von ihnen gepredigten Sachzwanglogik geht es höchstens noch darum, wie die Anpassung an den Druck der Weltmärkte zu vollziehen und ob sie mehr oder weniger sozial abzufedern ist. Es geht nicht darum, ob und wie eine emanzipatorisch gestaltende Politik den Primat über die Märkte zurückgewinnen soll.

«Es ist wahr, dass viele Menschen nicht wissen, woher bestimmte Ideen kommen. Aber wirklich wichtig ist, dass sie mit ihnen übereinstimmen.» (Michael Joyce, Brandley Foundation, 2007)

GLOBALISIERUNG UND DEMOKRATIEVERLUSTE

Viele Wählerinnen und Wähler fühlen sich von den Parteien schlechthin im Stich gelassen. Wenn ohnehin keine Alternativen in Sicht oder nicht durchsetzbar zu sein scheinen, schwindet der Sinn der Wahl zwischen Parteien, und die Parteien selbst erfahren einen Bedeutungsverlust. Parteienverdrossenheit und eine sinkende Wahlbeteiligung sind die Konsequenz. Das Resultat ist eine weitere Schwächung der Demokratie.

Diese Destabilisierung der parlamentarischen Demokratie vollzieht sich auf dem Hintergrund eines partiellen Bedeutungsverlustes der Nationalstaaten durch die Delegierung vieler bisher nationalstaatlicher Funktionen an die internationale staatliche Ebene. Etwa 80 Prozent der Entscheidungen des Deutschen Bundestages und rund 60 Prozent der Entscheidungen in Gemeinderäten beruhen auf Brüsseler Verträgen und Richtlinien oder werden weitgehend von ihnen beeinflusst. Auf nationaler Ebene sind also weniger Fragen als in der Vergangenheit zu entscheiden. Auf internationaler Ebene ist aber Demokratie als Einfluss von Bürgerinnen und Bürgern völlig unterentwickelt oder fehlt ganz und gar.

Die Vereinten Nationen tragen mit ihrem weitgespannten Netz von Unterorganisationen nach ihrer Charta Verantwortung für die friedliche und kooperative Bearbeitung entscheidender Probleme der Weltordnung, für entsprechende Normen und Regelungen und für die Unterstützung von internationalen Aushandlungsprozessen, beispielsweise in Weltkonferenzen der UN. Ihre Stärkung ist daher eine der wichtigen Aufgaben internationaler Politik der Linken und aller demokratischen Kräfte. Dies erfordert allerdings weitreichende demokratische Reformen der Vereinten Nationen. Denn auch das UN-System ist eine – herausgehobene – Form materieller Verdichtung der Kräfteverhältnisse. Sie ist vom Verhalten ihrer Mitgliedsstaaten und den dort herrschenden Kräftekonstellationen abhängig. Im Sicherheitsrat mit seiner zentralen Bedeutung für die friedliche Streitbeilegung in Konfliktfällen und mit dem einzigen völkerrechtlichen Mandat zu internationaler friedensverpflichteter Gewaltanwendung haben die wenigen Ständigen Mitglieder den bestimmenden Einfluss. Überdies schränkt die Differenz zwischen Größe und Umfang der ungelösten Aufgaben der UN und den dafür verfügbaren Ressourcen ihre Wirkungsmöglichkeit empfindlich ein.

Das UN-Budget in Höhe von 2,1 Mrd. Dollar für 2008 ist geringer als die US-Militärausgaben an zwei Tagen oder als die 3 Mrd. Dollar Jahresausgaben der Bill-&-Melinda-Gates-Stiftung.

Die Gruppe der G8 steht außer jedem Verdacht, demokratischer Kontrolle und demokratischen Regeln unterworfen zu sein, ihre Mitglieder tagen nur noch unter Sicherheitsmaßnahmen, die der Vorbereitung auf den casus belli gleichkommen. Beim G8-Gipfel in Heiligendamm wurde den Arsenalen der Demokratie ein neues Verfahren zur Erkundung des Volkswillens hinzugefügt: der Einsatz von Tornados.

Im Internationalen Währungsfonds (IWF) üben die reichsten Mitgliedsstaaten faktisch die Aufsicht über die Währungs- und Finanzpolitik der meisten IWF-Staaten aus. Ihr Einfluss ist nach den Statuten des IWF an die eingezahlten Finanzierungsanteile gebunden, so dass die Stimmrechte bei den USA und mit Abstand bei Deutschland, Japan, Großbritannien und Frankreich konzentriert sind. Hier tritt nackt zutage, was die Weltordnung bestimmt: Demokratie wird konvertiert gegen Geld. Über das System der «Supervision», der «Konsultationen» und der «Konditionalität» regiert der IWF in die Politik von Schuldnerländern hinein.

Die Weltbank als Hauptkreditgeber multilateraler Hilfe für Entwicklungsländer bestimmt in hohem Maße die Richtung der weltweiten Entwicklungspolitik. Sie bekennt sich zwar zur Bekämpfung von Armut und Kooperation. Aber auch sie verknüpft Entwicklungskredite vorrangig mit Druck auf die Entwicklungsländer zur Öffnung ihrer Märkte und zur Übernahme von Konditionen, die mehr den Interessen westlicher Exporteure als denen der betroffenen Länder entsprechen.

In der Europäischen Union ist der Ministerrat gesetzgebende Institution. Die Macht ist auf europäischer Ebene in der Exekutive statt im Parlament konzentriert. Hier wird die Erosion der Gewaltenteilung und die Asymmetrie zwischen Exekutive und Legislative besonders sichtbar.

Einen erheblichen Schub erfuhr die Erosion der Demokratie in einer Reihe westlicher Staaten nach den Terrorakten vom 11. September 2001. Seitdem werden im Namen des Krieges gegen den internationalen Terrorismus Bürgerrechte eingeschränkt, Staaten mit polizeilichen und geheimdienstlichen Überwachungsnetzen verstärkt überzogen und autoritäre Herrschaftsformen ausgebaut. Parallel zur politischen Aushöhlung der Demokratie ist die ohnehin höchst begrenzte Mitbestimmung in der Wirtschaftssphäre unter den wachsenden Druck der Massenarbeitslosigkeit, prekärer Beschäftigungsverhältnisse, verschlechterter Sozialleistungen im Falle des Arbeitsplatzverlustes und des Abbaus von Arbeitnehmerrechten geraten.

Trotz der Fortschritte, die unter dem Druck feministischer Bewegungen in der Einforderung von Geschlechtergerechtigkeit erreicht wurden, bleibt auch diese Seite der Menschenrechte unterentwickelt. Zwei Drittel der 876 Millionen Analphabeten auf der Erde sind Frauen. Sie sind am meisten von Arbeitslosigkeit betroffen. Die Zerstörung der Umwelt betrifft sie, die den Hauptanteil der Sorge für die Familien tragen, am meisten, wenn hygienisch einwandfreies Wasser, Brennholz und gesunde Lebensmittel fehlen und Kinder darunter leiden. Gleicher Lohn für gleichwertige Leistungen, gleiche Karrierechancen, gleicher politischer Einfluss, Geschlechtergleichstellung in der Teilhabe an Erwerbs- und Familienarbeit und finanzielle Unabhängigkeit vom Partner sind auch in den reichen Industrieländern längst nicht erreicht. Vielmehr bergen Arbeitslosigkeit, Absenkung sozialer Standards und die Einschränkung der öffentlichen Daseinsvorsorge starke Tendenzen zur neuerlichen Verstärkung patriarchaler hierarchischer Strukturen.

ERNEUERUNG DER DEMOKRATIE

Der neoliberale Kapitalismus ist dabei, Demokratie und Menschenrechte als Legitimationsgrundlage so zu beschädigen, dass ihre Verteidigung und Verwirklichung zu einer elementaren Aufgabe emanzipatorischer Alternativen wird. Die Erneuerung der Demokratie, die Vernetzung alternativer Akteure zu breiten Allianzen für mehr Demokratie, Gerechtigkeit, Freiheit, Frieden und Solidarität ist die zentrale Bedingung für die Abkehr vom neoliberalen Entwicklungsweg und das Beschreiten eines anderen Weges.

Es gibt nur eine einzige Chance, jegliche Form des Eigentums dem Grundgesetz entsprechend auf das Gemeinwohl zu verpflichten und der marktradikalen Privatisierungswut die Ausweitung öffentlichen Eigentums, öffentlicher Güter, öffentlicher Daseinsvorsorge und demokratischer Öffentlichkeit entgegenzusetzen. Es gibt nur einen einzigen Weg, die Unterwerfung der Soziallogik unter die Kapitallogik zu beenden und das Verhältnis zwischen beiden Entwicklungslogiken umzukehren. Das ist die Veränderung der gesellschaftlichen Kräfteverhältnisse gegen die Macht des Großkapitals und seine politischen Stützen. Das ist die Selbstermutigung vieler Bürgerinnen und Bürger, ihrer Initiativen und sozialen Bewegungen, der Gewerkschaften und anderer Organisationen, kurz, von Gegenmächten unterschiedlichster Art und von Parteien, die mit ihnen solidarisch sind, zur Verteidigung der Demokratie und zu ihrer Erneuerung über die parlamentarische repräsentative Demokratie hinaus.

Dringlich ist, die parlamentarische mit direkter Demokratie zu verbinden, die den Bürgerinnen und Bürgern über lokale Initiativen, Volksbegehren, Volksentscheide, Bürgerhaushalte und Regionalbeiräte mehr unmittelbaren Einfluss und Mitbestimmung ermöglicht. Wichtige Schritte der Demokratisierung sind die Stärkung individueller Rechte, rechtliche Überprüfbarkeit staatlichen Handelns, Rechtswegegarantie, unabhängige Kontrollinstanzen gegenüber staatlichen Sicherheitsorganen und Selbstbestimmung über die Daten zur eigenen Person.

Dringlich ist, demokratischen Einfluss von Beschäftigten und Kommunen auch in der Wirtschaft zu erreichen. Erneuerung der Demokratie erfordert Wirtschaftsdemokratie über die Verteidigung der Mitbestimmung hinaus. Ohne wesentlichen Einfluss der Lohnabhängigen auf die Verfügung über das Eigentum an Wirtschaftsressourcen, über nachhaltige Produktionsziele und Humanisierung der Arbeitswelt, über ein familiengerechtes Arbeitszeitregime und eine gerechte Verteilung der Produktionsergebnisse wird es keine ausreichende Erneuerung der Demokratie geben.

Demokratisierung schließt Geschlechterdemokratie ein oder sie wird nicht gelingen. Gleiche Teilhabe und gleiche Entwicklungschancen der Geschlechter in allen Sphären der Gesellschaft sind unbewältigte Aufgaben. Der bedarfsdeckende Aufbau von ganztägigen Einrichtungen der Kinderbetreuung, gleiche Einkommen für gleichwertige Arbeit, Gleichstellung von Frauen in den Systemen sozialer Sicherheit und Gesundheit und Sicherung von gleichem Einfluss beider Geschlechter auf allen Entscheidungsebenen sind Grundvoraussetzungen einer funktionierenden Demokratie.

Teilhabe an demokratischen Prozessen ist ein Recht aller, einschließlich der Bürgerinnen und Bürger mit einem Migrationshintergrund. Deshalb umfasst die Demokratisierung der Demokratie die Sicherung gleicher BürgerInnen- und Menschenrechte für alle in Deutschland und in der Europäischen Union lebenden und arbeitenden Menschen. Diese Rechte sind nicht teilbar und müssen gegen jede Form von Rassismus und Fremdenhass gestützt und verwirklicht werden. Demokratie bedeutet Toleranz und produktiven Umgang mit der Vielfalt der Kulturen und Lebensweisen.

7.3. IN WELCHE ZUKÜNFTE KÖNNTEN DIE TRANSFORMATION DES STAATES UND DIE EROSION DER DEMOKRATIE FÜHREN?

ERSTENS: «Wenn es so weitergeht», wird die Reichtums- und Machtkonzentration bei den superreichen Geldeliten, bei den global operierenden Großbanken und Investmentfonds die Demokratie auf nationaler und internationaler Ebene weiter aushöhlen. Die Staaten werden weiter vorrangig als Wettbewerbsstaaten handeln.

ZWEITENS: Der Rückbau sozialstaatlicher Regulierung, die antisoziale Politik der EU-Bürokratie und die Erosion der Demokratie werden bereits gegenwärtig von der Mehrheit der Bürgerinnen und Bürger deutlich wahrgenommen. In Deutschland und in anderen Staaten werden diese Entwicklungen mit Wahlentscheidungen für den Erhalt und die Erneuerung des Sozialstaats, aber auch mit wachsendem Misstrauen gegen «die Parteien und die Politiker» und mit Wahlenthaltungen quittiert – zum Teil jedoch auch mit der Zuwendung zu Rechtsextremismus und Populismus. Die Integrationskraft des neoliberalen Kapitalismus schwindet. Eine Legitimationskrise breitet sich aus. Forderungen nach gesetzlichen Mindestlöhnen und nach der Einführung sozialer Mindeststandards in der Europäischen Union finden mehrheitliche Zustimmung. Gerechtigkeit erlebt einen Aufstieg in der Werteskala. Die Zunahme von Bürgerinitiativen, Bürgerbegehren und Bürgerentscheiden bringen Tendenzen zur Stärkung der Zivilgesellschaft zum Ausdruck.

DRITTENS: Eine Chance für Erneuerung der Demokratie ist, dass unter dem Schock der Finanzkrise seit 2007 und künftiger Krisen trotz aller marktliberalen Dogmatik selbst in den Reihen der Eliten der Ruf nach

Staatsintervention zunimmt – natürlich zum Wohl der Herrschenden. Gelingt es jedoch unter dem Druck der Umstände, den neuerlichen Bedeutungsaufstieg des Staates für Schritte des Einstiegs in sozialökologischen Wandel zu nutzen, könnte dies dazu beitragen, einen Richtungswechsel der Politik einzuleiten.

KERNAUFGABE: VERÄNDERUNG DES KRÄFTEVERHÄLTNISSES

VIERTENS: Über die tatsächlichen Zukünfte wird entscheiden, ob ein Wandel der Kräfteverhältnisse eine Erneuerung der Demokratie auf nationaler, europäischer und globaler Ebene durchsetzen und mit emanzipatorischen Alternativen ausfüllen kann.

Erneuerung der Demokratie gegen alle Formen hierarchischer Herrschaft als umfassende Durchsetzung der Gesamtheit von Menschenrechten, einschließlich der Geschlechtergerechtigkeit, muss zum inneren Zusammenhang aller linken Politik werden. Zur strategischen Kernaufgabe linker Kräfte wird, mit eigenem Profil und eigenem überzeugenden Politikangebot an der Vernetzung und an der Bildung von Allianzen und Bündnissen emanzipatorischer Akteure mitzuwirken, um eingeleitete Veränderungen in den gesellschaftlichen Kräfteverhältnissen weiterzutreiben. Aller Wandel, der zur Schwächung und Überwindung des neoliberalen Kapitalismus führt und die Konturen einer solidarischen Gesellschaft sichtbar macht, hängt davon ab.

8.

DIALEKTIK DES NEOLIBERALEN KAPITALISMUS — STÄRKEN UND SCHWÄCHEN

Eine Verallgemeinerung der für den neoliberalen Kapitalismus charakteristischen Grundprozesse mündet in die Feststellung seiner zutiefst widersprüchlichen Grundsituation. Seine Stärken tragen bereits seine Schwächen in sich (Brie, 2006: 17ff.). Seine Stabilität ist von Instabilitäten angefressen. Seine Globalisierung hat überall auf der Erde Gegenkräfte auf den Plan gerufen.

WIDERSPRÜCHE DER PRODUKTIVKRAFT-ENTWICKLUNG

Erstens erschließt der neoliberale Entwicklungsweg der gesellschaftlichen Produktivkraftentwicklung neue Räume. Er hat die Starrheit und andere Produktivitätsblockaden der fordistischen Massenproduktion überwunden. Er hat modernste Hochtechnologien zu seiner Produktionsbasis gemacht und eine kapitalistische Wissenschafts- und Informationsgesellschaft formiert. Gestützt auf die Informations- und Kommunikationstechnologien ist die vom Finanzkapital und transnationalen Unternehmen bestimmte Arbeitsteilung erdumspannend geworden – allerdings bei wachsender Kluft zwischen der westlichen Welt und großen Teilen des so genannten Südens.

Der neoliberale Kapitalismus hat die Hauptstärke des traditionellen Liberalismus, die Betonung individueller Freiheit der Einzelnen, in sich «aufgehoben», den Individualisierungsprozess in der westlichen Welt vorangetrieben und marktradikal umdefiniert. Sein Leitbild ist das freie Individuum als Unternehmer der eigenen Arbeitskraft und Daseinsvorsorge und die Gesellschaft als Vertragsgesellschaft von Freien und formell Gleichen, die sich über den Markt verwirklichen und denen ein Höchstmaß an Flexibilität und Mobilität abgefordert ist. So mobilisiert er die Selbstverantwortung der Individuen als Produktivitätspotenzial. Er bringt also eine produktive Lösung der Krise des fordistischen Kapitalismus und eine nie zuvor gekannte Reichtumsfülle hervor. Daraus resultiert eine bestimmte Legitimität als seine Stärke.

Doch diese Stärke wird mit zunehmendem Tempo immer brüchiger. Der neoliberale Kapitalismus zerstört zugleich wieder große Teile des von ihm hervorgebrachten Reichtums. Diese Zerstörung umfasst u. a. die Folgen von Kriegen, Umweltkrisen, Rezessionen, Finanz- und Strukturkrisen, vermeidbaren Krankheiten und des Verkehrs. Der Reichtum wächst häufig in Gebrauchswertformen, die für große Teile der Bevölkerung dem Verlust von Wohlfahrt gleichkommen. Beispiele dafür sind die Rüstungsproduktion, spekulative Kapitalanlagen auf den Finanzmärkten, die Verluste der Wegwerfgesellschaft sowie Verluste durch «normale» Wirtschaftskriminalität und mafiose Ökonomie. Eine

Gesellschaft, deren Reichtum arm macht und sich selbst zerstört, ist in ihren Grundstrukturen nicht bestandsfähig und zukunftslos (Klein, 2006).

Ein zentrales Paradoxon ist entstanden. Der Reichtumszuwachs scheint in eine zunehmende Enge der ökonomischen und sozialen Bewegungsspielräume für die Politik umzuschlagen. Das Phänomen der working poor und der wachsenden öffentlichen Armut deutet auf einen abnehmenden und teils sogar negativen Wohlfahrtseffekt des neoliberalen Produktivitätsfortschritts hin. Delegitimierung ist die Folge.

BRÖCKELNDE SOZIALE VERANKERUNG

ZWEITENS: Der neoliberale Kapitalismus ist ein sozial und kulturell verankertes Projekt und bezieht daraus bisher einen Teil seiner Stärke. Mit der neuen technologischen Basis hängt die Herausbildung von sozialen Schichten und Milieus zusammen, auf die sich die Machteliten stützen können. Die soziale Grundlage der neoliberalen Herrschaft ist das Oben-Mitte-Bündnis der Machteliten mit den hochqualifizierten Informations- und Kommunikationsarbeiterinnen und -arbeitern. Anstelle des Proletariats an den Maschinen tritt das «Kybertariat» (Huws, 2002) in das Zentrum des Produktionsprozesses. Das gesellschaftspolitische Leitbild von der Verantwortung der Einzelnen für sich selbst und der «Haftung aller für ihr Tun und Lassen» in der «Ordnung der Freiheit» (Köhler; 2005: 3) knüpft an dem Grundtrend der Moderne zur Individualisierung und an den Wünschen der Millionen Individuen nach Selbstbestimmung ihres eigenen Lebens an. Das begünstigt die Verinnerlichung dieses Leitbildes und seine starke Anziehungskraft. Ein Teil der gesellschaftlichen Mitte konnte so für die Reduzierung des Sozialstaats und für die eigene Teilbefreiung von sozialen Verpflichtungen gegenüber «Schmarotzern» und «Unfähigen» gewonnen und in die bestehenden Verhältnisse integriert werden. Der Sozialstaat wird so zurechtgestutzt, dass er noch in der Lage ist, die prekär Beschäftigten, Arbeitslosen und Ausgegrenzten überwiegend ruhig zu stellen.

Aber die soziale Integrationsfähigkeit des neoliberalen Kapitalismus schwindet. Tiefe soziale Unsicherheit hat längst auch die gesellschaftliche Mitte erreicht. Die Mehrheit der Lohnabhängigen empfindet sich nicht mehr als privilegiert. Offener noch als vor einiger Zeit treten wieder die Konturen einer kapitalistischen Klassengesellschaft hervor. In der Auswertung der Bundestagswahlen 2005 stellte Michael Vester fest: «Die Dreiteilung verkörpert sich in typischen gesellschaftlichen Ordnungsbildern des privilegierten oberen Milieus (um 25 Prozent), der nichtprivilegierten Arbeitnehmer (um 50 Prozent) und der unterprivilegierten Milieus (um 25 Prozent). Eine Mehrheit gibt es nicht für eine ‹neue Mitte›, sondern für die grundsätzliche Beibehaltung des historischen arbeitnehmerorientierten Solidaritätsmodells der Bundesrepublik.» (Vester, 2005: 68). Das aber ist eine Mehrheit gegen neoliberalen Sozialabbau.

PETER JÄGER gehört zu den unteren 25 Prozent. Durch das Hartz-IV-Weiterentwicklungsgesetz ist ihm das Erziehungsgeld für seine Tochter um zwei Jahre gekürzt worden. Zu den Sorgen seines Lebens an der Armutsgrenze kommt die neoliberale Deutung, dass er und seinesgleichen Versager seien, den Anforderungen der Marktgesellschaft nicht gewachsen, gescheiterte Existenzen eben. RICO ist nicht gescheitert. Er gehört – obwohl Unternehmer – nicht zu den oberen 25 Prozent, eher zur Mitte der Gesellschaft. Aber: «Das Scheitern ist nicht länger nur eine Aussicht der sehr Armen und Unterprivilegierten; es ist zu einem häufigen Phänomen im Leben auch der Mittelschicht geworden.» (Sennett, 1998. 159) RICO ist vorerst den Forderungen nach Flexibilität und Mobilität nachgekommen. Doch, so zeichnet Sennett seine Eindrücke nach den Gesprächen mit ihm auf, Menschen wie ihn verfolgt «auf subtilere, aber ebenso mächtige Weise das Gefühl, als Familienvater oder -mutter zu scheitern». (ebenda: 160) Während er den Geboten des Marktes nachjagt, lockern sich die zwischenmenschlichen Beziehungen, für die er sich in Verantwortung sieht, und könnten eines Tages wie bei Millionen anderen auch zerbrechen.

Die Chance reift heran, der herrschenden Konstellation ein Mitte-Unten-Bündnis entgegenzusetzen. Die neoliberale Stärke, am individuellen Selbstbestimmungsinteresse anknüpfen zu können, schlägt in Schwäche um, wo die soziale Realität einer finanzkapitalistischen Ökonomie der Enteignung solchem Interesse die Bedingungen seiner Verwirklichung entzieht.

POLITISCHE DELEGITIMIERUNG

Doch auch die politische Realität delegitimiert den neoliberalen Kapitalismus. Zu einer Grundschwäche wird, dass er wider den eigenen Anspruch, «Ordnung der Freiheit» zu sein, das Projekt der Moderne als Menschenrechtsprojekt in Frage stellt. Die bürgerliche Moderne war immer mehr als Kapitalismus. Demokratie, Rechtsstaatlichkeit und individuelle Freiheitsrechte der Bürgerinnen und Bürger sind ihre Evolutionspotenziale – geprägt durch Aufklärung, Französische Revolution und die sozialistische Bewegung. Nun aber gewinnt die Tendenz zur Verkürzung der Moderne auf puren Kapitalismus an Gewicht. Soziale Menschenrechte werden geschleift, die in Jahrzehnten erkämpft wurden.

Aber auch politische Menschenrechte werden beschnitten. Im Namen des Krieges gegen den Terrorismus breitet sich der Überwachungs-, Sicherheits-, Präventiv- und Polizeistaat aus und werden rechtsstaatliche Prinzipien teilweise außer Kraft gesetzt. Die Demokratie wird dadurch ausgehöhlt, dass global agierende Unternehmen die Handlungsmacht der Staaten unterlaufen und unter Androhung der Verlegung von Arbeitsplätzen in Billiglohnländer den Lohnabhängigen ihre Konditionen diktieren. Partizipation besteht weitgehend in einer von Bürgerinnen und Bürgern selbst verantworteten Exekution von Sachzwängen, die politisch durch das Zusammenwirken von transnationalen Konzernen, politischen Eliten und dem Management von IWF, WTO und Weltbank geschaffen wurden. Zur demokratischen Disposition bleibt die Art und Weise der Umsetzung dieser Zwänge. Erhebliche Teile der Bevölkerung werden von jeder Partizipation ausgeschlossen.

Die Linke ist herausgefordert, der neoliberalen Aushöhlung der Menschenrechte zu begegnen, indem sie den emanzipatorischen Charakter ihrer Alternativen in vollem Maße zur Geltung bringt. Der demokratische Sozialismus als transformatorischer Prozess der Eroberung sozial gleicher Teilhabe an den Bedingungen eines selbstbestimmten Lebens in sozialer Sicherheit und Würde ist so verstanden der Prozess vollständiger Entfaltung aller sozialen, politischen und individuellen Menschenrechte und von Rechten für jede und jeden auf gleichen Umweltraum zudem.

MACHBARKEIT, DIE AN GRENZEN STÖSST

DRITTENS besteht die Stärke des neoliberal geprägten Kapitalismus darin, dass seine Projekte machbar sind: die marktförmige Durchgestaltung der Gesellschaft, die Privatisierung der Daseinsvorsorge, die Durchsetzung eines Niedriglohnsektors und die Öffnung der Märkte wettbewerbsschwächerer Staaten für die Expansion der «eigenen» Unternehmen. Aber angelangt auf einem Höhepunkt des kapitalistischen Marktregimes in der Gestalt der globalen Finanzmärkte kollidiert der Marktradikalismus mit den Herausforderungen des 21. Jahrhunderts. Die umsetzbaren Projekte des Neoliberalismus sind nicht umsetzbar für eine soziale Bewältigung der globalen Großprobleme:
Friedensstiftung ist durch Bekämpfung von Armut und Unwissen, durch ökonomische und soziale Entwicklung, durch Konfliktprävention und Abrüstung möglich. Gemeinsame und komplexe Sicherheit erfordert, feindliche Verdrängungskonkurrenz zurückzudrängen, den Einfluss militärischer Machtstrukturen zu brechen, den Expansionismus einer

fossilistischen Energiewirtschaft auf der Flucht vor Peak Oil durch den Übergang zu solarer Energiewirtschaft zu beschränken. Der Kapitalismus und sein Herzstück, die vermachteten globalen Märkte, müssen gebändigt werden. Es ist die fundamentale Schwäche des Neoliberalismus, dass die großen Probleme der Menschheit gegen ihn gelöst werden müssen.
Eine sozial-ökologische Zeitenwende erfordert, die Herausbildung zukunftsgerechter Volkswirtschaftsstrukturen an ihren Wirkungen auf kommende Generationen zu messen. Die extremen Schwierigkeiten des Umbaus von Wirtschaftsstrukturen, der weltwirtschaftlichen Arbeitsteilung und vor allem der Lebenschancen und der Lebensweisen von Hunderten Millionen Individuen erfordern eine neuartige Kombination der Entschleunigung aller zerstörerischen Prozesse (des Ressourcenverbrauchs, der Umweltbelastung, des Wachstums Umwelt belastender Technologien und Produkte, des übersteigerten Konsumismus usw.) und der Beschleunigung aller Problem lösenden Entwicklungen (der Demokratisierung, Bildung, Hilfe zur Selbsthilfe im «Süden, Dezentralisierung, Abrüstung usw.). Strategische Entscheidungen müssen getroffen werden. Und sie betreffen so komplexe Verhältnisse, dass sie nur im Verlauf von radikalen zivilgesellschaftlichen Demokratisierungsprozessen möglich erscheinen.
Aber eine Verbindung von weiten Zeithorizonten, Entschleunigung, Komplexität und Demokratisierung erfordert eine gestaltende Bändigung der globalen Märkte gerade in der Situation ihrer vollen Entfesselung. Dem seiner marktradikalen Natur nach nicht entsprechen zu können, ist eine fundamentale strukturelle Schwäche des Neoliberalismus.
Die Antwort auf diese Schwächen sind die kapitalismuskritischen und antikapitalistischen globalen Bewegungen. Sie sind aus dem verbreiteten Gefühl erwachsen, dass die neoliberalen Antworten auf die großen Fragen der Zukunft sozial untauglich sind und zu Lasten der Mehrheit gesucht werden. Diese Bewegungen sind exponierter Ausdruck einer sich verbreitenden Legitimationskrise des Neoliberalismus und des Widerstandes von unten. Sie haben mit der Überzeugung «Eine andere Welt ist möglich» dem neoliberalen Wahrheitsmonopol den Kampf angesagt. Die Vielfalt von Initiativen, Aktionen und Alternativvorstellungen, die auf den Weltsozialforen und den Foren auf den Ebenen darunter sichtbar werden, deuten auf alternative Wege des Umgangs mit der Komplexität der Problemlagen hin. In einer Reihe lateinamerikanischer Länder ist eine Bewegung nach links unverkennbar.

In Spanien kam es im Juni 2002 zu einem Generalstreik gegen die geplante Verschärfung der Zumutbarkeitsregeln im Rahmen der Reform der Arbeitslosenversicherung. Generalstreiks gegen soziale Verschlechterungen fanden im November 2002 in Portugal, im April und Oktober 2002 und abermals 2003 in Italien, im April und Mai 2001 in Griechenland, in Frankreich im Mai 2003 und in Österreich im Jahr 2002 statt. Breite Proteste sahen die Niederlande im Oktober 2004 und Belgien. In Norwegen unterstützten die Gewerkschaften den Einzug der Linkspartei in die Regierung.

In Europa gibt es Anzeichen einer Revitalisierung gewerkschaftlicher Kämpfe nach der Periode der Anpassung und der Sozialpakte in den neunziger Jahren. Doch insgesamt befindet sich die Gewerkschaftsbewegung noch in der Defensive. Diese Lage wird sie nur überwinden können, wenn sie ihr Eintreten für erweiterte Mitbestimmung, solidarische und betriebsnahe Tarifpolitik, «gute Arbeit», Arbeitszeitverkürzung und familienfreundliche Arbeitszeitpolitik mit weiterreichenden Kämpfen für einen politischen Richtungswechsel in Deutschland verbindet. (Detje/König, 2007: 31 ff.; Bischoff/Detje, 2007)

DIE NEUEN ERDENRETTER

Im Gefüge des neoliberal geprägten Kapitalismus zeigen sich Risse. Die Arroganz der Mächtigen gegen ihrer Kritikerinnen und Kritiker dauert an. Aber plötzlich erklären sie, die die Warnungen vor der Zerstörung der Umwelt und des sozialen Zusammenhalts von Gesellschaften stets als Panikmache abgetan und alternative Forderungen als realitätsferne Illusionen bekämpft haben, sich jetzt zu Rettern der Erde. «Der Spiegel» hat sie in einer Serie «Die Weltsanierer» genannt.«Es ist der Starlight-Room des Waldorf-Astoria, ein Saal getragen von Säulen, geschmückt mit schweren Vorhängen, der Teppich schimmert golden, eine große Bühne für eine große Oper, und an der Wand hängt ein Schild mit dem Titel des Stücks: ‹Clinton Climate Initiative›.» «Und Clinton, der Weltbürger, geht jetzt hinüber in den Starlight-Room, Bürgermeister aus aller Welt sitzen da, die Chefs der größten Banken, Konzernlenker sind gekommen, Macher, Veränderer, Gestalter.» Die Initiative bekommt ihr Geld «von Spendern wie Bill Gates, und ihr Chef ist der Drahtzieher im Geflecht zwischen schwerreichen Menschenfreunden und Welt verbessernden Pragmatikern». «Sie alle strahlen im Starlight-Room, die Leute von Siemens, die Clinton ihre Technik und ihr Wissen leihen, oder die Herren der fünf Banken, die zusammen fünf Milliarden Dollar bereitstellen. Und alle fühlen sich getragen von einer Wolke aus Moral, Tatkraft und

Charisma.» «Ein neuer Typus des Weltverbesserers hat die Bühne der Zeitgeschichte betreten. ... Heute übernehmen Profis das Geschäft der Weltverbesserung, ... sie haben aus der Geschichte der vergangenen Jahrzehnte gelernt. Sie fühlen und glauben ihre Gattung und die Erde bedroht durch Hunger und Armut, durch Dürre und Wassermangel, durch Müll und Aids, durch Gifte und CO_2.» Und «Der Spiegel» zählt auf, wer noch dabei ist auf dem Jahrmarkt der Weltverbesserung: Sanofi-Aventis, Merieux und Monsanto, Merck, Roche und Unilever, BASF, Bayer und Total. Sie alle stellen sich dar als Teil der Lösung.
Zu ihnen gehört Jeffrey Sachs, Chef des Earth Institute und einer der Väter neoliberaler Schocktherapie für Russland und andere Länder Osteuropas nach 1990. Er zeigte sich allerdings in einer Rede vor den neuen Weltsanierern irritiert. «Wir haben alle technischen Lösungen, wir wissen, wie man sauberes Wasser herstellt, wie man saubere Energie produziert, wie man Ernten sichert ... und wir wissen sogar, dass das alles nicht viel kostet. Aber wir verfehlen unsere Ziele seit Jahrzehnten.» «Eine Antwort darauf,» so schreiben die «Spiegel»-Autoren, «warum das so ist, gibt auch Jeffrey Sachs nicht.» Und auch im «Spiegel» steht sie nicht. (Brinkbäumer/Fichtner, Der Spiegel 30/2007)

DAS PROBLEM SIND DIE GRUNDSTRUKTUREN

George Soros, oft als König der Spekulanten bezeichnet und in der «Spiegel»-Story ebenfalls zu den Weltrettern gezählt, hat die Antwort auf die gestellte Frage längst gegeben: «Als Bürger bin ich an sozialen Werten interessiert, an Frieden, Gerechtigkeit, Freiheit oder was auch immer – all diesen Werten können Marktteilnehmern keinerlei Ausdruck verleihen.» «Unternehmen werden von Profis geleitet, deren Management-Grundsätze nur ein Ziel haben: Profitmaximierung.» (Soros, 1998: 25, 153) Damit verweist Soros auf die kapitalistischen Grundstrukturen als tiefste Blockade gegen Emanzipation und sozial-ökologischen Umbruch der Gesellschaft. Nur Einzelnen von denen, die diese Strukturen verkörpern, gelingt es, sich über sie hinwegzusetzen. Die globale Machtelite wird ihre Herrschaft nicht selbst demontieren. Hans Magnus Enzensberger nannte Gorbatschow einen »Heroen der Selbstdemontage». Doch in der Geschichte tritt dieser Typus nur selten in einzelnen Persönlichkeiten und nie in Gestalt einer ganzen herrschenden Klasse auf. Und auch Gorbatschow agierte nur als «Vollstrecker des schon gefällten Urteils über einen in die Endkrise geratenen Staat und ein unhaltbar gewordenes System». (Brie, 1993: 281) Die neuen Erdretter stellen aber beileibe nicht ihr System in Frage.

Die Spitzenleute von Siemens, Bayer und Monsanto sitzen als Bürger im Starlight-Room des Waldorf-Astoria. Als Bürger mögen viele von ihnen Sorgen um den Zustand der Gesellschaft haben und sich Besserung wünschen. Als Weltmarktakteure und Kapitalrepräsentanten ist ihre Sorge der nächste Börsenbericht ihrer Unternehmen und der Zuwachs des shareholder value. In dieser Eigenschaft liefert Siemens die Wasserzähler nach Soweto, die den Armen wie AGNES MOHAPI bei Zahlungsunfähigkeit automatisch das Wasser sperren. In dieser Eigenschaft bezieht Bayer über die Tochterfirma H. C. Starck Tantal aus dem Kongo, an dem Kinderarbeit, Bürgerkriegsfinanzierung und Schicksale wie das FAIDA MUGANGUS hängen. In dieser Eigenschaft realisiert Monsanto Milliardengewinne aus gentechnisch behandeltem Saatgut um den Preis des Ruins von Millionen Bauern.

Es ist ein ambivalenter Fortschritt, dass Teile der Machteliten zur Anerkennung von gravierenden Defiziten der Gesellschaft und großen Bedrohungen genötigt sind. Das mag die Empfindlichkeit der Macht für den Druck durch alternative Kräfte erhöhen, allerdings auch die Reaktions- und Anpassungsfähigkeit des Kapitalismus. Die Erlösung wird nicht von den ökonomisch und politisch Herrschenden ausgehen, nicht von einzelnen elitären Erdenrettern. Ihr Verhaftetsein in den Grundstrukturen des gegenwärtigen Kapitalismus schließt das aus.

Wohl aber könnten die durch die Dramatik der Herausforderungen und durch die Tiefe des Absturzes von Börsenkursen erzwungenen Einsichten auf Seiten der Herrschenden sie zu Kompromissen in Überlebensfragen bewegen, wenn erstarkende Gegenmacht dies erzwingt. Profite können auch mit umweltfreundlichen Technologien erreicht werden. Die Fortexistenz des Kapitalismus hängt nicht von Rüstungsproduktion und Rüstungsexporten ab. Mehr Kaufkraft der Bevölkerung in den Entwicklungsländern durch soziale Reformen kann durchaus deren Aufnahmefähigkeit für Waren aus der westlichen Welt erweitern. Der neoliberale Kapitalismus wirkt in entgegengesetzter Richtung. Aber das lässt nicht den Umkehrschluss zu, dass die Rettung der Menschheit vor den größten Bedrohungen den Untergang des Kapitals voraussetzt.

Von der Verantwortung für eine andere Welt ist niemand zu befreien. Aber die größte Verantwortung liegt bei der Mehrheit der Bürgerinnen und Bürger, bei ihren Initiativen und Bewegungen. Im Parteiensystem liegt sie vor allem bei den Parteien des linken Spektrums.

9.

MÖGLICHE ZUKÜNFTE — ENTWICKLUNGSWEGE IM 21. JAHRHUNDERT

Die hier präsentierte Analyse des gegenwärtigen Kapitalismus in Deutschland und darüber hinaus hat die Ausgangsthese bestätigt, dass er zutreffend als neoliberaler Kapitalismus zu definieren ist, der auf einem bildungs- und wissenschaftsintensiven hochtechnologischen Produktivkraftsystem basiert. Der Marktradikalismus erweist sich als sein ökonomischer Kern, der allen Grundprozessen des neoliberalen Kapitalismus gemeinsam ist. Der Finanzmarkt-Kapitalismus ist die ausgeprägteste Gestalt dieses globalen Marktradikalismus.

Als weitere miteinander verflochtene Grundprozesse des neoliberalen Kapitalismus wurden die Globalisierung, eine Ökonomie der Enteignung und die Rückkehr der Klassengesellschaft, eine Erneuerung und Verstärkung imperialer und imperialistischer Tendenzen, die fortschreitende Gefährdung und Zerstörung der Umwelt, der Übergang vom Sozialstaat zum Wettbewerbsstaat und zur Gouvernementalität, die Internationalisierung des Staates und die Erosion der Demokratie gekennzeichnet.

DER BRUCH Durchgängig hat die hier vorgelegte Analyse auf die widersprüchliche Verfasstheit des neoliberalen Kapitalismus verwiesen. Er umspannt ebenso Evolutionspotenziale moderner Gesellschaften wie zerstörerische Prozesse. Sie machen Stärken des Neoliberalismus sichtbar, die auf seine Reproduktionsfähigkeit und auf eine relative Stabilität hindeuten, und sie zeigen seine Schwächen, seine Instabilität und Angreifbarkeit, seine Niedergangsprozesse und Grenzen.

Im Herbst 2008 jedoch trat explosionsartig ein Bruch im Verhältnis von Entwicklungspotenzen und destruktiven Wirkungen kapitalistischer Grundstrukturen hervor. Eben noch wurde die Globalisierung als einzigartige Chance für die exportorientierte deutsche Wirtschaft angesehen. Doch seit dem Sommer 2007 hat sich mit der Globalisierung die von den USA ausgehende Immobilien- und Finanzkrise auch in die deutschen Banken und in die Wirtschaft der Bundesrepublik eingeschlichen. Mit ihrem offenen Ausbruch treten nun die Gefahren eines liberalisierten und deregulierten Globalisierungsprozesses chaotisch zu Tage. Reproduktionsfähigkeit schlägt in eine Krise der Reproduktion um. Die Ökonomie der Enteignung gewinnt neue Dimensionen. 3,6 Millionen Amerikaner haben seit dem Ausbruch der Immobilienkrise ihre Häuser verloren. Innerhalb von 15 Monaten haben die US-Pensionsfonds 2 Billionen Dollar an Wert eingebüßt. Die Alterssicherung von Millionen Bürgerinnen und Bürgern ist in Frage gestellt. Überall in den Industrieländern wurden staatliche Rettungspakete geschnürt, für die Hunderte Milliarden Dollar, Euro oder Pfund aufzubringen sind. Die Steuerzahler werden wohl Jahrzehnte hindurch die Zeche zu zahlen haben. Soziale Integrationsfähigkeit, schon längst erodiert, schlägt um in eine tiefe Krise der Integrationsfähigkeit. Die ohnehin geringe Entwicklungshilfe für den Trikont wird ebenfalls darunter leiden. Was für die Rettung der Banken aufgewendet wird, wird vor allem die sozialstaatlichen Ausgaben noch mehr als ohnehin beschneiden.

Der Finanzmarkt-Kapitalismus galt gerade noch als die Erfüllung kühnster alchimistischer Wunschträume. Zunehmend losgelöst von der realen Wertschöpfung in der Produktion schienen märchenhafte Profite der Gewinner von Finanztransaktionen aus dem puren Nichts zu entspringen. Bei Leerverkäufen (S. 97) ließen sich sogar durch die Spekulation auf das Sinken von Aktienkursen Milliardengewinne realisieren. Wertverluste verkehrten sich durch einen seltsamen Zauber in Profitquellen.

DIE FINANZKRISE ALS KATALYSATOR

Plötzlich jedoch, im Herbst 2008, eskalierte die im Sommer 2007 als Immobilienkrise ausgebrochene Finanzkrise zur tiefsten Erschütterung in der Geschichte des internationalen Finanzsystems (siehe S. 98 ff). Der Umschlag des Finanzsystems von der vorwiegenden Versorgung der Wirtschaft mit Krediten zum Übergewicht von spekulativen Finanztransaktionen und in jüngster Zeit vor allem die Verbriefung von Kreditpapieren führten zu einem extrem hohen Anteil von «Schrott-Papieren» an den Vermögensbeständen der Finanzakteure. Allein das Volumen von Kreditderivaten (Credit Default Swaps/CDS), d.h. von Finanzprodukten, die durch Bündelung verschiedenster Kreditforderungen einschließlich fauler Kredite entstehen und dadurch deren Wertlosigkeit verschleiern, hatte im Sommer 2008 nach Angaben der «Financial Times Deutschland» vom 3. Juni 2008 62 Billionen Dollar erreicht – im Vergleich zu einem Weltbruttoinlandsprodukt von rd. 55 Billionen US-Dollar. Die Undurchschaubarkeit vieler so genannter Finanzprodukte, ihr riesiger Umfang, die gesetzlich konstituierte Untauglichkeit der Finanzaufsicht und -kontrolle und die folglich fehlende Transparenz führten dazu, dass die Banken sich wechselseitig nicht mehr über den Weg trauten. Denn niemand durchschaute, wer auf wie viel Risikopapieren sitzt und vielleicht schon am Rande der Pleite wirtschaftet.

> «Es ist wie die Fahrt in einem Nachen auf einem afrikanischen See. Die Besatzung ahnt, dass da Krokodile lauern, aber sie weiß nicht, wie viele und wie groß sie sind.» (Kurbjuweit, 2008: 49)

Der Interbankenmarkt brach zusammen, d.h. die Banken räumten sich wechselseitig nicht mehr wie üblich Kredite zur Überbrückung der Diskontinuitäten in den Geschäftsabläufen ein. Eine Kreditklemme entstand, die in den USA Tausende kleine Banken in den Ruin getrieben hat, Weltbanken an den Rand des Zusammenbruchs führte und zur Zeit des Erscheinens dieser Publikation die Realwirtschaft bereits mit einer Rezession bedroht. Der japanische Staat hatte im Wirtschaftseinbruch der neunziger Jahre einen so großen Teil seiner finanziellen Kapazität für den Ausgleich der Unternehmensverluste eingesetzt, dass die daraus entstandenen Verluste staatlicher Steuerungsfähigkeit erheblich zu einem Jahrzehnt der Stagnation beitrugen. Es ist nicht auszuschließen, dass eine ähnliche Tendenz auch in den kommenden Jahren die Erholung von einer absehbaren Rezession und Wachstumsschwäche erschweren wird. Wenn dann bei vermindertem Steueraufkommen viele Milliarden zur Abwendung von Umweltdesastern eingesetzt werden müssten, wenn mit wieder anschwellender Arbeitslosigkeit die Anforderungen an soziale Leistungen steigen und die Entwicklungsländer finanzielle Unterstützung bei der Bewältigung der vor allem von den Industrieländern verursachten Umweltzerstörungen einfordern werden, wird es eng werden. Die Probleme könnten sich zu tiefen Gesellschaftskrisen mit globalen Dimensionen zusammenballen.

VERKNÜPFUNG GROSSER KRISEN

Die Dramatik der Krisensituation gegen Ende der ersten Jahrhundertdekade wird dadurch noch gesteigert, dass die Finanzkrise nur der besonders spektakuläre Teil eines einzigartigen zeitlich gerafften Zusammenfallens unterschiedlicher großer Krisen des Kapitalismus ist. Die besondere Brisanz dieser Verknüpfung schwerer Krisen besteht zudem darin, dass sie das Versagen des neoliberalen Kapitalismus gerade vor den größten Herausforderungen des Jahrhunderts augenfällig machen (s. S. 31 ff).

Das betrifft die Abwendung einer Klimakatastrophe – aber die Chancen dafür stehen nicht gut. Das betrifft eine erdumspannende Friedenssicherung – aber der Irak-Krieg unter vielen gegenwärtigen in den Medien allerdings kaum erwähnten militärischen Konflikten verweist darauf, dass der Friede noch in weiter Ferne liegt. Das betrifft die Überwindung von Hunger, Armut und Sackgassen der Entwicklung – aber der Global Monitoring Report 2008 der Weltbank weist für 42 von 59 untersuchten Ländern eine Vergrößerung der Kluft zwischen Arm und Reich aus. Diese Kluft wurde auch vom New Yorker UN-Gipfel zur Armutsbekämpfung vom September 2008 beklagt. Und das betrifft den dringlichen Übergang zu einer neuen Regulationsweise, die angesichts hochkomplexer globaler Problemlagen langfristige politische Gestaltungsfähigkeit institutionalisieren müsste – aber die Finanzkrise beweist, dass der neoliberale Kapitalismus auch dieser Herausforderung nicht gewachsen ist.

Der Marktradikalismus ist an seine Grenzen gelangt. Das offenbart diese Verflechtung großer Krisen, von denen jede für sich große Teile der Menschheit existenziell bedroht. Jahrzehnte hindurch galten die Märkte den Repräsentanten neoliberalen Denkens als Garanten des ökonomischen Gleichgewichts, als die bestmögliche Institution zur Lösung gesellschaftlicher Probleme. Die staatliche Regulierung wurde dagegen als wahres Teufelszeug denunziert – was allerdings staatlich getragene Kriege, obrigkeitsstaatliche Erosion der Demokratie, intensive Staatsaktivitäten zur Liberalisierung, Deregulierung und Privatisierung und die Stärkung der «eigenen» Unternehmen durch den Staat im globalen Standortwettbewerb nie ausschloss.

DER STAAT ALS RETTER

Plötzlich jedoch – auf dem Höhepunkt des Marktradikalismus, der ja der Finanzkrise zugrunde liegt – schlug die öffentliche Verachtung des Staates in die nahezu verzweifelte Forderung nach staatlicher Intervention zur Rettung des globalen Finanzsystems um. Die Frankfurter Allgemeine Zeitung, das Print-Flaggschiff der deutschen Machtelite, fasste die Stimmung am Abgrund in die Schlagzeile: «Die Banken flehen in der Finanzkrise um Hilfe». Das war am 30. September 2008. Am 5. Oktober titelte die Frankfurter Allgemeine Sonntagszeitung dann – vorerst erleichtert – : «Der Staat rettet den Kapitalismus». Am 22. Oktober wurde im Leitartikel der FAZ rückblickend erklärt: «Die Lage war derart verzweifelt, dass alleiniges Vertrauen in die Selbsthilfekräfte des Marktes sehr wahrscheinlich in eine Katastrophe geführt hätte.»

Deshalb sieht die deutsche Bundesregierung für stützende Beteiligungen am Kapital von Banken 80 Milliarden Euro vor. Großbritannien beteiligt sich mit 75 Milliarden Pfund am Kapital fast aller britischen Großbanken (FAZ, 13.10.2008). Die USA haben den Einsatz von 250 Milliarden Dollar für Staatsbeteiligungen an Banken beschlossen. Teilverstaatlicht wurden die beiden größten Hypothekenbanken der USA, Fannie May und Freddie Mac. Die staatliche Notenbank hat u. a. 80 Prozent der Kapitalanteile des Versicherungsriesen AIG erworben (FAZ; 14.10.2008). Frankreichs Präsident Sarkozy hat sogar Staatsbeteiligungen an Schlüsselindustrien ins Auge gefasst. Kommentar der FAZ: «Es wird höchste Zeit, dass die Politiker sich wieder mäßigen.» (FAZ, 5.10.2008)

FRAGEN NACH DEM DANACH

Die Frage ist entstanden, was die Rückkehr des Staates, der nie wirklich abwesend gewesen war, für die künftige gesellschaftliche Entwicklung bedeutet. Wird die Finanzkrise zu einer wirksamen Kontrolle und Bändigung der Finanzmärkte Anlass sein und so den neoliberalen Kapitalismus funktionsfähiger machen, werden wir künftig das Paradoxon eines staatlich gehegten Marktradikalismus als gewandelte Gestalt des neoliberalen Kapitalismus erleben? Oder wird die Finanzkrise zum Beginn des Abschieds von der ganzen neoliberalen Phase des Kapitalismus? Welche Variante des Kapitalismus könnte für eine neue postneoliberale Phase kapitalistischer Entwicklung charakteristisch werden? Oder rücken sogar das Ende des Kapitalismus selbst und der Einstieg in emanzipatorische Alternativen näher?

In Deutschland und in anderen Ländern haben gesellschaftliche Mehrheiten die Einsicht gewonnen, dass der Neoliberalismus Ungerechtigkeit, Entsolidarisierung, Entsicherung, Gefährdung der natürlichen Lebensgrundlagen und der Zukunft von Kindern und Kindeskindern bedeutet. Die jüngste Finanzkrise hat dieses Empfinden zu einer tiefen Vertrauenskrise verdichtet.

42 Prozent der von TNS-Forschung am 30. September 2008 Befragten erklärten, dass sich ihr Vertrauen in die freie Marktwirtschaft in den letzten Wochen verschlechtert habe (Der Spiegel, 6.10.2008: 53).

Die Vertrauenskrise fordert emanzipatorische Alternativen heraus. Sie bedroht die neoliberale Herrschaft. Aber Mehrheiten glauben zugleich, dass es gegen die Macht und Stärke des Neoliberalismus und gegen die als Sachzwänge verinnerlichten Wirkungen des globalen Marktmechanismus keine Alternativen gäbe. Alternative Gesellschaftsentwürfe und Politikangebote werden mehrheitlich als nicht realistisch und nicht machbar empfunden. Das lähmt Widerstand und Protest, Politik gegen den Mainstream und Zukunftsvorstellungen, die über die Grenzen des

Kapitalismus hinausweisen. Die Trends des neoliberalen Kapitalismus – das hat ihre Darstellung verdeutlicht – lassen erkennen, welche Gegenbewegungen die antisozialen, antidemokratischen und Umwelt zerstörenden Prozesse herausfordern, welche Richtung alternative Politikkonzepte aufweisen müssten, um den Bedrohungen durch den Neoliberalismus begegnen zu können. Aus dieser widerspruchsvollen Grundkonstellation ergibt sich, dass in den gegenwärtig neoliberal dominierten gesellschaftlichen Verhältnissen unterschiedliche Zukünfte angelegt sind.

Welche Entwicklungswege die nächsten Jahrzehnte bestimmen werden, wird durch die Kräftekonstellationen und Kämpfe der gegensätzlichen gesellschaftlichen Akteure entschieden werden.

Die möglichen Szenarien der Zukunft werden Gegenstand in nächsten Publikationen der Reihe «einundzwanzig» sein. Hier ist nur knapp auf die verschiedenen Entwicklungswege zu verweisen, die als Fortsetzung der Trends des neoliberalen Kapitalismus oder als Alternative zu ihnen möglich sind – anknüpfend an den ersten Zukunftsbericht der Rosa-Luxemburg-Stiftung (Klein, 2003: 69 ff.) und an Michael Bries Arbeit «Die Linke – was kann sie wollen?» (Brie, 2006: 30 ff.).

MÖGLICHE ENTWICKLUNGSWEGE IM 21. JAHRHUNDERT		
	Szenario I: Neoliberaler Kapitalismus angelsächsischen Typs	**Szenario II: Neoliberaler Kapitalismus gemäßigten Typs**
Ziele	Kapitalreichtum – shareholder value; Stärkung der globalen Geldeliten; geopolitische Vormacht; Spitzenpositionen auf den Weltmärkten; Herrschaft der ökonomischen und politischen Machteliten	Kapitalreichtum in einem angegrünten Kapitalismus – shareholder value unter verstärkter staatl. Kontrolle; Spitzenpositionen auf den Weltmärkten; Anteil an geopolitischer Macht; Herrschaft der ökonomischen und politischen Machteliten
Prototyp	USA: Reagan-/Bush-Administration	Deutschland: Regierung Schröder Großbritannien: Regierung Blair } mit jüngsten Korrekturen nach der Finanzkrise durch die Große Koalition und durch die Regierung Brown
Mittel	Marktradikalismus: Liberalisierung, (soziale) Deregulierung, Privatisierung. Unilaterale rechtsimperiale Außen- und Militärpolitik; Elitenbildung	Kompromisse zwischen Liberalisierung/Deregulierung/Privatisierung und Staatsinterventionen; halbherzige Wende in der Klimapolitik; Widerstreit von Wettbewerbsstaat und internationaler Staatenkooperation; aktivierender Sozialstaat; multilaterale, liberal-imperiale Außen- und Militärpolitik; Elitenbildung; begrenzte Mittelstandsförderung
Machtblock	Großakteure auf den internationalen Finanzmärkten, transnationale Unternehmen. Konservative politische Eliten, wirtschaftlich-kulturelle Oberschichten, Spitzen des Militärs	Großakteure auf den intern. Finanzmärkten, transnationale Unternehmen. Konservative und sozial-demokratische politische Eliten bei stärkerem Einfluss ihrer lernfähigen Teile, wirtschaftlich-kulturelle Oberschichten. obere Mittelschichten. Oben-Mitte-Bündnis

Szenario III: Postneoliberale Wohlfahrtsstaatl. Variante des Kapitalismus	**Szenario IV: Emanzipatorische Reformalternativen**	**Szenario V: Entzivilisierter Kapitalismus**
Kapitalreichtum und Sicherung von Sozialstandards; sozialökologisch regulierter «grüner» Kapitalismus	Humanreichtum: individuelle Freiheit für jede und jeden durch soziale Gleichheit und Solidarität; sozialökologische Nachhaltigkeit in einer gerechten Gesellschaft; Handlungsorientierung und Perspektive: Demokratischer Sozialismus	Kapitalreichtum, autoritäre Herrschaft der ökonomischen und politischen Reaktion; geopolitische Macht
Schweden/Finnland, in die Zukunft verlängert, unter dem Druck des Klimawandels und der Erfahrungen der Finanzkrise		Im Ansatz: argentinische und chilenische Militärdiktaturen der 70er und 80er Jahre
Mix vom Marktregulierung und staatlicher Intervention; vorsorgender und aktivierender Sozialstaat: breite Teilhabe an Bildung und öffentlicher Beschäftigung, Gleichstellungspolitik, Mittelstandsförderung	Erneuerung der Demokratie, partizipative und Wirtschaftsdemokratie. Demokratisch kontrollierte Mischwirtschaft, Zentralität des Öffentlichen. Gestaltender Staat, Konstituierung eines sozialökologischen Rahmens für den Markt und internationales Handeln. Demokratischer Sozialstaat, Politik der gemeinsamen und komplexen Sicherheit. Hochwertige Bildung für alle. Gleichstellungspolitik. Mittelstandsförderung	Unverhüllter «Terror der Ökonomie». Marktradikalismus. Privatisierung. Obrigkeitsstaat, Polizeiterror. Radikale Einschränkung der Demokratie. Rechtspopulismus, Rechtsextremismus, Fundamentalismus, Mafia-Strukturen. Rechts imperiale Außen- und Militärpolitik
Transnationale Unternehmen, umweltorientierte Wirtschaftssektoren, sozialdemokratische und konservative politische Eliten, sozial und ökologisch sensible wirtschaftlich-kulturelle Oberschichten. Breite Mittelschichten. Oben-Mitte-Bündnis	Demokratische Akteure sozial benachteiligter Schichten und der gesellschaftlichen Mitte. Mitte-Unten-Bündnis	Autoritäre Kreise der wirtschaftlichen, politischen und militärischen Machteliten. Populistisch mobilisierte Bevölkerungsteile aus mittleren und unteren Schichten

9.1. SZENARIO I: GESCHWÄCHTER NEOLIBERALER KAPITALISMUS ANGELSÄCHSISCHEN TYPS

Die erste Variante möglicher künftiger Entwicklung des Kapitalismus ist eine Rekonvaleszenz des Kapitalismus angelsächsischen Typs mit dominantem, allerdings geschwächtem Einfluss auf die Welt.

Gegenwärtig – mitten in der großen Finanzkrise – ist dieser Typ des Kapitalismus schwer angeschlagen. Die Führungsposition der USA – Hort des Neoliberalismus und Ausgangsort der Finanzkrise zugleich – ist tief erschüttert. Viele Ökonomen, Analysten und Politiker erwarten das einundzwanzigste Jahrhundert anders als das zwanzigste nicht mehr als ein amerikanisches Jahrhundert.

Die neoliberale Doktrin selbst ist durch das eklatante Versagen des Marktmechanismus in so offenkundigen Konflikt mit der Realität geraten, dass sie als konzeptionelle Orientierung für die Politik in der öffentlichen Meinung in Verruf gekommen ist. Ein Weltbild scheint eingestürzt, nachdem der Markt als eine Art Allmachtswesen dem Weltenträger Atlas gleich die Erdkugel zum Wohle aller schultern sollte. Aber ist das Ende der neoliberalen Ära tatsächlich mit Sicherheit da, wie der Wirtschaftsnobelpreisträger Joseph Stiglitz und mit ihm viele andere, auch Linke, annehmen? Die massivste Staatsintervention aller Zeiten in das globale Finanzsystem legt diese Einschätzung nahe. Sie kann sich als richtig erweisen. Aber wichtige Umstände sprechen gegen sie und verweisen auf die Möglichkeit einer verlängerten Laufzeit des neoliberalen Kapitalismus nach dem Chaos und den Wirren der gegenwärtigen Finanzkrise. Wahrscheinlich würde dies allerdings – zumindest für einige Zeit – ein etwas stärker regulierter und kontrollierter neoliberaler Entwicklungspfad sein. Aber der neoliberale Kapitalismus hat Staatsinterventionen in der Realität noch nie ausgeschlossen – wenn sie denn dem Profit des Großkapitals verschrieben sind.

Welche Überlegungen deuten also auf die Möglichkeit eines schwach erneuerten neoliberalen Kapitalismus angelsächsischen Typs hin? Die erste Voraussetzung dafür wäre, dass die Herrschenden aus der Krise in ihrem eigenen Interesse mehr lernen als die vor allem betroffene Mehrheit der Bürgerinnen und Bürger und als die Akteure alternativer Gegenmacht. Das ist nicht auszuschließen. Wenn es dagegen gelänge, die gesellschaftlichen Kräfteverhältnisse erheblich zugunsten eines Blocks

von demokratischen Gegenmächten zu verändern, wäre das Ende des neoliberalen Kapitalismus tatsächlich besiegelt. In jedem Ausblick zu den einzelnen Kapiteln dieser Schrift wurde dies deutlich gemacht.
Die größte Stütze für ein modifiziertes Andauern des neoliberalen Kapitalismus sind die im Kern durch die gegenwärtigen Krisen nicht angetasteten ökonomischen Machtverhältnisse. Sicher hat die Weltdominanz der USA zwar ihren Zenit überschritten, wird aber nur in einem längeren Prozess einer stärker multipolaren Weltordnung weichen und könnte daher den Typ kapitalistischer Entwicklung in entscheidenden Ländern auf absehbare Zeit auch weiter stark prägen.

– Die US-Zeitschrift «Forbes» vom März 2008 weist weltweit 1125 Milliardäre aus. 469 von ihnen leben in den Vereinigten Staaten, 87 in Russland. Die Bundesrepublik liegt mit 59 Milliardären auf Platz 3. Die 24 reichsten Deutschen unter diesen Superreichen verfügen nach Angaben des «Manager-Magazins» vom Oktober 2007 über ein Nettovermögen von 180,3 Milliarden Euro. Sie zählen zu der kleinen globalen Geldmachtelite, für die Merrill Lynch im Jahr 2009 ein reines Finanzvermögen von 42,9 Billionen Dollar, im Jahr 2011 von 51,2 Billionen erwartet (World Wealth Report 2007).

– Allein die 25 reichsten Amerikaner haben ein Einkommen, das dem von fast zwei Milliarden der ärmsten Menschen entspricht (Milanović, 2002: 51f).

– Die zu dem einen Prozent der Weltbevölkerung Zählenden, das die Reichsten der Erde umfasst, haben ein Einkommen, das dem von 57 Prozent der Menschheit entspricht (UNDP, 2003:49).

In der jüngsten Finanzkrise sind zwar Weltzentren privater Monopolmacht und andere große Banken eingebrochen. Die Investmentbank Lehman Brothers ging bankrott. Bear Stones wurde von JP Morgan Chase übernommen. Die größte US-Sparkasse Washington Mutual ging in einem Notverkauf an die JP Morgan Chase Bank. Teile des größten belgisch-niederländischen Finanzkonzerns Fortis verleibte sich die spanische Großbank Santander ein. Doch per saldo führen diese Konzentrationsprozesse zu weiterer Zentralisierung neusortierter finanzkapitalistischer Macht – trotz zeitweiliger Schwächung vieler Finanzmarktakteure durch die eingetretenen Verluste. Dies vor allem deutet auf ein Fortdauern neoliberaler Grundstrukturen hin, zu denen herausgehoben der Finanzmarkt-

Kapitalismus gehört. Dies schließt ein, dass infolge jahrzehntelanger Umverteilung von unten nach oben eine auch durch die Kapitalentwertungen in der Krise nicht beseitigte Überakkumulation von Geldkapital fortdauert. Sie wurde durch den teilweisen Übergang von der umlagefinanzierten Rente zur Altersvorsorge durch Einzahlungen in Billionen schwere private Pensionsfonds noch erheblich vergrößert. Diese Kapitalmassen finden keine ausreichenden produktiven Anlagemöglichkeiten zu hochprofitablen Bedingungen, weil die Massenkaufkraft durch eben diese Umverteilung nach wie vor begrenzt bleibt (Huffschmid, 2008: 11).

Die staatlichen Rettungsaktionen zielten überdies keineswegs darauf, die selbstverschuldete Schwächung von Finanzunternehmen für eine Veränderung der gesellschaftlichen Machtverhältnisse zu nutzen. Sondern Hunderte von Milliarden Dollar, Euro und Pfund werden im Gegenteil für ihre Konsolidierung eingesetzt. Dies geschieht durch eine gigantische Umverteilung von unten nach oben – durchaus als Fortsetzung der den neoliberalen Kapitalismus kennzeichnenden Ökonomie der Enteignung (Kapitel 4). Denn die staatlichen so genannten Rettungspakete – 700 Milliarden Dollar in den USA zunächst und nach wenigen Tagen aufgestockt um 250 Milliarden, 500 Milliarden Euro in Deutschland, 360 Milliarden in Frankreich, 400 Milliarden Euro in dem kleinen Irland bei einem Bruttoinlandsprodukt von nur 148 Milliarden und 100 Milliarden in Österreich – stärken die Banken. Sie werden aber – soweit sie tatsächlich beansprucht werden – von den Steuerzahlern, vor allem von der Bevölkerungsmehrheit, zu zahlen sein. Sie werden für den Erhalt sozialer Sicherungssysteme fehlen. Die Defizite in den Staatskassen werden nach neoliberaler Doktrin als Argument für den weiteren Rückbau der öffentlichen Daseinsvorsorge und für die Privatisierung bisher noch öffentlichen Eigentums dienen.

Als die Bayern LB mit vorerst 5,4 Milliarden Euro Bundesmitteln, 700 Millionen vom Staat Bayern und 300 Millionen der bayrischen Sparkassen gestützt werden musste, erklärte Finanzminister Huber kurz vor seinem Rücktritt, der Anteil des Freistaats Bayern werde aus der Privatisierung bisher öffentlichen Eigentums gezahlt werden.

Die Politiker der systemtragenden Parteien sind in das Machtgefüge der Finanzunternehmen und anderer Konzerne so stark eingebunden, dass sie noch während der Mobilisierung von staatlichen Hilfsaktionen für das Bankensystem vorauseilend versichern, die Verstaatlichung von Banken oder die Staatsbeteiligung an ihrem Aktienbestand nur für eine möglichst kurze Zeit anzustreben. Der britische Finanzminister Alistair Darling betonte, «es gehe ‹absolut nicht› darum, die Kontrolle über die Banken zu übernehmen. Von einer Teilverstaatlichung könne nicht die Rede sein.» (Süddeutsche Zeitung, 9.10.2008) Finanzminister Peer Steinbrück erklärte in einem Interview: «Wir wollen unsere stillen Beteiligungen bzw. unsere Aktien auch wieder veräußern; wenn es nach mir geht, so schnell wie möglich ... Es ist nicht die Absicht des Staates, einen strategischen Einfluss auf den Bankensektor zu nehmen.» (Die Zeit, 16.10.2008) So konnte die FAZ vom 17. Oktober getrost voraussagen: «Nie wieder Hypo-Spiel, nie wieder ohne Bonität? Die Regierungen übersehen: Alle Regulierung ist nur Anreiz zu neuer Spekulation.»

Zudem ist über die möglichen Zukünfte gesellschaftlicher Entwicklung nicht allein aus der Perspektive des Finanzmarkt-Kapitalismus nachzudenken, der nun verstärkt unter Kontrolle genommen werden soll. In der hier vorliegenden Schrift wurde auf sieben Grundprozesse des neoliberalen Kapitalismus verwiesen. Dazu gehört die von weltweit agierenden transnationalen Unternehmen dominierte Globalisierung. Die Handlungsfähigkeit globaler Regulierungsinstitutionen ist jedoch nicht allein durch unterschiedliche Interessen ihrer Mitgliedsstaaten im Vergleich zur Macht der Multis begrenzt. Die bisher von den Regierenden diskutierten Instrumente zur künftigen Regulierung der Finanzmärkte werden kaum verhindern, dass internationale Investoren auch in Zukunft die Staaten unter Druck setzen, um auf ihnen genehme soziale und ökologische Standards hinzuwirken (siehe Kapitel 2). Die Ökonomie der Enteignung ist nicht nur nicht aus der Welt geschafft, sondern die Rettungsfonds in der Finanzkrise sind eine spezifische neue Form der Umverteilung von unten nach oben.

Kriege dauern an. Ihr Destabilisierungspotenzial ist mit dem von Finanzkrisen durchaus vergleichbar. Der IWF rechnet mit Verlusten durch die Finanzkrise in Höhe von mindestens 1,4 Billionen Dollar; Joseph Stiglitz und Linda Bilmes erwarten, dass der Irak-Krieg allein die USA 3 bis 5 Billionen Dollar kosten wird (siehe Kapitel 5). Das Versagen der Staatenwelt bei der Abwendung einer Klimakatastrophe deutet auf die Regulierungsschwäche und mangelnde strategische Gestaltungskraft der herrschenden Politik auf einem Problemfeld hin, das sicher weitreichendere Zerstörungskraft als die Finanzkrise birgt (siehe Kapitel 3). Es enthält ein Stück Wirklichkeit, wenn Brigitte Fehrle zu bedenken gibt: «Die Welt ist in dieser Finanzkrise ein Stück zusammengerückt. Sie hat gezeigt, was Globalisierung sein sollte: gemeinsames Handeln zum Wohl aller. Wenn es einmal geklappt hat, ist es dann wiederholbar? Zur Rettung des Klimas? Gegen den Hunger? Die Antwort ist einfach. Nein. So zynisch sich das anhören mag: Wahrscheinlich gibt es außer den Finanzmärkten nichts, wovor alle gleich viel Angst haben.» (Die Zeit, 16.10.2008)

Das heißt, selbst wenn aus der Finanzkrise Lehren für eine anhaltende Regulierung der Finanzmärkte gezogen würden, wäre das noch nicht identisch mit der Überwindung aller anderen Dimensionen des neoliberalen Kapitalismus und mit dessen Ende. Allerdings gilt auch: Ihm stehen, «wenn es so weitergeht», noch Krisen bevor, die der Sprengkraft der Finanzkrise durchaus gleichkommen.

Als die US-Notenbank dem Wachstumseinbruch in den USA nach dem Platzen der New Economy-Blase im Jahr 2000 dadurch begegnete, dass sie mit einer Niedrigzinspolitik Hunderte Milliarden Dollar in den Wirtschaftskreislauf pumpte, bereitete sie damit schon die Immobilien- und Finanzkrise 2007/2008 vor. Denn im Vergleich zu den Rentabilitätsmargen auf den Finanzmärkten blieben die Profitraten in der Realwirtschaft begrenzt. Angesichts solcher relativen Überakkumulation in Produktion und Dienstleistungen wanderten die Geldströme zum großen Teil in spekulative Finanztransaktionen, bis sie in die nächste Finanzkrise einmündeten. Schon hat jetzt dasselbe Spiel von vorn begonnen. Wieder werden Hunderte Milliarden in die Wirtschaft geworfen, um ihr Abgleiten in eine Rezession zu verhindern. Aber das geschieht nicht, indem die Massenkaufkraft ausreichend gestärkt oder staatliche Zukunftsinvestitionsprogramme aufgelegt und damit Arbeitsplätze geschaffen werden. Sehr zu bezweifeln ist, dass die Zentralbanken bei anhaltender Wirtschaftsschwäche die in die Wirtschaft hineingepumpten Kapitalmassen wieder aus den Geldkapitalmärkten herausziehen werden, wie behauptet wird. Mit diesem Geldkapitalüberhang entsteht daher die geldtechnische Möglichkeit der Inflation oder die Möglichkeit einer erneuten Aufblähung der Finanzgeschäfte fern von der Realwirtschaft.

Gefahren lauern zudem in der extremen Verschuldung der privaten Haushalte und in der Staatsverschuldung der USA. Irgendwann wird diese nicht weiter überdehnt werden können. Irgendwann werden die Staatsfonds Chinas, Russlands und der arabischen Ölstaaten und private Banken die Kreditwürdigkeit der USA so beschädigt sehen, dass sie das Wachstum der Vereinigten Staaten auf Pump trotz ihres Interesses an der

Importkraft der USA nicht mehr wie bisher durch Kredite stützen werden. Dann wird das Wachstum in den USA einbrechen und mit ihm die Exporte anderer Länder in die Vereinigten Staaten. Die Weltwirtschaft könnte erneut ins Straucheln geraten. Dann wird die Versuchung groß sein, die Ökonomie der Enteignung der ohnehin Schwächeren noch weiterzutreiben. Das würde die sozialen Klüfte noch weiter aufreißen. Und sie würden sich mit den Verlusten durch die Überlastung der Umwelt und mit Rohstoffkonflikten zu neuen Krisenknäueln verbinden.

Nicht unwahrscheinlich ist gerade deshalb, dass die Herrschenden aus ihren Erfahrungen mit staatlichem Krisenmanagement – etwa aus der Mobilisierung abenteuerlich hoher Hilfsfonds gegen den Einsturz des gesamten Finanzsystems – die Schlussfolgerung ziehen, generell zu stärker autoritären Herrschaftsformen überzugehen. Die Rettungspakete in der Finanzkrise wurden zwar in den Parlamenten abgesegnet, sie entstanden aber außerhalb aller demokratischen Verfahren in kleinsten Runden von Spitzenpolitikern und Top-Bankern. Ein solcher Trend könnte zu dem Versuch führen, den neoliberalen Kapitalismus mittels autoritärer Elemente zu erneuern. Begünstigend könnte dabei wirken, dass die voraussehbare Instabilität und Krisenhaftigkeit des Kapitalismus auch in kommenden Zeiten und die durchaus wahrscheinliche Strategie der Machteliten, Auswege aus den Krisen auch weiter zu Lasten der Lohnabhängigen und sozial Schwächeren zu suchen, permanente Unsicherheit für die Mehrheit der Bevölkerung hervorbringen wird. Überall in der Gesellschaft hat sich das Gefühl bedrohlicher Entsicherung eingenistet. Und es wird ständig neue Nahrung finden. Jan Ross hat daraus geschlossen, «die eigentliche Grundtendenz des historischen Augenblicks geht nicht zur Gerechtigkeit hin, sondern in Richtung Sicherheit.» (Die Zeit, 16.10.2008) Die Stunde der Suche nach Autorität sei daher gekommen.

Es ist nicht unwahrscheinlich, dass konservative Kräfte versuchen werden, die Sehnsucht von Millionen Menschen nach Sicherheit für die Durchsetzung autoritärer Herrschaftsformen zu missbrauchen. Die Stilisierung von Gordon Brown und Angela Merkel zu entschlossenen – wenn auch verspäteten – Rettern in der Not, die Selbstinszenierung Sarkozys als Stabilitätsstifter und der allgemeine Ruf nach Führungsstärke könnten als Vorboten dieser Tendenz verstanden werden.

Schließlich wirkt die Zählebigkeit der Dogmengebäude, die in Jahrzehnten entwickelt wurden und seit etwa drei Jahrzehnten die theoretisch-ideologischen Grundlagen der mainstream-Politik prägen, in die Richtung eines Fortschreitens auf neoliberalen Pfaden. Heiner Flassbeck, Chefvolkswirt der UN-Organisation für Handel und Entwicklung, könnte recht haben, wenn er erwartet: «Sind aber erstmal ein paar Jahre vergangen, kommen die Marktfundamentalisten wieder aus ihren Löchern und fordern die vollständige Freiheit für die Zocker.» (Neues Deutschland, 7.10.2008)

Doch zunächst ist der neoliberale Kapitalismus an den Rand des Abgrundes geraten. Seine Heilsversprechen sind zu Bruch gegangen. Große Teile der Bevölkerung haben ihre Marktgläubigkeit und jedes Vertrauen in die Herrschenden verloren. Die Machteliten stehen unter Schock. Und die Mehrheit der Bürgerinnen und Bürger will einen funktionierenden Sozialstaat statt neoliberaler Privatisierung der Daseinsvorsorge. Wären die demokratischen Kräfte aus den unteren Schichten der Gesellschaft, aus ihrer Mitte bis hinein in die obersten Gruppen dieser Mitte und bis zu lernfähigen Teilen der Machteliten in der Lage, die Kräfteverhältnisse zu ihren Gunsten für einen Richtungswechsel der Politik zu verändern, wäre das Ende des Neoliberalismus sicher. Wird diese Veränderung nicht vorgenommen, wären fortschreitende soziale Polarisierung, weitere Erosion des sozialen Zusammenhalts der Gesellschaft, Armut in großen Regionen der Erde mit verheerenden Folgen für Hunderte Millionen Menschen, kein Ende der Kriege und wahrscheinlich unumkehrbare Verluste in unserer natürlichen Umwelt die Folgen – trotz anschwellenden Reichtums, der «an sich» ermöglichen würde, die gesellschaftlichen Großprobleme auf soziale Weise zu lösen. Krisen der Legitimation, der Integrationsfähigkeit und der Reproduktion des neoliberalen Kapitalismus würden andauern.

9.2. SZENARIO II: NEOLIBERALER KAPITALISMUS GEMÄSSIGTEN TYPS

Ein anderer möglicher Entwicklungspfad in die Zukunft läuft auf eine gemäßigte Variante des neoliberalen Kapitalismus hinaus.

Die Finanzkrise und ihre Verflechtung mit anderen krisenhaften Prozessen des gegenwärtigen Kapitalismus schwächen die soziale Verankerung des neoliberalen Kapitalismus auch in den mittleren Milieus der Gesellschaft. Die Delegitimierung des neoliberalen Machtblocks wird anhalten. Das könnte dazu führen, dass die Aufsichts- und Kontrollmechanismen, die zur Bewältigung der Finanzkrise eingeführt wurden, anders als im

Falle des möglichen Szenarios I die Regulationsweise des Kapitalismus doch nachhaltig mitbestimmen. Das würde u.a. eine stärkere Eigenkapitalunterlegung von Finanzgeschäften, strengere Liquiditätsvorschriften, die Pflicht der Banken, einen größeren Anteil von Kreditpapieren in den eigenen Portfolios zu behalten, eine Reorganisation der Rating-Agenturen im Interesse größerer Transparenz, eine strengere europäische Finanzaufsicht und Fortschritte einer noch weitergehenden internationalen Kontrolle der Finanzmärkte einschließen. Ex-Finanzminister Hans Eichel plädierte für solchen Weg unter der Überschrift: «Das Ende des angelsächsischen Modells» (Süddeutsche Zeitung, 9.10.2008).
Zusammen mit dem massiven Einsatz von Staatsmitteln zur Stabilisierung aller wichtigen Banken könnte eine solche verstärkte Regulierung der Finanzmärkte zu einer eigenartigen Konstellation führen. Die einzelnen Banken würden saniert, das Finanzsystem als Ganzes in begrenztem Maße würde funktionsfähiger.

Eingangs dieses Buches wurde der Marktradikalismus als das konstituierende innere Band der verschiedenen Seiten des neoliberalen Kapitalismus gekennzeichnet. Die Pointe der Entfaltung aller seiner Grundprozesse besteht nun darin, dass dieser Marktradikalismus den durch ihn geprägten neoliberalen Kapitalismus in eine tiefe Krise gestürzt hat. Das paradoxe Ergebnis der Reaktion darauf könnte ein regulierter Marktradikalismus sein, ein regulierter neoliberaler Kapitalismus also. Aber der profitdominierte Markt wird das Bestimmende im Verhältnis zu staatlichen Regulierungsschritten bleiben.

Eine Art «Sozialdemokratisierung» des neoliberalen Kapitalismus würde auf den Versuch hinauslaufen, seine Herrschaft mit graduell stärkeren staatlichen Eingriffen und mit flexibleren Mitteln zu verlängern. Diese Variante könnte im Parteienspektrum von neosozialdemokratischen Parteien, aber auch von bürgerlichen Parteien getragen werden, die sich der Grundstimmung der Wählerinnen und Wähler nicht entziehen können.
Eine solche Konstellation kann sich aus der Delegitimierung und erheblichen Schwächung des neoliberalen Machtblocks ergeben, der den ersten dargestellten Entwicklungspfad trägt, wenn zugleich die demokratischen Gegenmächte zwar erstarken, aber zu schwach für die Durchsetzung radikaler Alternativen bleiben oder/und ein großer Teil von ihnen von vornherein nur auf begrenzten Wandel im Rahmen des Kapitalismus

zielt. Dann käme es zu veränderten Neuauflagen der neoliberalen Dritten Wege der Sozialdemokratie. Aber die sind in der zweiten Hälfte der neunziger Jahre schon einmal an ihrer Inkonsistenz gescheitert.

Eine solche Variante wäre eine Fortsetzung der Entwicklung, die von Schröder, der gegenwärtigen Großen Koalition in Deutschland, Blair und Brown eingeschlagen wurde. Auf diesem Weg wird für wachsende Kapitalmacht, Orientierung am shareholder value, Spitzenpositionen des eigenen Standorts auf den Weltmärkten und Beteiligung an geopolitischer Macht durch eine neosozialdemokratische Politik eine breitere Machtbasis gesucht, als auf einem angelsächsischen Entwicklungspfad möglich. Liberalisierung, Privatisierung und soziale Deregulierung werden auch in dieser Variante zur Geltung gebracht. Aber die Rücknahme sozialer Standards wird in einem «aktivierenden Sozialstaat» mit begrenzter Bildungsförderung, Unterstützung von Arbeitskraft-Unternehmern, partieller Mittelstandsförderung und dem Erhalt eines ausgedünnten sozialen Auffangnetzes für die Ausgegrenzten verbunden. Demokratie wird auf diesem Pfad zur Verankerung des Neoliberalismus in der Gesellschaft instrumentiert und damit zugleich untergraben. Die Außen- und Sicherheitspolitik ist eher multilateral als unipolar, eher liberalimperial als rechtsimperial orientiert.

Der Klimaschutzpolitik wird ein größeres Gewicht als bei konservativneoliberalen Kräften zugemessen. Ein grüner Kapitalismus könnte eine starke Komponente dieses Entwicklungspfades werden. (Eine weitere Publikation in der Reihe «einundzwanzig» wird sich mit den Tendenzen zu einem grünen Kapitalismus auseinandersetzen.) Doch die Umweltpolitik bliebe durch die grundsätzliche Akzeptanz und Unterstützung der Kapitallogik begrenzt, die in scharfem Widerspruch zur Logik der Naturreproduktion steht (Kapitel 6). Ohne Überwindung des dem Kapital eigenen Wachstumsfetischismus, ohne solare Energierevolution gegen Interessen der Konzerne in der Öl-, Gas-, Kohle- und Atomwirtschaft an der Festigung ihrer herkömmlichen Domänen und ohne Überwindung der Armut als Kehrseite des Kapitalreichtums wird es keinen schnellen und weitgehenden sozialökologischen Umbau von Wirtschaft und Gesellschaft geben. Möglich sind allerdings weitreichende umweltpolitische Maßnahmen zu Lasten der Bevölkerungsmehrheit und insbesondere der sozial Schwächeren. Das würde jedoch die unverzichtbare und ohnehin schwer erreichbare aktive öffentliche Akzeptanz einer sozialökologischen Wende stark begrenzen.

Für die Möglichkeit einer solchen gemäßigten Variante des neoliberalen Kapitalismus spricht, dass die Berufung auf sozialdemokratische Werte der Abkehr großer Teile der Bevölkerung von der Marktgläubigkeit mehr entspricht als der Versuch der Marktprediger, die Finanzkrise nur als Exzess verantwortungsloser Banker und als Abweichung von der Normalität einer gesunden Marktwirtschaft darzustellen. Für diese Möglichkeit spricht, dass sozialdemokratische Parteien mit Blick auf ihre Wählerschaft für soziale Kompromisse offener sind als Parteien der reinen neoliberalen Lehre. Und in Zeiten tiefer Erschütterung der herrschenden Strukturen ist soziale Kompromissfähigkeit bei der Mehrheit der Bürgerinnen und Bürger gefragter als die Verheißung à la Darwin: «Die besten von ihnen werden mit guten Ideen und neuen Produkten die Krise überstehen. Ganz ohne staatliche Hilfe.» (Frankfurter Allgemeine Zeitung, 6.10.2008)
Gleichwohl, eine neusozialdemokratische Variante im Geiste von Schröder und Blair – ehedem auch von Walter Steinmeier als Kanzleramtsminister und von Franz Müntefering aus der Taufe gehoben und heute in abgewandelter Form auch von CDU und CSU mitgetragen – läuft auf nichts anderes als auf bewegliche Reformen der Durchsetzung und Verlängerung eben der neoliberalen Herrschaft hinaus, die im Herbst 2008 ihr Versagen so deutlich offenbart hat. Sie führt die Sozialdemokratie angesichts der Krise des Neoliberalismus in eine dauerhafte Zerreißsituation. Sie ist perspektivlos für die Sozialdemokratie.
Für die LINKE ist eine Sozialdemokratie mit dieser Ausrichtung kein Partner für einen Einstieg in demokratische Alternativen. Denn die von einer solchen Sozialdemokratie oder auch von bürgerlichen Parteien getragene gemäßigte Variante des Neoliberalismus verhindert einen politischen Richtungswechsel, statt sich ihm zu öffnen.

9.3. SZENARIO III: WOHLFAHRTSSTAATLICH-GRÜNER KAPITALISMUS

Als dritter möglicher Entwicklungspfad könnte sich in einer Reihe von Ländern eine postneoliberale Phase des Kapitalismus durchsetzen, ein wohlfahrtsstaatlich-grüner Kapitalismus.

Als ökonomische und soziale Tendenz zeichnet sich dieser Entwicklungstyp in einigen skandinavischen Ländern ab. Dort, aber künftig auch in anderen Staaten, könnte trotz der auch unter ihren Bedingungen wirkenden neoliberalen Kräfte eine modifizierte Bewahrung des Wohlfahrtsstaates die künftige Entwicklung bestimmen. Wie im Kapitel 2.4. skizziert, könnte das zu einem höheren Beschäftigungsniveau, zu funktionsfähigen sozialen Sicherungssystemen, einer sozialen Grundsicherung auf hohem Niveau, respektablen Bildungschancen für alle, zu weniger Armut und mehr Geschlechtergleichstellung führen. Die Demokratie hätte eine soziale Grundlage. Die Chancen für eine nichtimperiale Friedenspolitik würden wachsen. Die Sozialistische Linkspartei Norwegens hat als Bedingung für eine Regierungskoalition mit der Sozialdemokratischen Partei beispielsweise den Rückzug von Truppen aus Afghanistan ausgehandelt. Dies sind günstige Bedingungen für eine Verbindung sozialstaatlicher Entwicklung mit nachhaltiger Umweltpolitik.

Das in der Finanzkrise deutlich zutage getretene Scheitern neoliberaler Wege, die sichere Niederlage imperialer Politik im Irak und in Afghanistan und der Druck einer drohenden Klimakatastrophe sowie anderer Probleme sind starke Anlässe, die Vorteile skandinavischer Erfahrungen festzuhalten und in anderen Ländern von ihnen zu lernen. Der Mitgliederschwund in der SPD und in anderen sozialdemokratischen Parteien, die Wählerverluste durch die Entscheidung für einen gemäßigt-neoliberalen Weg und die Mehrheitsforderung nach einem starken Sozialstaat statt privater Daseinsvorsorge könnten auf mittel- und langfristige Sicht die deutsche Sozialdemokratie und andere sozialdemokratische Parteien zu einem postneoliberalen Strategiewechsel veranlassen. Aber vermutlich wird dies erst nach weiteren schweren Niederlagen auf dem Weg eines sozialdemokratisierten Neoliberalismus geschehen, der eben mit ursprünglichen sozialdemokratischen Werten unverträglich ist.

Für die LINKE könnte eine Sozialdemokratie, die den Neoliberalismus aufkündigt und sich unter Beachtung der spezifischen historisch-kulturellen, politischen und ökonomischen Bedingungen in Deutschland in die Richtung des skandinavischen Modells bewegt, zum strategischen Partner werden. Gelänge es, die sozialistischen Kräfte erheblich zu stärken und sich auf mächtige alternative Bewegungen zu stützen, könnte der Druck auf die Sozialdemokratie wachsen, sich weiter nach links zu bewegen. Die Sozialdemokratie könnte sich für eine strategische Neuorientierung entscheiden, für die Erneuerung der Demokratie, für einen solidarischen Sozialstaat und sozialökologischen Umbau der Gesellschaft. Sozialdemokratische und sozialistische Politik würden sich trotz ihrer Konkurrenz wechselseitig ergänzen und gegen wirtschaftsliberale und konservative Politik Boden gewinnen. Statt in einer Variation des neoliberalen Kapitalismus steckenzubleiben, könnte aus solcher Entwicklung langfristig ein sozialökologisch reguliertes Entwicklungsmodell des Kapitalismus erwachsen. Das wäre kein neoliberaler Kapitalismus mehr, wohl aber ein angeschlagener Kapitalismus mit Elementen, die bereits seine Überwindung ankündigen. Bei einem wachsenden und schließlich hegemonialen Einfluss demokratisch-sozialistischer Kräfte könnte ein solcher Kapitalismus im Verlauf heftiger Auseinandersetzungen in eine längere Durchgangsphase zu emanzipatorischen Alternativen münden, in einen transformatorischen Prozess. Eine solche Perspektive wäre aber nicht bei einer sozialdemokratischen Hegemonie möglich, die am Kapitalismus festhält. Offen ist und stark abhängig von dem Druck alternativer emanzipatorischer Kräfte, ob und in welchen Zeiträumen und in welchen Ländern im Rahmen der sozialdemokratischen Dritten Wege eher die neoliberale Grundtendenz oder mehr die sozialstaatlichen und demokratischen Korrekturen an ihr Vorrang gewinnen werden.

9.4. SZENARIO IV: EMANZIPATORISCHE ALTERNATIVEN

Eine emanzipatorische sozialökologische Alternative ist das Projekt der LINKEN in Deutschland und in anderen bürgerlich-kapitalistischen Ländern: eine gerechte und solidarische Gesellschaft – demokratischer Sozialismus.

Angesichts der extrem komplizierten Problemlagen, der hochkomplexen gegenwärtigen Verhältnisse und der Tiefe der notwendigen Veränderungen nicht zuletzt in den Denk-, Verhaltens- und Lebensweisen der Bevölkerung ist dieses Projekt kaum anders denn als ein transformatorischer Prozess vorstellbar. Ein solcher Prozess umfasst ein Ausschöpfen und die volle Entfaltung der Entwicklungspotenziale der bürgerlichen Gesellschaft, Protest und Widerstand, gestaltende Reformen im Gegebenen und deren Öffnung für die Überschreitung der Grenzen des Kapitalismus. Das wird viele kleine Schritte und große Brüche mit den herrschenden Eigentums-, Verfügungs- und Machtverhältnissen erfordern.
Diese Konzeption muss sich in konkreten Situationen bewähren. Die Partei DIE LINKE als Teil einer viel breiteren Linken antwortete auf die Finanzkrise nicht mit dem Ausrufen der Utopie einer Gesellschaft nach dem Kapitalismus – was ihr gern vorgeworfen wird. Sie hat vielmehr ein

«Sofortprogramm zur Stabilisierung und Reform der Finanzmärkte» vorgelegt, das die unmittelbare Absicherung zentraler Aufgaben des Finanzsystems, vor allem die ausreichende und zinsgünstige Kreditversorgung betrifft. Dazu gehört in Übereinstimmung mit anderen Parteien die Garantie der Bankeinlagen in unbeschränkter Höhe, nicht zuletzt durch obligatorische Aufstockung der Einlagensicherung von Privatbanken, Sparkassen und Genossenschaftsbanken. Aber im Gegensatz zu anderen Parteien hat DIE LINKE gefordert, darüber hinaus einen Sicherungsfonds – den die Bundesregierung mit Zustimmung der CDU, CSU, SPD und FDP ausschließlich zu Lasten der Steuerzahler in Höhe von 500 Milliarden Euro auf den Weg gebracht hat – aus Mitteln der Privatbanken zu finanzieren. Es mag darüber gestritten werden, wie groß deren Anteil an der Finanzierung dieser Aufgabe realistischerweise sein kann und soll. Wenn aber allein die Deutsche Bank im Jahr 2006 in der Lage war, ihren Investmentbankern Einkommen in Höhe von 6,5 Milliarden Euro für ihren Anteil an der verheerenden Entwicklung der Finanzmärkte zu zahlen, dürften die Banken zu solcher Haftung nach Jahren exzessiver Erhöhung ihrer Profite hochgradig fähig sein. Der alternative Charakter linker Positionen liegt auf der Hand: das gleiche Instrument wie das von den Regierenden und den Banken selbst organisierte Rettungspaket wird vorgeschlagen – aber nicht zu Lasten der Bevölkerungsmehrheit, sondern vor allem der Profiteure ruinöser Finanzpraktiken. Das Finanzsystem würde stabilisiert, die Banken selbst aber in ihrer Macht beschnitten werden. Ihre Handlungsunfähigkeit und öffentliche Blamage würde Konsequenzen haben: die Einschränkung ihrer Verfügung über ihr Kapitaleigentum.
Zum «Sofortprogramm» der LINKEN gehören ferner Forderungen zur Beseitigung besonders destabilisierender Faktoren, z.B. eine «drastische Reduzierung des Handels mit derivativen und sonstigen ‹innovativen› Finanzinstrumenten, einschließlich des Verbots besonders riskanter und spekulativer Instrumente.» Das betrifft beispielsweise jene Kreditverbriefungen, die das technische Mittel zur Verbreitung fauler Kredite rund um die Erde mit dem Resultat der Finanzkrise 2008 und danach waren. Das schließt u.a. die Rücknahme der Zulassung von Hedgefonds in Deutschland wegen ihrer destabilisierenden Wirkung und das Verbot von Geschäften deutscher Banken mit ausländischen Hedgefonds ein, die zu den Hauptverursachern der gegenwärtigen Finanzkrise zählen.

Die 50 Top-Manager von Hedgefonds und Private Equity Firmen nahmen 2007 im Schnitt 588 Millionen Dollar ein – immerhin 19000-mal so viel wie der Durchschnittsverdienst des US-Arbeiters (Rilling, 2008).

Auch in diesen Forderungen steckt das Prinzip, die Verfügung der finanzkapitalistischen Eigentümer über ihr Eigentum einzuschränken und damit in den Kern der Eigentumsverhältnisse des gegenwärtigen Kapitalismus einzugreifen.

Das «Sofortprogramm» der LINKEN umfasst zudem Schritte zur mittelfristigen Reform des Finanzsystems. Dazu gehören u .a. eine strenge öffentliche Aufsicht über Rating-Agenturen und der Aufbau öffentlicher Rating-Agenturen – Stärkung des Öffentlichen also –, Schritte zur Zurückdrängung und strengen Kontrolle des Investmentbankings und Transaktionssteuern auf den Handel mit Wertpapieren und Devisen. Dies zielt auf die Entschleunigung der Finanzmärkte und auf Umverteilung von unten nach oben. Weitere Vorschläge betreffen die Stärkung der gesetzlichen, umlagefinanzierten Rentenversicherung, um den Bedarf nach privater Altersvorsorge z.B. durch risikoreiche Pensionsfonds einzuschränken.

Alternativen, die von den Gewerkschaften, von sozialen Bewegungen und auch von der LINKEN getragen werden, schließen ferner die schnelle Auflage von Zukunftsinvestitionsprogrammen für sozialökologischen Umbau und Bildung in einer jährlichen Höhe von bis zu 50 Milliarden Euro ein. Sie sollen vorwiegend aus höherer Besteuerung von Spitzeneinkommen, von Vermögen, Finanztransaktionen und Erbschaften, durch eine höhere Belastung von Kapitalgesellschaften und durch das Austrocknen von Steueroasen finanziert werden. Das reicht entschieden über bessere Finanzaufsicht und -kontrolle hinaus. Das mobilisiert Finanzen für die Stärkung von Produktion und Dienstleistungen gegen absehbare Rezession und Stagnation und für Antworten auf die Umweltkrise, für eine langfristige Struktur-, Wissenschafts- und Bildungspolitik. Das strategische Gewicht des Staates würde ebenso wie soziale und ökologische Maßstäbe des Wirtschaftens gestärkt werden. Wenn es möglich war, innerhalb von wenigen Tagen Rettungspakete für die Banken und das Finanzsystem in Höhe von Hunderten Milliarden auf den Weg zu bringen, muss das ebenso für eine gemeinwohlorientierte Stärkung der Wertschöpfungsprozesse realisierbar sein, ohne deren Stabilität auch ein besser kontrolliertes Finanzsystem auf unsicherem Grund beruhen würde.

Zu linken Forderungen in der Finanzkrise gehört nicht zuletzt zu prüfen, welche staatlichen Beteiligungen an angeschlagenen Banken entgegen den Vorstellungen von Regierenden und Bankern dauerhaft in Staatshand gehalten werden sollten. Schneller als die Linke erwartet hatte, haben sich Verstaatlichungen und Teilverstaatlichungen von Banken als unausweichlich erwiesen. Welchen Grund – nach dem Platzen des Mythos von der Überlegenheit privatwirtschaftlichen Handelns über staatliche Wirtschaftspolitik – sollte es geben, diesen Umstand nicht als einen Einstieg in weiterreichende langfristige Veränderungen der Eigentums- und Machtverhältnisse zu nutzen? Es kann zwar auf das Versagen der staatlichen Landesbanken als Beleg für geteilte Unfähigkeit von Wirtschaftsmächtigen und un-verantwortlichen Politikern verwiesen werden. Aber die Unterwerfung staatlichen Handelns in den Landesbanken unter profitwirtschaftliche Maßstäbe mit verlustreichen Folgen belegt nur, wie weitreichend sich die negativen Folgen der Profitdominanz auch in den Staat und in die gesamte Gesellschaft hineingefressen haben. Vor allem jedoch, der Verweis auf die staatliche Mitverantwortung für die gegenwärtigen Krisen erklärt nicht, warum trotzdem der Staat in der Not als letzte Rettungsinstanz angerufen wird. Er ist eben nicht notwendig der profitgetriebenen Konkurrenz unterworfen. Er ist nicht zwangsläufig dem kurzfristigen Handlungshorizont für Börsen verpflichtet. Er muss den Profit nicht über den Erhalt der Natur und die Zurückdrängung der Armut stellen. Er hat die demokratische Legitimation, mit Gesetzen und Sanktionen gegen das Überwuchern gesellschaftsschädigender Interessen kleiner Machteliten vorzugehen. Und mit dem Neuentstehen einer staatlichen Eigentumsbasis in wichtigen Banken sowie mit den zu beschließenden Regeln für die Bändigung der Finanzmärkte kann ihm – wenn er sie denn nutzt! – vermehrte Regulations- und Gestaltungsmacht zuwachsen.

Strukturell ist der Staat fähig, gestaltende Verantwortung für eine nachhaltige Entwicklung wahrzunehmen. Strukturell sind die privaten Großbanken und Investmentgesellschaften – verpflichtet dem kurzfristigen Profit und, gefährlicher noch, dem shareholder value – dazu nicht in der Lage.

Eine kritische Situation von einer Art ist entstanden, über die John Maynard Keynes einst in einer Vorlesung an der Berliner Universität Unter den Linden erklärte: «Es ist vielleicht die wichtigste Aufgabe der heutigen Nationalökonomen, von neuem zwischen den *Agenda* und den *Non-Agen-*

da des Staates zu unterscheiden; parallel damit geht die Aufgabe der Politik, im Rahmen der Demokratie Staatsformen zu finden, welche der Übernahme der Agenda gewachsen sind.» (Keynes, 1926: 31)
Zu einem Plädoyer für emanzipatorische Alternativen gehört in diesem Zusammenhang auch, die notwendige Veränderung der Eigentums- und Machtverhältnisse zwischen privater Wirtschaft, Staat und Zivilgesellschaft nicht auszuklammern. Dem entspricht das programmatische Grundverständnis der LINKEN.

«Heute bestimmen transnationale Konzerne und die Kapital- und Finanzmärkte zunehmend die gesellschaftliche Entwicklung.» «Für die Überwindung von Fehlentwicklungen und sozialen Spaltungen ist eine umfassende Demokratisierung aller Lebensbereiche die Bedingung. Die Demokratisierung der Wirtschaft erfordert, die Verfügungsgewalt über alle Formen des Eigentums sozialen Maßstäben unterzuordnen. Vor allem die profitbestimmte private Verfügung über strukturbestimmende Großunternehmen muss durch breite demokratische Allianzen, Mitbestimmung und sozialstaatliche Regulierung zurückgedrängt und überwunden werden, wo sie dem Gemeinwohl widerspricht. ... In diesem Zusammenhang wollen wir klären, wie öffentliches Eigentum als Grundlage demokratischer Politik und Daseinsvorsorge erweitert und sowohl sozial als auch effizient gestaltet werden kann.» (DIE LINKE 2007: Programmatische Eckpunkte: 4, 2)

Dagegen bewegen sich die Deutschen nach den realitätsfernen Vorstellungen der Grundsatzprogramm-Kommission der CDU in die Richtung einer «Chancengesellschaft, die zusammenhält und den Bürgern vielfältige Möglichkeiten eröffnet». «Das Bewusstsein, in einer gemeinsamen Welt zu leben, wächst.» (Grundsatzprogramm-Kommission der CDU Deutschlands, 2007: 19, 14) Ökonomische Machteliten, die dem entgegenstehen, kommen in der Programmatik der CDU nicht vor. Schon gar nicht die Machtzentren des internationalen Finanzkapitals und die soziale Polarisierung der Welt als Folge ihres Handelns.
Das Ausblenden der Eigentums- und Machtverhältnisse im Hamburger Grundsatzprogramm der SPD beschreibt Ingomar Hauchler, langjähriges Mitglied der SPD-Grundwertekommission: «Über die herrschende Ökonomie wird an der Oberfläche zwar noch räsoniert und zunehmend

auch wieder moralisiert: ‹Vorsicht Heuschrecken ...!› Die grundlegenden Strukturen der Ökonomie und Institutionen werden aber auch von Sozialdemokraten nicht mehr hinterfragt.» (Hauchler 2007: 247)

Emanzipatorische Alternativen unterscheiden sich also von anderen Entwicklungsszenarien durch einen Demokratisierungsprozess, der weitreichende Veränderungen der Eigentums-, Verfügungs- und Machtverhältnisse einleitet und weitertreibt.

Sie unterscheiden sich dadurch von anderen Wegen der Gesellschaftsentwicklung, dass ein anderes Ziel als der Profit das letzte Maß wichtiger Entscheidungen in der Gesellschaft ist: beginnend mit dem Einstieg in einen Richtungswechsel der Politik über die gestaltende Teilhabe an sozialen und ökologischen Reformprozessen unter gegebenen Bedingungen bis zur Überschreitung der Grenzen des Kapitalismus.

Demokratischer Sozialismus kann als das Ziel einer gerechten Gesellschaft betrachtet werden, in der die individuelle Freiheit für jede und jeden, über das eigene Leben selbst in Solidarität mit anderen zu bestimmen, durch soziale Gleichheit der Teilhabe an elementaren Lebensbedingungen gesichert ist. Solche Bedingungen sind Existenz sichernde sinnvolle Arbeit, Bildung und Kultur, hochwertige Gesundheitsleistungen, solidarische Sicherung gegen Lebensrisiken und demokratische Teilhabe an Entscheidungen auf allen Ebenen der Gesellschaft. Dies sind Güter, ohne die die Freiheit der einzelnen nicht möglich ist, es sind Freiheitsgüter (Michael Brie, in: Klein, 2003: 105 ff.).

Demokratischer Sozialismus ist nicht allein die Vision für eine künftige bessere Gesellschaft. Der Begriff demokratischer Sozialismus zielt darauf, dass gegenwärtig und in nächster Zeit mehr gute Arbeit für mehr Arbeitsuchende, mehr anspruchsvolle Bildung für mehr Kinder auch aus so genannten bildungsfernen Schichten, mehr soziale Gleichheit der Teilhabe an der Gesundheitsversorgung, mehr Umweltgerechtigkeit usw. erkämpft werden. Demokratischer Sozialismus ist eine irdische Angelegenheit, die nicht irgendwann in ferner Zukunft, sondern unverzüglich darauf zielt, das Leben vieler und besonders der benachteiligten Menschen zu verbessern. Demokratischer Sozialismus orientiert als Wertesystem, das Freiheit, Gleichheit, Solidarität, Frieden und sozialökologische Nachhaltigkeit umfasst, das Handeln bereits auf dem Weg zu einer gerechten und solidarischen Gesellschaft.

Einst – seit den siebziger Jahren des letzten Jahrhunderts – wurde die Niedergangsphase des Staatssozialismus von einer Großoffensive des Neoliberalismus begleitet. Seine Vertreter nutzten die Endkrise des Staatssozialismus, um den Kapitalismus in seiner marktradikalen Gestalt als Sieger der Geschichte erscheinen zu lassen. Gegenwärtig erleben wir nicht die Endkrise des Kapitalismus, wohl aber eine Verflechtung von großen Krisen, in denen die Endlichkeit des Kapitalismus bereits aufscheint. Doch die Entschlossenheit, mit der die Herrschenden daran gehen, zu Lasten der Lohnabhängigen und sozial schwachen Schichten und voraussehbar zu Lasten der so genannten Entwicklungsländer die angeschlagenen Großbanken zu retten, deutet darauf hin, dass sie sich aus der Krise heraus neu formieren wollen. Sie wollen die Turbulenzen so bewältigen, dass ihre Politik abermals als alternativlos erscheint.

Voraussehbar ist jedoch, dass die jüngste Finanzkrise in eine Wirtschafts- und Sozialkrise in großen Teilen der Welt übergehen wird. Die Krise ist im Herbst 2008 bereits dabei, auf Produktion und Dienstleistungen überzuspringen. Noch hat die Finanzkrise die Wirtschaft fest im Griff, da führt der Krisenkapitalismus bereits in die nächsten Formen von Verlusten, Nöten und Zerstörung hinein.

Die zu erwartende Wachstumsdämpfung, Stagnation oder Repression 2009 und womöglich längere Zeit danach wird den ökonomischen Druck auf die Lage der Lohnabhängigen erneut verstärken. Die Unternehmerseite wird das nutzen. Angeschlagene Gegner sind gefährlich. Ein Gedicht Bert Brechts gibt Anstoß, dies zu bedenken.

Freunde, ich wünschte, ihr wüsstet die Wahrheit
    und sagtet sie!
So wie Lenin: Morgen abend
Sind wir verloren, wenn nicht ...
So wie es im Liedlein heißt:
    «Brüder, mit dieser Frage
    Will ich gleich beginnen:
    Hier aus unserer schweren Lage
    Gibt es kein Entrinnen.»
Freunde, ein kräftiges Eingeständnis
Und ein kräftiges WENN NICHT!

(Bertolt Brecht, 1961–1978: 14)

Die Wahrheit ist, dass die Parteilinke in Europa in jüngster Zeit – beispielsweise in Italien, Frankreich, Großbritannien und zahlreichen Ländern Osteuropas – schwere Niederlagen trotz der Krisen des Kapitalismus hinnehmen musste. Die Wahrheit ist, dass Ermüdungserscheinungen auch die Sozialforums-Bewegungen ergriffen haben. Zur Wahrheit gehört, dass die in Deutschland erheblich erstarkte Linke noch weit entfernt davon ist, die rechnerische Mehrheit von Befürwortern eines starken Sozialstaates in politische Bündnisse gegen den Neoliberalismus umsetzen zu können. Wahr ist, dass die herannahende Klimakatastrophe den alternativen Kräften nur noch wenig Zeit lässt. Wahr ist auch, dass die Mehrheit der Bürgerinnen und Bürger trotz ihres Unbehagens an den herrschenden Verhältnissen nicht an die Machbarkeit von Alternativen glaubt.

Aber die Herrschenden haben das Vertrauen der Beherrschten verloren. Die Mächtigen trauen nicht einmal einander, wie im Herbst 2008 die Weigerung der Banken zeigt, sich wechselseitig zu kreditieren. Den Machteliten ist die Kontrolle über ihre ureigenste Domäne, die Finanzmärkte, entglitten. Die öffentliche Meinung hat sich von dem zentralen Glaubenssatz verabschiedet, dass der Markt der Vater aller Problemlösungen sei. Dass sie in einer gerechten Gesellschaft leben, glauben in Deutschland nur noch 15 Prozent der erwachsenen Bevölkerung.

Die Situation ist zutiefst widerspruchsvoll, der Neoliberalismus als Ideologie im freien Fall – aber emanzipatorische Alternativen nicht in entsprechendem Aufwind. Eine kritische Analyse der Lage bestätigt jedoch den Realitätsgehalt kapitalismuskritischer und antikapitalistischer Gesellschaftsanalysen und die Dringlichkeit begründeter emanzipatorischer Alternativen.

Ein Symptom dafür lieferte mit der Komposition der Seite 1 ihrer Ausgabe vom 22. Oktober 2008 die Frankfurter Allgemeine Zeitung. Dort war das zentrale Thema Präsident Sarkozys Tabu-Vorhaben von Staatsbeteiligungen an Schlüsselindustrien Frankreichs. Ein Bericht erschien unter der Überschrift «Armut in Deutschland schneller gewachsen». Und in der linken Spalte stand als Verweis auf das große Feuilleton-Thema: «Verfilmt das ‹Kapital›! Karl Marx ist der Dichter unserer Weltwirtschaftskrise. Alexander Kluge hat den Plan der ‹Kapital›-Verfilmung , den Eisenstein 1929 fasste, wiederaufgenommen.» – Der Zeitgeist ist in Bewegung geraten.

Wenn nicht in einer so tiefen Krise wie der gegenwärtigen ein Einbruch der Linken und anderer demokratisch-humanistischer Kräfte in die öffentliche Meinungsbildung gelänge – wann sollen Alternativen dann politischen Raum gewinnen? Wenn nicht diese Krise zur Formierung geistig-politischer Gegenmacht genutzt wird, werden die Chancen für längere Zeit vertan sein. Für die LINKE ist die Zeit gekommen, den Neoliberalen die Hegemonie in der Deutung der gegenwärtigen Krisen, in den Diskursen über die Werte der Gesellschaft, über Wege in die Zukunft und über realistische Konzepte dafür streitig zu machen. Den alternativen Kräften der Gesellschaft wächst die Aufgabe zu, geistige Grundlagen für einen Richtungswechsel der Politik in der Bundesrepublik öffentlich zur Geltung zu bringen. Sie haben ihre eigenen Zukunftsvorstellungen dem CDU-Konzept der «Neuen Sozialen Marktwirtschaft», der «Initiative Neue soziale Marktwirtschaft» der Unternehmerverbände, der «Solidarischen Leistungsgesellschaft» der CSU, dem «Aktivierenden Sozialstaat» der SPD, der «Grünen Marktwirtschaft» und den FDP-Vorstellungen für eine «Freie und Faire Gesellschaft» entgegenzusetzen. Ein breites und offenes Netzwerk «Für eine solidarische und gerechte Gesellschaft» könnte wesentliche Impulse für eine öffentliche Debatte über die Grundkonturen emanzipatorischer Alternativen geben.

«Grundelemente eines alternativen Leitbildes könnten sein:

- ein anderes Menschenbild: der selbstbestimmt und solidarisch lebende Mensch;
- ein anderes Gesellschaftsbild: eine Gesellschaft, die Freiheit und Gleichheit gerecht verbindet;
- eine andere Entwicklungsweise: sozial und ökologisch;
- eine andere Wirtschaftsordnung: basierend auf gerechter und demokratischer Regulation und Verfügung;
- eine andere Weise politischer Partizipation;
- eine andere Ausrichtung europäischer Integration: sozial, demokratisch, zivil;
- eine andere Gestaltung der internationalen Ordnung: auf der Grundlage gemeinsamer solidarischer und gerechter Entwicklung.» (Brangsch, 2008)

Bisher existiert ein emanzipatorischer Entwicklungsweg vor allem in Gestalt alternativer Gesellschaftskonzepte, in der Form einzelner konkreter Reformprojekte, von Kämpfen kapitalismuskritischer und antika-

pitalistischer Akteure, von Ansätzen wie in der vielschichtigen Sozialforums-Bewegung und von Versuchen einzelner Länder wie in Lateinamerika, die Grenzen des neoliberalen Kapitalismus zu überschreiten.
Wenn emanzipatorische sozialökologische Alternativen zum bestimmenden Weg in Zukunft werden sollen, bedarf es ganz erheblicher außerparlamentarischer und parlamentarischer Stärkung der Linken bis zur Regierungsbeteiligung linker Parteien unter Bedingungen, die einen emanzipatorischen Richtungswechsel der Politik deutlich fördern.

Zur strategischen Kernaufgabe der Linken wird ihr Wirken für breite Vernetzungen und für Allianzen demokratischer Kräfte als einzig möglicher Weg zu einschneidender Veränderung der Kräfteverhältnisse zugunsten eines antikapitalistischen Blocks zivilgesellschaftlicher Akteure der sozial benachteiligten Gruppen und der gesellschaftlichen Mitte bis in deren obere Schichten (Brie, 2007).

In großen Regionen der Erde sind die Ausgangsbedingungen, die Herausforderungen und die vordringlichsten Aufgaben allerdings ganz andere als die in Deutschland und in vergleichbaren Ländern. In vielen Regionen sind das pure Überleben, das Beenden von Kriegen und Gewaltexplosionen, der Zugang zu sauberem Wasser, die Befreiung von Strukturen, die zu Hunger, Mangelkrankheiten und Analphabetismus führen, die Schwächung patriarchaler Herrschaft und die Institutionalisierung funktionsfähiger staatlicher Ordnungen notwendige Inhalte der dort bevorstehenden transformatorischen Prozesse. Mit welchen Begriffen die Ziele, die Entwicklungswege und die handlungsleitenden Werte oder Ideale dort beschrieben werden, hängt von den Bedingungen, der Geschichte, der Kultur, den handelnden Kräften und den Erfahrungen und Wahrnehmungen der Völker in den betreffenden Ländern ab.

9.5. SZENARIO V: ENTZIVILISIERTER KAPITALISMUS

Nicht auszuschließen ist, dass ein Scheitern anderer Varianten des neoliberalen Kapitalismus für die Herrschenden Anlass zur Flucht in einen hochgradig entzivilisierten Kapitalismus werden kann.

Das wäre möglich, wenn ihnen die Zustimmung und widerstrebende Unterordnung von Mehrheiten in die Gesellschaft definitiv verloren geht,

wenn zwar der Widerstand erstarkender demokratischer Kräfte bedrohlich für die Machteliten anwächst, aber doch noch nicht mächtig genug sein würde, um eine alternative Entwicklung zu erzwingen.
Die Lehre aus den Weltkriegen des 20. Jahrhunderts, aus den Verbrechen faschistischer und militaristischer Regime, aus der Unterstützung mörderischer Militärdiktaturen in Lateinamerika durch die USA und aus der Teilhabe von Private Military Companies unter Führung ehemaliger amerikanischer Spitzenmilitärs an den «neuen Kriegen» im «Süden» mit ihren oft barbarischen Exzessen ist, dass es keine eindeutige Grenze zwischen dem «normalen» neoliberalen Kapitalismus und dessen Umschlag in Barbarei gibt. Ebenso verweisen die Völkermorde in Jugoslawien im ausgehenden 20. Jahrhundert auf die Brüchigkeit der Zivilisation. Der Irak-Krieg und andere militärische Konflikte der Gegenwart bringen ständig Verbrechen bis zu Folter und Morden in der Verantwortung der USA mit Duldung und sogar Unterstützung ihrer Verbündeten hervor (Klein, Naomi, 2007).
Vorherrschend in einem weitgehend entzivilisierten Kapitalismus könnten ein noch mehr als gegenwärtig entfesselter «Terror der Ökonomie» (Viviane Forrester), radikalisierter Abbau des Sozialstaats, verstärktes Eindringen mafioser Strukturen in die legale Ökonomie, weitere Militarisierung von Wirtschaft und Gesellschaft, Rechtspopulismus, Rechtsextremismus und Rassismus, Eskalation von Gewalt, autoritäre und polizeistaatliche Herrschaftsformen werden. Das sind Erscheinungen, die bereits in der gegenwärtigen Realität auf die Möglichkeit einer Entwicklung des Neoliberalismus hindeuten, die jegliche Spuren liberaler Herkunft abwirft.
In der künftigen Realität werden die Grenzen zwischen diesen möglichen Wegen in die Zukunft verschwimmen: die zwischen einem angelsächsischen Typ des Kapitalismus und verstärkten Entzivilisierungsprozessen, zwischen den unterschiedlichen Varianten neoliberal bestimmter Entwicklung, zwischen einem gemäßigt-neoliberalen Pfad und dem skandinavischen Modell und womöglich zwischen diesem und emanzipatorischen Alternativen.

10.

WAS DAFÜR SPRICHT, DASS ES SO NICHT WEITERGEHT

OFFENHEIT DER GESCHICHTE – VERLUST DER GEWISSHEITEN

Einst bezog die marxistische Linke, die den Glauben an göttlich bestimmte Wege gegen den Glauben an eherne Gesetze des Geschichtsverlaufs ausgetauscht hatte, daraus eine aus ihrer Sicht wissenschaftlich begründete Zuversicht und Motivation.

> «Marx ... war ein Prophet. Um das Wesen dieser Leistung zu verstehen, müssen wir ihn in den Gegebenheiten seiner eigenen Zeit ins Auge fassen. Es war der Zenit der Bourgeois-Wirklichkeit und der Nadir der Bourgeois-Zivilisation, die Zeit des mechanistischen Materialismus. ... Glauben in jedem echten Sinn entschwand immer rascher, und damit erlosch in der Welt des Arbeiters der einzige Lichtstrahl. ... Hier bedeutet nun für Millionen menschlicher Herzen die marxsche Botschaft vom irdischen Paradies des Sozialismus einen neuen Lichtstrahl und einen neuen Sinn des Lebens.» «Das Wichtigste ist, dass die Botschaft so abgefasst und dargeboten war, dass sie von dem positivistischen Geist ihrer Zeit angenommen werden konnte. ... Dies wurde einerseits dadurch erreicht, dass er das Gefühl, unterdrückt und schlecht behandelt zu sein, ... mit unvergleichlicher Kraft formulierte, und dass er andererseits verkündete, die sozialistische Erlösung von diesem Übel sei eine rational beweisbare Gewissheit. Man beachte, mit welch vollendeter Kunst es hier gelang, jene außerrationalen Sehnsüchte, die die Religion wie herrenlos herumlaufende Hunde zurückgelassen hatte, mit den rationalistischen und materialistischen Strömungen der Zeit zu verknüpfen, die ... keinen Glauben duldeten, der nicht einen wissenschaftlichen oder pseudowissenschaftlichen Anstrich hatte. Einfach das Ziel zu predigen, wäre wirkungslos geblieben; eine Analyse der sozialen Prozesse hätte nur ein paar hundert Spezialisten interessiert. Aber im Kleid des Analytikers zu predigen und mit einem Blick auf die Bedürfnisse des Herzens zu analysieren, dies schuf eine leidenschaftliche Anhängerschaft und gab den Marxisten jenes größte Geschenk, das in der Überzeugung besteht, dass das, was man ist und wofür man einsteht, niemals unterliegen, sondern am Ende siegreich sein wird.» (Joseph A. Schumpeter, Österreichs größter Ökonom des 20. Jahrhunderts, in: «Kapitalismus, Sozialismus und Demokratie»: 20 f.)

Die Geschichte ist über die Vorstellung eines unabänderlich durch Gesetze zementierten Ablaufs der Geschichte hinweggegangen. Natürlich wirken ökonomische Gesetze des Kapitalismus. Das Wissen um sie fundiert die Kritik des Kapitalismus und antikapitalistische Strategien. Aber es ist nicht identisch mit der Einsicht in einen von Gesetzen vorbestimmten Geschichtsverlauf. Die moderne Linke hat gelernt, dass die Geschichte offen ist. Gemacht von Menschen, hängt es von ihnen selbst ab, welche von den möglichen Zukünften sich durchsetzen wird. Und die Frage ist – wenn nicht Gesetze der Geschichte deren Ablauf kategorisch bestimmen –, woher alternative Akteure die innere Kraft und Motivation für den voraussichtlich langen Lern- und Suchprozess auf dem Weg in eine gerechte solidarische Gesellschaft beziehen können. **ZUM ERSTEN:** Wissenschaftlich begründete und praktisch erfahrbare Einsichten in die Trends des neoliberalen Kapitalismus verweisen auf dessen destruktive Strukturen, die der Durchsetzung der Menschenrechte entgegenstehen und ein menschenwürdiges Leben großer Teile der Menschheit unmöglich machen. Daraus folgt, dass die Kämpfe um eine gerechte Gesellschaft den neoliberalen Kapitalismus und schließlich die Dominanz des Profits selbst überwinden müssen.

ZUM ZWEITEN: Gerechtigkeit, die den Zusammenhang von Freiheit, Gleichheit und Solidarität umfasst, und individuelle moralische Haltungen, die diesen Werten entsprechen, können dann handlungsleitend werden, wenn sie von Individuen und kollektiven Akteuren verinnerlicht und zum Bestand ihres Gefühls werden. **ZUM DRITTEN** reichen diese verinnerlichten Orientierungen nicht aus, solange sie von der Überzeugung überlagert werden, dass die verfügbaren alternativen Politikangebote keine Chance der Verwirklichung bieten. Wenn es der Linken und anderen demokratischen Kräften jedoch gelingt, machbare realistische Einstiegsprojekte in einen emanzipatorischen Entwicklungsweg zu präsentieren, werden die Mauern bröckeln und gestürzt werden, die die Gegenwart von einer besseren Zukunft trennen.

«Einstiegsprojekte werden umso eher eine Richtungsänderung in der Politik anstoßen oder voranbringen, je mehr sie bestimmten Maßstäben genügen. Erstens müssten sie wichtige ungelöste Probleme der Gesellschaft betreffen, also das Empfinden großer sozialer Gruppen aufnehmen und Antworten auf ihre Sorgen, auf ihr Verlangen nach Arbeit, Sicherheit und Selbstbestimmung über das eigene Leben geben. Zweitens sollten sie realistisch sein, d. h. die Chance bieten, in absehbarer Zeit durchsetzbar zu sein und zu Verbesserungen für möglichst viele führen. Drittens würden sie dadurch das weit verbreitete Gefühl der Alternativlosigkeit und Ohnmacht zurückdrängen und mobilisierende Wirkung entfalten können. Viertens sollten sie die Öffnung für weiterreichende Entwicklungen ermöglichen, die bei veränderten Kräfteverhältnissen in ein Zurückdrängen der Kapitaldominanz münden.» (Klein, 2007: 44).

DAS PRINZIP HOFFNUNG

In den meisten Menschen rumort das «Prinzip Hoffnung» (Ernst Bloch). Bei PETER JÄGER mag es nur die Hoffnung sein, noch einmal aus dem Hartz-IV-Status herauszukommen. Bei RICO war es die Hoffnung, sich in seiner Karriere zu behaupten, die ihn bestärkte, in kurzer Zeit viermal den Wohnort zu wechseln. MERCEDES RIVERA nimmt die Kraft für ihr hartes Leben aus der Hoffnung, eines Tages ihre in Kolumbien zurückgebliebenen Kinder wiederzusehen. In FAIDA MUGANGU erlosch fast jede Hoffnung, als ihre Kinder vor ihren Augen zerstückelt und ihr Mann ermordet wurde. Aber ein letzter Funken Hoffnung trug sie mit ihrem geretteten Baby in das Hospiz «Mütterliche Barmherzigkeit». BERNARD NYONGAS Hoffnungen verliehen ihm die Überzeugungskraft, die den von ihm geführten Bauern den Sieg über internationale Unternehmen bescherten, die ihre Existenz bedrohten. Die einfache BÄUERIN AUS MALINDI und der FISCHER AUS KWALE führten auf einem Weltforum Klage gegen ihre Enteignung. AGNES MOHAPI nahm sich zunächst nur illegal den Strom, der ihr durch die Privatisierung geraubt worden war. Aber die Hoffnung, die den Befreiungskampf gegen das Apartheid-Regime getragen hatte, lebt in ihr weiter: «Wir werden uns zusammenschließen und diese Regierung mit derselben Wut bekämpfen, mit der wir zu ihrer Zeit die Weißen bekämpft haben.»

Hoffnung auf eine bessere Welt, Wissen um die destruktiven Strukturen des Kapitalismus, zukunftsfähige Wertorientierungen, verinnerlichte Moral nach ihrem Maßstab bei Mehrheiten, überzeugende realisierbare Politikangebote von links, die Erfahrung, dass die Einzelnen nicht allein sind, dass sie auf die Solidarität gemeinsamer Kämpfe rechnen können und das tatsächliche Entstehen breiter alternativer Allianzen – das ist die Mischung, aus der Zuversicht in die Möglichkeit und Notwendigkeit einer anderen Welt entspringt.

«Es kommt darauf an, das Hoffen zu lernen. Seine Arbeit entsagt nicht, sie ist ins Gelingen verliebt, statt ins Scheitern. Hoffen, über dem Fürchten gelegen, ist weder passiv wie dieses noch gar in ein Nichts gesperrt. Der Affekt des Hoffens weht aus sich heraus, macht die Menschen weit, statt sie zu verengen, kann gar nicht genug von dem wissen, was sie inwendig gezielt macht, was ihnen auswendig verkündet sein mag. Die Arbeit dieses Affekts verlangt Menschen, die sich ins Werdende tätig hineinwerfen, zu dem sie selber gehören.» (Ernst Bloch: Das Prinzip Hoffnung, 1985: 1).

Die Verwandlung alternativer Zukunftsvorstellungen in reale Transformationsprozesse wird an eine Reihe von weiteren Bedingungen geknüpft sein.

ABLEHNUNG UND ANKNÜPFUNG

- Ein alternativer Entwicklungspfad kann und muss an der Ablehnung antidemokratischer und destruktiver Grundprozesse im neoliberalen Kapitalismus und zugleich an den zivilisatorischen Potenzialen der modernen bürgerlich-kapitalistischen Gesellschaften anknüpfen. Alternativen sind möglich, weil das erreichte Produktivkraftniveau einen gesellschaftlichen Reichtum hervorgebracht hat, der bei weiter fortschreitender wirtschaftlicher Leistungskraft, veränderter Nutzung und gerechter Verteilung die materielle Bewältigung alternativer Zukunftsvorstellungen erlauben wird. Alternativen sind machbar, weil die pluralistische Demokratie, der Rechtsstaat, der Stand öffentlicher Information und das erreichte Bildungsniveau ihren Akteuren Bewegungsräume bieten. Alternativen sind möglich, weil die gefahrenreiche Globalisierung auch erhebliche Chancen birgt: Chancen internationaler solidarischer Kooperation, Chancen der Vernetzung demokratischer Akteure über die Grenzen von Ländern und Regionen hinaus, Chancen des Lernens von neuen Wegen in anderen Teilen der Erde und der Solidarität mit ihren Trägern.

Alternativen sind möglich und notwendig, weil die Finanzmärkte die entbändigte Herrschaft des Geldes und die Abkopplung des Finanzkapitals von den Lebensbedürfnissen der Bevölkerungsmehrheit derart deutlich in das öffentliche Bewusstsein heben und die Dringlichkeit öffentlicher Transparenz und Kontrolle so unabweisbar auf die internationale Agenda setzen, dass alternative Kräfte an die daraus resultierenden Delegitimierungsprozesse anknüpfen können. Alternativen werden zwingender, weil die Ökonomie der Enteignung die Kluft zwischen Oben und Unten vertieft und Illusionen über deren Verschwinden sich im Empfinden einer wachsenden Zahl von Betroffenen weiter verflüchtigen werden.

Gewalt nach innen und nach außen stößt schon heute auf die Ablehnung von Mehrheiten und könnte in neuen Kriegen und in eruptiven Ausbrüchen innerer Gewalt eine Erneuerung der Friedens- und Demokratiebewegung kategorisch herausfordern. Alternativen werden dringlich heranreifen, weil bereits in naher Zukunft ein «Weiter so» die natürlichen Existenzgrundlagen großer Teile der Menschheit tausendfach in Frage stellen wird. Luft und Wasser und Boden und Lebensmittel und Artenvielfalt und Energieversorgung werden akut der Rettung bedürfen. Das wird die Profitdominanz als Maß aller Dinge zur Disposition stellen.

DIE FINANZIERUNG VON ALTERNATIVEN IST MÖGLICH

Weltbruttosozialprodukt 2006: 45 Billionen Dollar
Weltrüstungsausgaben 2006: 1,235 Billionen Dollar

Lester R. Brown:
Jährliche Ausgaben für soziale Ziele und die Gesundung der Erde (in Mrd. US-Dollar)

Soziale Grundziele	
Grundschulausbildung	10
Überwindung des Analphabetentums Erwachsener	4
Schulspeisung in den 44 ärmsten Ländern	6
Hilfe für Vorschulkinder und schwangere Frauen in den 44 ärmsten Ländern	4
Rehabilitationsmedizin und Familienplanung	17
Medizinische Grundversorgung	33
Verhütung	3
Gesundung der Erde	
Aufforstung zum Erhalt von Boden und zur Bindung von C02	26
Bodenschutz	24
Wiedergewinnung von Weideland	9
Gesundung der Fischbestände	13
Schutz der Biodiversität	31
Stabilisierung des Wasserhaushalts	10
	190

Quelle: Brown, 2008: 282

Jean Ziegler:
Jährliche Ausgaben für die Lösung von Menschheitsproblemen (in Mrd. US-Dollar)

Entwicklung alternativer Energien	50
Andere Aufgaben gegen die Erwärmung der Erde	8
Schutz der Böden gegen Erosion	24
Beseitigung der Slums	20
Stabilisierung der Weltbevölkerung	10,5
Kampf gegen sauren Regen	8
Konversion nuklearer Waffen	7
Schutz der Ozonschicht	5
Überwindung des Analphabetismus	5
Entschuldung der 49 ärmsten Länder	30
Kampf gegen Aids und andere Epidemien	19
Überwindung von Hunger und Unterernährung	19
Trinkwasser für alle	19
Zerstörung von Wäldern stoppen	7
Rückführung von Flüchtlingen	5
Förderung des Aufbaus demokratischer Institutionen	2
Beseitigung von Tretminen	2
	240

Quelle: Ziegler, 2005: 43

Einige der globalen Menschheitsprobleme sind dabei, innerhalb von nur noch ein bis höchstens zwei Jahrzehnten eine derartige Brisanz anzunehmen, dass sich ein weitreichender Einstieg in ihre Lösung schon vollziehen muss, noch ehe die heutigen Eigentums- und Machtverhältnisse weitgehend überwunden sind. Einerseits ist deren erheblicher Wandel für einen solchen Einsteig unumgänglich. Andererseits ist er aber im Angesichts der Machtfülle der heute Herrschenden nur schwerlich innerhalb der sehr kurzen Zeitspanne zu erwarten, in der eine sozialökologische Zeitenwende, die Abwendung neuer atomarer Bedrohungen und die Einebnung konfliktbeladener sozialer Klüfte vorangetrieben werden müssen.

«Das Zeitfenster für erfolgreiche Klimaschutzmaßnahmen beginnt sich zu schließen. ... Es stehen uns weniger als zehn Jahre zur Verfügung, um sicherzustellen, dass das Zeitfenster offen bleibt. ... Wenn das nächste Jahrzehnt genau so aussieht wie dieses, dann wird die Welt auf einem Kurs festgefahren sein, der in die eigentlich vermeidbare ‹doppelte Katastrophe› führt: Rückschritte bei der menschlichen Entwicklung in naher Zukunft und die Gefahr einer ökologischen Katastrophe für die künftigen Generationen.» (UNDP: Bericht über die menschliche Entwicklung 2007/2008: 30)

Diese extrem spannungsvolle Lage impliziert eine weitreichende Schlussfolgerung.

Das begrenzte historische Zeitfenster vor dem Eintreten eines kaum korrigierbaren Kontrollverlusts über wesentliche menschliche Existenzbedingungen muss wahrscheinlich ebenso durch die Schwächung der Herrschenden wie durch Kompromisse zwischen ihnen und demokratischen Mehrheiten für das Einschwenken auf alternative Pfade genutzt werden.

AMBIVALENZEN DER FUNKTIONSELITEN UND BÜNDNISPOLITIK

Dies kann dadurch begünstigt werden, dass die ökonomischen und politischen Machteliten stets eine Dienstklasse brauchen, mit deren Hilfe ihre Macht reproduziert wird. Ihre Herrschaft bedarf vielstufiger Vermittlung durch Politikerinnen und Politiker, durch hohe Beamte, entscheidende Medienmacher, Rechtsanwälte, Berater, Experten, Wissenschaftlerinnen und Wissenschaftler, Verbandsfunktionäre und im kulturellen Bereich Tätige. Die meisten von ihnen sind zwar abhängig von den Herrschenden und vom neoliberalen Zeitgeist beeinflusst. Doch sie sind zugleich der eigenen inneren Logik der gesellschaftlichen Teilsysteme verpflichtet, in denen sie wirken: der Verpflichtung auf das Recht gegen Unrecht in juristischen Berufen, der Affinität zur Wahrheitssuche in der

Wissenschaft, kulturellen Werten gegen Tendenzen der moralisch-kulturellen Degradation, seriöser Berichterstattung und aufklärender Recherchearbeit in den Medien in Widerstreit mit einseitiger herrschaftssichernder Meinungsmanipulation, der Solidarität mit den Armen im «Süden» in den Apparaten der Entwicklungshilfe trotz deren Einbindung in die Außenpolitik, dem Erhalt der Umwelt in weiten Bereichen der Experten- und Beraterarbeit.

Diese Zwiespältigkeit in der Lage und in den Einstellungen der Funktionseliten führt dazu, dass ein großer Teil von ihnen eher dem Erhalt der gegenwärtigen Herrschaftsverhältnisse verpflichtet ist, dass ein anderer Teil bei genügend starkem Druck alternativer Kräfte aber auch zu kritischer Reflektion fähig ist und oft beide Tendenzen das Handeln von ein und denselben Personen im Widerstreit beeinflussen. Michael Brie hat auf diese Konstellation mit Bezug auf die Unterscheidung von «systemtragenden Leistungsindividualisten» und «etablierten Leistungsträgern», von eher problemorientierten «kritischen Bildungseliten» und «engagiertem Bürgertum» in der Studie «Gesellschaft im Reformprozess» (Friedrich-Ebert-Stiftung 2006; Neugebauer, 2007) aufmerksam gemacht und die Aufgaben für eine Bündnispolitik der Linken hervorgehoben, die in dieser Differenzierung der oberen gesellschaftlichen Mitte stecken.

Teils werden die Machteliten durch diesen sie umgebenden Ring der Dienstklasse von der Realität abgeschirmt. Teils wird die Brisanz der ungelösten Probleme, mit denen die Bataillone von Funktionsträgern oft unmittelbarer als die inneren Zirkel der Macht umgehen müssen, durch sie den engsten Machtkreisen auch nahegebracht – soweit diese dafür aufnahmefähig sind.

- Für die Lernfähigkeit der Machteliten unter Schock, Problemdruck und dem entscheidenden Einfluss von Gegenmächten gibt es historische Erfahrungen. Als die Weltwirtschaftskrise 1929/32 das kapitalistische System bedrohlich erschütterte, fand die Roosevelt-Administration unter dem Druck der Verhältnisse und der Gewerkschaften die Kraft, ein Einmünden der chaotischen Vorgänge in den New Deal zu fördern. Als die faschistisch-militaristische Antwort auf die Weltwirtschaftskrise im Zweiten Weltkrieg zur Okkupation großer Teile Europas führte und im Holocaust die gesamte bürgerliche Zivilisation unterzugehen drohte, verbündeten sich die westlichen Demokratien sogar mit ihrem gehassten Feind, der Sowjetunion, gegen die Entartung des Kapitalismus in Deutschland, Japan, Italien und anderen Ländern. In kürzester Zeit wurde die zivile Produktion auf Rüstungsproduktion umgestellt – allerdings durchaus im eigenen Herrschafts- und Konkurrenzinteresse. Im Kernland des Individualismus und der Marktregulation, in den USA, leitete die staatliche Administration einen Strukturwandel ein, der binnen weniger Monate beispielsweise zur vollständigen Einstellung der Produktion privater PKW und stattdessen zur Herstellung von Waffen führte. Lester R. Brown, Präsident des Earth Policy Institute, Washington, schrieb: «Diese Mobilisierung von Ressourcen innerhalb von Monaten zeigt, dass ein Land, und gewiss auch die Welt, in der Lage ist, die Wirtschaft in kürzester Zeit umzustellen, wenn die Überzeugung herrscht, dies sei eine Notwendigkeit.» (Brown, 2008: 280) Wenn eine Mobilisierung für den Krieg möglich war, müsse, so Brown, erst recht eine «Mobilisierung zur Rettung der Zivilisation möglich sein».

Hans Joachim Schellnhuber, Leiter des Potsdam-Instituts für Klimafolgenforschung, erinnerte auf der Jahrestagung der AAAS, des Dachverbandes von mehr als 260 wissenschaftlichen Vereinigungen der USA, an das Manhattan-Projekt, mit dem die USA in einem extremen Kraftakt in der kurzen Zeitspanne von 1942 bis 1945 die Atombombe entwickelten. Darauf wurde die Arbeit von mehr als 100.000 Menschen in Hunderten von Wissenschaftseinrichtungen konzentriert. Schellnhuber forderte, solche Erfahrungen aufzunehmen und ein weltweites «Manhattan-Projekt gegen Klimawandel» in Gang zu bringen (Schellnhuber, 2007).

Nach dem Zweiten Weltkrieg kam es unter dem äußeren Druck des Staatssozialismus und dem inneren Druck der erstarkenden Linken, der Gewerkschaften und der Frauenbewegung zu einem zeitweiligen wohlfahrtsstaatlichen Klassenkompromiss zwischen Kapital und Arbeit. Die reale Gefahr eines großen Atomkrieges zwischen der Sowjetunion und den USA zwang die Herrschenden auf beiden Seiten zu Abrüstungsvereinbarungen und gemeinsamer Rüstungskontrolle. Die drohende Zerstörung der ökologischen Gleichgewichte auf der Erde und das globale Anwachsen sozialer Klüfte und Bewegungen führten immerhin zu den Vereinbarungen der Weltkonferenz von Rio für Umwelt und Entwicklung 1992 und zur Verabschiedung der Millenniumsziele der Vereinten Nationen durch fast alle Staatschefs der Erde im Jahr 2000. Allerdings entspricht die reale Politik den dort detailliert festgeschriebenen Einsichten und Verpflichtungen nicht annähernd. Gleichwohl sahen sich die politischen Spitzen der Staaten gezwungen, die Dringlichkeit einer Abkehr von der bisherigen Grundrichtung der Entwicklung vertraglich festzuschreiben.

Für die alternativen Kräfte deuten diese Erfahrungen auf die Chance hin, gegen die Machteliten und mit deren zu Einsichten gezwungenen Teilen das scheinbar Unmögliche möglich zu machen: den Einstieg in Lösungen für die größten Herausforderungen unserer Zeit durch tiefgreifenden Wandel und Schwächung der Kapitalmacht unter noch kapitalistischen Bedingungen. Vielen Linken gilt dies als der Einstieg in einen transformatorischen Prozess, der als demokratischer Sozialismus verstanden werden kann.

- Ein alternativer Entwicklungspfad könnte unter der Bedingung Raum gewinnen, dass bereits vorhandene Versuche des Aufbruchs in eine andere Welt aufgenommen und von weiteren Akteuren in eigene erneuerte Anstrengungen umgesetzt werden. Auf Weltsozialforen und in alltäglichen Kämpfen zeichnen sich Formen solidarischer Ökonomie und erneuerter Demokratie ab (Altvater/Sekler, 2006). Selbstbestimmung über das eigene Leben in sozialer Sicherheit und Würde, Ansprüche auf sozial gleiche Teilhabe an den Bedingungen individueller Freiheit sind das Verlangen von Millionen Menschen. Es entstehen Projekte, in denen diese Maßstäbe angestrebt werden. In einer Reihe von Ländern versuchen linke Kräfte, auch durch die Beteiligung an Regierungen die Grenzen des gegenwärtigen Kapitalismus in Frage zu stellen, hinauszuschieben und eine Transformation der gegenwärtigen Gesellschaft zu mehr Freiheit, Gleichheit und Solidarität in Frieden einzuleiten. In mehreren Fällen, z. B. 2007/08 in Italien, mündete die Regierungsbeteiligung der Linken allerdings in schwere Niederlagen. Mehrere Länder Lateinamerikas wagen den Ausbruch aus neoliberalen Mustern und orientieren sich auf der Suche nach Alternativen an sozialistischen Vorstellungen. In einigen Fällen werden Rohstoffressourcen nationalisiert, solidarische Formen der Wirtschaft und internationaler Kooperation erprobt, eine staatliche Kontrolle des Kapitalverkehrs angestrebt, Bildung und gesundheitliche Versorgung auch für die Einkommensschwachen und Ausgegrenzten verbessert und Programme gegen die Armut eingeleitet.

Für Deutschland und für Europa insgesamt liegt es nahe, an den sozialen, ökonomischen, ökologischen und emanzipatorischen wohlfahrtsstaatlichen Erfahrungen in skandinavischen Ländern anzuknüpfen. Ein Wandel im Rahmen des gegenwärtigen Kapitalismus nach diesem Muster wäre ein erheblicher Fortschritt im Verhältnis zu einem neoliberalen Entwicklungspfad mit nur geringen sozialen Korrekturen. PETER JÄGER hätte wahrscheinlich in einigen skandinavischen Ländern durch gut entwickelte Kinderbetreuung, Förderung von Alleinziehenden und umfangreiche öffentliche Beschäftigung weit größere Chancen als im gegenwärtigen Deutschland.

Allerdings hat die Linke die traumatischen Erfahrungen des Endes der demokratischen Revolution in Chile unter Präsident Allende, das Scheitern sozialdemokratischer Dritter Wege in den meisten Ländern Westeuropas während der neunziger Jahre des vergangenen Jahrhunderts, der Nelkenrevolution in Portugal und linker Reformen in Frankreich während der frühen Achtziger zu verarbeiten. Diese Erfahrungen deuten darauf hin, dass bei Erhalt der kapitalistischen Grundstrukturen eine Veränderung der Kräfteverhältnisse zugunsten der Herrschenden schnell zur Rücknahme sozialer Reformen und zum Umschlag in ihr Gegenteil führen kann. Geboten ist für die Zukunft, die herrschenden Verhältnisse selbst in Frage zu stellen. Das würde bedeuten, mögliche künftige Entwicklungen in der Richtung des skandinavischen Modells als Teil von weiterreichenden transformatorischen Prozessen über die nordeuropäischen Verhältnisse hinaus zu verstehen. Eine «Sozialdemokratisierung» des neoliberalen Kapitalismus wäre durch ihr Überschreiten «aufzuheben».

- Die entscheidende geistig-politische Bedingung für einen Richtungswechsel in der Politik und für einen alternativen Entwicklungspfad ist das Durchbrechen der Suggestion, dass eine Alternative nicht möglich sei. Außer den gegebenen Machtverhältnissen ist die stärkste Blockierung gegen emanzipatorische Alternativen die Auffassung von Mehrheiten, dass es unter den Bedingungen globaler Konkurrenz realistische, d. h. machbare Alternative gar nicht gäbe. Der größte Teil von denen, die die gegenwärtige Gesellschaft durchaus für ungerecht und undemokratisch halten und sie auf gefährlichen Wegen sehen, glaubt doch zugleich nicht, dass es tatsächlich anders und besser geht. Den geistigen und politischen Trägern des Neoliberalismus ist es gelungen, diesen potenziellen Gegenkräften den Glauben an sich zu nehmen und ihre Hoffnungen unter Resignation zu begraben.

Doch den Zeiten großer Umbrüche gingen schon immer Verhältnisse voraus, deren Umsturz den Zeitgenossen kaum vorstellbar schien. Max Weber beschrieb in seinem berühmten Werk «Die protestantische Ethik», wie unvorstellbar dem gewohnten Denken vor dem Aufstieg des Kapitalismus noch war zu leben, um für den «Erwerb von Geld und immer mehr Geld» zu arbeiten, statt zu arbeiten, um zu leben. «... der Mensch will ‹von Natur› nicht Geld und mehr Geld verdienen, sondern einfach leben ... und soviel erwerben, wie dazu erforderlich ist.» (Weber, 1991: 50) Die «für das unbefangene Empfinden schlechthin sinnlose Umkehrung des, wie wir sagen würden ‹natürlichen› Sachverhalts ist nun ganz offenbar ebenso unbedingt ein Leitmotiv des Kapitalismus, wie sie dem von seinem Hauche nicht berührten Menschen fremd ist.» (ebenda: 44) Dieses Leitmotiv, so schrieb Weber, wäre vor dem Einzug des «Geists des Kapitalismus» in die Gesellschaft «als Ausdruck des schmutzigsten Geizes und einer schlechthin würdelosen Denkart proskribiert worden» (ebenda: 46 f.).

Inzwischen gilt dem herrschenden Geist eher ein Denken und Handeln außerhalb von Marktkategorien und Kapitalverwertung als abartig und zumindest lebensfremd. Jedoch – jüngst beginnt abermals ein Wertewandel zu rumoren. Der neoliberale Kapitalismus hat die Vermarktung allen Lebens und die Verselbständigung des Geldkapitals auf den internationalen Kapitalmärkten derart übersteigert, dass gerade dies als schlechthin gegen alle Würde des Menschen gerichtet erkennbar wird und an den Pranger gerät. Für den Einstieg in kaum vorstellbaren Wandel mag eine Haltung nützlich sein, die Hermann Hesse mit einer Überlegung über den chinesischen Moralphilosophen Kung Fu Tse anregte: «Ist das nicht der, der genau weiß, dass es nicht geht und es trotzdem tut?»

Im Parteiensystem Deutschlands steht DIE LINKE als Teil der sehr viel breiteren Linken am deutlichsten erkennbar für Widerstand und Protest gegen die Grundtendenzen des neoliberalen Kapitalismus. DIE LINKE will das Entwicklungspotenzial bürgerlich-kapitalistischer Gesellschaften in ihr Engagement für sozialökologische Projekte eines emanzipatorischen Richtungswechsels der Politik aufnehmen. Sie will den «Geist des Kapitalismus» samt seiner ökonomischen und politischen Grundlagen überwinden. DIE LINKE verknüpft das heute Machbare mit ihren Vorstellungen zur Überschreitung der Grenzen des Kapitalismus. Der transformatorische Prozess, der Widerstand, Protest, Teilhabe an nächsten Schritten solidarischer Gestaltung der Gesellschaft und die Suche nach einer künftigen gerechten Gesellschaft der individuellen Freiheit, sozialen Gleichheit und Solidarität in Frieden und Naturgleichgewichten verbindet, ist das, was DIE LINKE demokratischen Sozialismus nennt.

LITERATUR-VERZEICHNIS

L

Afheldt, Horst, 1994: Wohlstand für niemand, München

Afheldt, Horst, 2003: Wirtschaft, die arm macht. Vom Sozialstaat zur gespaltenen Gesellschaft. München

Aglietta, Michel, 2000: Ein neues Akkumulationsregime. Die Regulationstheorie auf dem Prüfstand. Hamburg

Altvater, Elmar/Mahnkopf, Birgit, 1996: Grenzen der Globalisierung. Ökonomie, Ökologie und Politik in der Gesellschaft. Münster

Altvater, Elmar, 1992: Der Preis des Wohlstands oder Umweltplünderung und neue Welt(un)ordnung. Münster

Altvater, Elmar, 2006: Das Ende des Kapitalismus, wie wir ihn kennen. Münster

Altvater, Elmar/Sekler, Nicola, 2006: Solidarische Ökonomie. Hamburg

Azzellini, Dario/Kanzleiter, Boris, 2003: Das Unternehmen Krieg. Paramilitärs, Warlords und Privatarmeen als Akteure der Neuen Kriegsordnung. Berlin/Hamburg/Göttingen

Beck, Ulrich, 1986: Risikogesellschaft. Auf dem Weg in eine andere Moderne. Frankfurt am Main

Beck, Ulrich, 1997: Was ist Globalisierung? Frankfurt am Main

Bello, Walden/Bullard, Nicola/Sachs, Wolfgang/Shiva, Vandana, 2003: Die Umwelt in der Globalisierungsfalle. Hamburg

Bello, Walden, 2003: Die Krise des Globalisierungsprojekts und der Wirtschaftspolitik von George W. Bush. In: Bello, Walden u. a.: Die Umwelt in der Globalisierungsfalle. Hamburg

Benjamin, Walter, 1984: Allegorien kultureller Erfahrung, Leipzig

Bieling, Hans-Jürgen/Deckwirth, Christina/Schmalz, Stefan (Hrsg.), 2007: Die Reorganisation der öffentlichen Infrastrukturdienstleistungen in der Europäischen Union. Studie Nr. 25 der Forschungsgruppe Europäische Integration. Marburg

Bischoff, Joachim, 2006: Zukunft des Finanzmarkt-Kapitalismus. Strukturen, Widersprüche, Alternativen. Hamburg

Bischoff, Joachim/Detje, Richard, 2007: Das europäische Sozialmodell und die Gewerkschaften. In: Supplement der Zeitschrift Sozialismus Nr. 1

Bischoff, Joachim, 2007: Erneuerung des Europäischen Sozialmodells. In: transform!: Die Europäische Union neu gründen Heft 1

Bloch, Ernst, 1985: Das Prinzip Hoffnung. In: Werkausgabe Bd. 5. Frankfurt am Main

Bond, Patrick, 2004: Zerstört die Zähler, genießt das Wasser! Globale Konzerne, lokaler Staat und soziale Bewegung in Johannisburg. In: Fantomas, Sommer 04

Bourdieu, Pierre, 1983: Ökonomisches Kapital, kulturelles Kapital, soziales Kapital. In: Kreckel, Reinhard (Hrsg.): Soziale Ungleichheiten, Soziale Welt, Sonderband 2. Göttingen

Boyer, Robert, 2000: Is a finance – led growth regime a viable alternative to Fordism? A preliminary analysis. In: Economy and Society. 29 (1)

Brand, Ulrich/Brunnengräber, Achim/Schader, Lutz/Stock, Christian/Wahl, Peter, 2000: Global Governance. Alternative zur neoliberalen Globalisierung. Münster

Brand, Ulrich/ Görg, Christoph, 2001: Access & Benefit Sharing - Das Zentrum des Konfliktfelds Biodiversität. Bonn

Brand, Ulrich/Görg, Christoph, 2003: Postfordistische Naturverhältnisse. Konflikte und genetische Ressourcen und die Internationalisierung des Staates ...

Brangsch, Lutz; Rosa-Luxemburg-Stiftung, 2008: Gründung eines Netzwerks für eine-solidarische und gerechte Gesellschaft. Berlin (unv. Manuskript)

Brecht, Bertolt, 1961-1978: Gedichte. Bd. 7. Berlin/Weimar

Bretthauer, Lars, 2006: Materialität und Verdichtung bei Nicos Poulantzas. In: Bretthauer, Lars/ Gallas, Alexander/ Kannankulam, John/ Stützle, Ingo (Hrsg.): Poulantzas lesen. Zur Aktualität marxistischer Staatstheorie. Hamburg

Brie, André, 1004: Europäische Sozialpolitik: Der Abriss des Sozialstaats. Geschichtliche Wurzeln und Verläufe. Aktuelle Entwicklung. Brüssel/Schwerin

Brie, André, 2007: Ein soziales Europa oder kein Europa. Die erneuerte Linke wird sich europäisieren oder scheitern. In: transform!: Die Europäische Union neu gründen. Heft 1

Brie, Michael, 1993: Michael Gorbatschow – Held der Demontage. In: Brie, M/Klein, D: Der Engel der Geschichte. Befreiende Erfahrungen einer Niederlage. Berlin

Brie, Michael, 1997: Die moderne kapitalistische Gesellschaft. In: Gesellschaftsanalyse und politische Bildung e.V.(Hrsg.): Zur Programmatik der Partei des demokratischen Sozialismus. Ein Kommentar. Berlin

Brie, Michael, 2006: Die Linke – was kann sie wollen? Politik unter den Bedingungen des Finanzmarkt-Kapitalismus. In: Supplement der Zeitschrift Sozialismus 3/2006

Brie, Michael, 2006: Sozialismus, Ursprünge, Widersprüche, Wandlungen. In: Gesellschaftsanalyse und Politische Bildung e.V. (Hrsg.): Zur Programmatik der Partei des Demokratischen Sozialismus. Ein Kommentar. Berlin

Brie, Michael, 2007: Der Kampf um gesellschaftliche Mehrheiten. In: Brie, M./Hildebrand, C./Meuche-Mäker, M. (Hrsg.): DIE LINKE. Wohin verändert sie die Republik? Berlin

Brinkbäumer, Klaus/ Fichtner, Ulrich, 2007: Die Weltsanierer. In: der Spiegel, 23.7.2007

Brost, Marc/Buchter, Heike/Fischermann, Thomas/Schieritz, Mark, 2008: P wie Panik. In: Die Zeit, 19. März

Brown, Lester R., 2008: Plan B 3.0. Mobilizing to save civilization. New York/London

Brühl, Tanja/Debiel, Tobias/Hamm, Brigitte/Hummel, Hartwig/Martens, Jens (Hrsg.), 2001: Privatisierung der Weltpolitik. Entstaatlichung und Kommerzialisierung im Globalisierungsprozess. Bonn

Bullard, Nicola, 2003: Global Governance und Neoliberalismus. In: Bello, Walden/Bullard, Nicola/Sachs, Wolfgang/Shiva, Vandana u. a.: Die Umwelt in der Globalisierungsfalle. Hamburg

Buse, Uwe, 2007: Streit im globalen Hühnerhof. In: Der Spiegel, 17.9.

Candeias, Mario, 2004: Neoliberalismus – Hochtechnologie – Hegemonie. Grundrisse einer transnationalen kapitalistischen Produktions- und Lebensweise. Hamburg

Castells, Manuel, 2001: Der Aufstieg der Netzwerkgesellschaft. Das Informationszeitalter I. Opladen

Chesnais, François, 2004: Das finanzdominierte Enteignungsregime. In: Zeller, Christian (Hrsg.): Die globale Enteignungsökonomie. Münster

Clement, Wolfgang, 2000: Durch innovative Politik zu gerechter Teilhabe. www.spd.de/events/grundwerte/clement.html

Chrapa, Michael/Dellheim, Judith, 2003: Akteure. In: Klein, Dieter (Hrsg.): Leben statt gelebt zu werden. Selbstbestimmung und soziale Sicherheit. Berlin

Christensen/Kapoor, 2005: Tax Avoidance. Tax Competition and Globalisation making tax justice a focus for global activism. In: Accountancy Business and the Public Interest. Vol. 3 No. 2. London

Dellheim, Judith/Teune, Simon/Trunschke, Andreas, 2007: Ziehen wir an einem Strang! Gewerkschaften, soziale Bewegungen, Nichtregierungsorganisationen, Parteien. Schkeuditz

Detje, Richard/König, Otto, 2007: Leipziger Signal: IG Metall im Aufwind. In: Sozialismus, Heft 12

Detje, Richard, 2008: Verliehen und verkauft. In: Sozialismus, Heft 1

Dieckmann, Friedrich, 2008: Erde und All. Weltbild und planetare Gesellschaft. In: Bahr, Egon (Hrsg.), 2008: Weltgesellschaft. Ein Projekt von links! Berlin

DIE LINKE Bremen, Wahlprogramm 2007. Bremen

Dörre, Klaus, 2002: Rückkehr zum Taylorismus oder neues Produktionsmodell In: sow 123

Edenhofer, Ottmar, 2006: Warum der Klimawandel ein moralisches und ökonomisches Problem ist. Potsdam

Eißel, Dieter, 2005: Armut und Reichtum in Deutschland. Präsentation auf der Tagung «Reichtum und Macht». 11.–13. Nov. in Berlin

Elias, Norbert, 1968: Über den Prozess der Zivilisation. Frankfurt am Main

Engartner, Tim, 2006: Das Elend der britischen Bahn. In: Blätter für deutsche und internationale Politik, Heft 12

Engelhardt, Marc/Steigenberger, Markus, 2003: Umwelt in der Globalisierungsfalle. In: Bello, Walden u. a.: Die Umwelt in der Globalisierungsfalle. Hamburg

Enquete-Kommission: «Chancen und Risiken der Gentechnologie». BT-DS 10/6775, 1990, Bonn

Eppler, Erhard, 2005: Auslaufmodell Staat? Frankfurt am Main

Europäische Kommission, 2000: Vorschlag für eine Richtlinie des Europäischen Parlaments und des Rates über die Tätigkeiten von Einrichtungen zur betrieblichen Altersversorgung. Brüssel, 11. Oktober; KOM (2000) 507 endg.

Faux, Jeff, 2003: A Global Strategy for Labour. In: Fisher, William/Ponniah, Thomas: Another World is Possible. NewYork

Fischbach, Rainer: 2005: Mythos Netz: Kommunikation jenseits von Raum und Zeit. Zürich

Flannery, Tim, 2006: Daten aus Luftbläschen. In: DerTagesspiegel, 20.9.

Friedrich-Ebert-Stiftung, 2006:Gesellschaft im Reformprozess.Berlin

Fritz, Thomas, 2003: GATS: Die Dienstleistungsverhandlungen in derWTO. Sachstand, Probleme, Alternativen. Berlin

George, Susan, 2002:WTO: Demokratie und Drakula. Hamburg

Giddens, Antony, 1988: Die Konstitution der Gesellschaft. Frankfurt am Main/NewYork

Gillen, Gabriele, 2004: Hartz IV. Eine Abrechnung. Reinbek bei Hamburg

Global Marshall Plan Initiative (Hrsg.), 2005: Impulse für eine Welt in Balance. Hamburg

Grundsatzprogramm-Kommission der CDU Deutschlands, 2007: Grundsätze für Deutschland. Berlin

Habermann, Friedrike, 2007: Umsonstökonomie. In: Brand, Ulrich/Lösch, Bettina/Thimmel, Stefan (Hrsg.): ABC der Alternativen. Hamburg

Habermas, Jürgen, 2006:Was den Intellektuellen auszeichnet: In: Blätter für deutsche und internationale Politik Nr. 5

Hans-Böckler-Stiftung, 2006: Wo nur die Rendite zählt. In: Böcklerimpuls 12

Hans-Böckler-Stiftung, 2007: Atypische Beschäftigung – Flexibilisierung und soziale Risiken (DGB einblick 15/07)

Hardt, Michael/ Negri, Antonio: Empire. Die neue Weltordnung. Frankfurt/Main / NewYork

Harvey, David, 2003: Der «neue» Imperialismus: Akkumulation durch Enteignung. In: Supplement der Zeitschrift Sozialismus Nr. 5

Harwig, H./Hornig, G./Kopp, A./Otto, A./Schinke, M./Span, R., 2005: Eine vorläufige Bilanz des Golfkrieges. Aus: www.uni-muenster.de/peaCon/wuf/wf-91/911030 m.htm

Hauchler, Ingomar, 2008: Politikversagen angesichts globaler Herausforderungen. In: Bahr, Egon (Hersg.): Weltgesellschaft. Ein Projekt von links! Berlin

Haug, Wolfgang Fritz, 1999: Politisch richtig oder Richtig politisch. Linke Politik im transnationalen High-Tech-Kapitalismus. Hamburg

Haug, Wolfgang Fritz, 2003: High-Tech-Kapitalismus. Analysen zu Produktionsweise, Arbeit, Sexualität, Krieg und Hegemonie. Hamburg

Haug, Wolfgang Fritz, 2003 a: Zur Dialektik des Antikapitalismus. In: Argument 269

Hegel, Georg Friedrich Wilhelm, 1963: Wissenschaft und Logik. Leipzig

Heintze, Cornelia, 2005: Wohlfahrtsstaat als Standortvorteil. Deutschlands Reformirrweg im Lichte des skandinavischen Erfolgsmodells. Schkeuditz

Hilferding, Rudolf, 1947: Das Finanzkapital. Eine Studie über die jüngste Entwicklung des Kapitalismus. Berlin

Hirsch, Joachim, 1995: Der nationale Wettbewerbsstaat. Staat, Demokratie und Politik im globalen Kapitalismus. Berlin

Hirsch, Joachim, 2005: Materialistische Staatstheorie. Transformationsprozesse des kapitalistischen Staatensystems. Hamburg

Hobsbawm, John, 1994: Das Zeitalter der Extreme. München/Wien

Hoering, Uwe, 2001: Privatisierung im Wassersektor. WEED: Arbeitspapier, November. Bonn

Hoering, Uwe, 2007: Vorsicht: Weltbank. Armut, Klimawandel, Menschenrechtsverletzungen. Hamburg

Hombach, Bodo, 1998: Aufbruch. Die Politik der neuen Mitte. München

Huffschmid, Jörg, 2002: Politische Ökonomie der Finanzmärkte. Hamburg

Huffschmid, Jörg (Koordinator), 2004: Die Privatisierung der Welt. Hintergründe, Folgen, Gegenstrategien. Hamburg

Huffschmid, Jörg, 2008: Die Rückkehr des Staates. In: Blätter für deutsche und internationale Politik, 11´08

Huws, Ursula, 2002: Die Produktion eines Kybertariats. Die Wirklichkeit virtueller Arbeit. In: Das Argument 248

IMF, 2008: Data and Statistics, www.imf.org/external/np/sta/iv/sgr/eng/cursgp.htm

Jean, Francois/Rufin, Jean-Christophe (Hrsg.), 1999: Ökonomie der Bürgerkriege. Hamburg

Jessop, Bob, 2006: Kapitalistischer Staatstyp und autoritärer Etatismus. In: Bretthauer, Lars/Gallas, Alexander/Kannankulam, John/Stützle, Ingo: Poulantzas lesen. Zur Aktualität marxistischer Staatstheorie. Hamburg

Joyce, Michael, Bradley Foundation, 2007: http://exi.ru/118/thinktanks.php. Zitiert nach: Plehwe/Walpen: Neoliberale Denkkollektive und ihr Denkstil. In: Arrighi, Giovanni: Kapitalismus reloaded. Hamburg

Keynes, John Maynard, 1929: The End of Laissez-faire. Leipzig

Keynes, John Maynard, 1926: Das Ende des Laissez-Faire. Ideen zur Verbindung von Privat- und Gemeinwirtschaft. Leipzig/München

Klein, Dieter, 2002: Demokratischer Sozialismus als transformatorisches Projekt. In: Brie, Michael/ Chrapa, Michael/ Klein, Dieter: Sozialismus als Tagesaufgabe. Berlin

Klein, Dieter (Hrsg.), 2003: Leben statt gelebt zu werden. Selbstbestimmung und soziale Sicherheit. Berlin

Klein, Dieter, 2006: Milliardäre - Kassenleere. Rätselhafter Verbleib des anschwellenden Reichtums. Berlin

Klein, Dieter, 2007: Einstiegsprojekte. In: Brand, U./Lösch, B./Thimmel, St. (Hrsg.) In: ABC der Alternativen. Hamburg

Klein, Naomi, 2007: Die Schock-Strategie. Der Aufstieg des Katastrophenkapitalismus. Frankfurt am Main

Köhler, Horst, 2005: Die Ordnung der Freiheit. Rede beim Arbeitgeberforum «Wirtschaft und Gesellschaft» am 15.3.2005. Berlin In: www.bundespraesident.de

Kommission für Umwelt und Entwicklung, 1988: Unsere gemeinsame Zukunft. Bericht der Weltkommission für Umwelt und Entwicklung. Berlin

Krysmanski, Hans Jürgen, 2004: Hirten Et Wölfe. Wie Geld- und Machteliten sich die Welt aneignen oder Einladung zum Power Structure Research. Münster

Kunze, Karen/Buckel, Simone, 2007: Aneignung: In: Brand, Urlich/Lösch, Bettina/Thimmel, Stefan (Hrsg.): ABC der Alternativen, Hamburg

Kurbjuweit, Dirk, 2008: Zeit der Krokodile. In: Der Spiegel. 6.10.2008

Le Billon, Philippe, 1999: Risiko Ressourcenreichtum. In Jean, François/Rufin, Jean-Christophe: Ökonomie der Bürgerkriege. Hamburg

Lederer, Klaus, 2006: Öffentliches Eigentum und die Handlungsfähigkeit von Politik. Erfahrungsbericht mit Thesen auf der Tagung der Dresdner Fraktion Linkspartei/ PDS am 3./4.April

Lemke, Thomas, 2007: Das neue Gesicht des Kapitalismus. Sunder Rajans Analyse der «Bioökonomie». In: Freitag vom 5.10.

Lenin, Wladimir Iljitsch: Der Imperialismus als höchstes Stadium des Kapitalismus. In: Werke, Bd. 22

Lenin, Wladimir, Iljitsch: Die große Initiative. In: Werke, Bd. 29

Lieber, Christoph, 2007: Gouvernementalität und Neoliberalismus bei Frocault. Zur «Agenda und Non-Agenda» des bürgerlichen Staates. In: Arrighi, Giovanni: Kapitalismus reloaded, Empire und Hegemonie. Hamburg

Liepietz, Alain, 2006: Die goße Transformation des 21. Jahrhunderts. Ein Entwurf der politischen Ökologie. Münster

Luxemburg, Rosa: Zurück auf Adam Smith. In: Gesammelte Werke, Bd. 1.1. Berlin

Marx, Karl: Grundrisse der Kritik der politischen Ökonomie. In: MEW, Bd.42. Berlin

Marx, Karl: Das Elend der Philosophie. In: MEW, Bd.4. Berlin

Marx, Karl: Das Kapital Bd. I. In: MEW, Bd. 23. Berlin

Marx, Karl: Theorien über den Mehrwert. Zweiter Teil. In: MEW, Bd. 26.2. Berlin

Marx, Karl: Das Kapital, Band III. In: MEW, Bd. 25. Berlin

Marx, Karl: Ökonomisch-philosophische Manuskripte aus dem Jahr 1844. In: MEW, Bd. 40. Berlin

Marx, Karl/ Engels, Friedrich: Manifest der Kommunistischen Partei. In: MEW, Bd.4. Berlin

Meadows, Donella H./Meadows, Dennis L./Randers, Jørgen, 1972: Die Grenzen des Wachstums. Stuttgart

Merrill, Lynch/Capgemini, 2004: World Wealth Report 2004

Merrill, Lynch/Capgemini, 2007: World Wealth Report 2007

Miegel, Meinhard, 2005: Epochenwende. Gewinnt der Westen die Zukunft? Berlin

Milanović, Branko, 2003: True World Income Distribution, 1988 and 1993: First Calculation Based on Household Surveys Alone. In: Economic Journal 112

Mocek, Reinhard, 2008: Technologiepolitik und kritische Vernunft. Wie geht die Linke mit den neuen Technologien um? Manuskripte 79 der Rosa-Luxemburg-Stiftung. Berlin

Münkler, Herfried, 2003: Die neuen Kriege. Reinbek bei Hamburg

Neugebauer, Gero, 2007: Politische Milieus in Deutschland. Die Studie der Friedrich-Ebert-Stiftung. Bonn

Noë, Klaus, 2008: Im Klimawandel – Teilen lernen oder scheitern. In: Bahr, Egon (Hrsg.): Weltgesellschaft: Ein Projekt von links! Berlin

Nollmann, Gerd/Strasser, Hermann, 2002: Armut und Reichtum in Deutschland. In: Aus Politik und Zeitgeschichte. Bd. 29-30

Norberg-Hodge, Helena, 2003: Den Traum von der Entwicklung platzen lassen. In: Bello, Walden u. a., Die Umwelt in der Globalisierungsfalle. Hamburg

OECD, June 2002: Financial Market Trends, No. 82

Peter, Lothar, 2007: Wissenschaftliche Anatomie und gesellschaftliche Parteilichkeit. Pierre Bourdieu als engagierter Intellektueller. In: Böhlke, Effi/ Rilling, Rainer: Bourdieu und die Linke. Politik - Ökonomie - Kultur. Berlin

Pinto, Louis, 2007: Was heißt es, linker Intellektueller zu sein? Reflexionen apropo Pierre Bourdieu. In: Böhlke, Effi/ Rilling, Rainer: Bourdieu und die Linke. Politik - Ökonomie - Kultur. Berlin

Plehwe, Dieter/Walpen, Bernhard, 2000: Projektgruppe «Buena Vista Neoliberal». Neoliberale Wahrheitspolitik: Neo- bzw. rechtsliberale Intellektuellen- und Think-Tank-Netzwerke als Säulen einer hegemonialen Konstellation. www.rosalux.de

Poulantzas, Nicos, 1977: Staatstheorie, Politischer Überbau, Ideologie, Autoritärer Etatismus. Hamburg

Rajan, Kauslik Sander, 2006: Biocapital. The Constitution of Postgenomic Life ...

Rifkin, Jeremy, 2000: Access. Das Verschwinden des Eigentums. Frankfurt am Main/New York

Rifkin, Jeremy, 2006: Wasserstoff kann den Planeten retten. In: Der Tagesspiegel, 20.9.

Rilling, Rainer, 2002: «American Empire» als Wille und Vorstellung. Die neue große Strategie der Regierung Bush. rls Standpunkte Nr. 9

Rilling, Rainer, 2007: Intellektuelle. Der Bourdieu der Linken. In: Böhlke, Effi/Rilling, Rainer (Hrsg.): Bourdieu und die Linke. Politik – Ökonomie – Kultur. Berlin

Rilling, Rainer, 2006: Imperialität. Unveröffentlichtes Manuskript. Berlin

Rilling, Rainer, 2007: Imperialität. US-amerikanische Diskurse seit 9/11. In: Brie, Michael (Hrsg.): Schöne neue Demokratie. Elemente totaler Herrschaft. Berlin

Rilling, Rainer, 2008: http://www.linksnet.de/lingslog/index.phg?itemid=688

Sachs, Jeffrey, 2005: Das Ende der Armut. München

Schäfer, Klaus, 2006: Der Niedriglohn in der Verteilungsfalle. In: Sterkel, Gabriele u.a.: Mindestlöhne gegen Lohndumping. Hamburg

Schäfers, Bernhard/Zapf, Wolfgang, 1998: Handbuch zur Gesellschaft Deutschlands. Bonn

Scheer, Hermann, 2005: Energieautonomie. Eine neue Politik für erneuerbare Energien. München

Schellnhuber, Hans Joachim, 2006: Verantwortung, Erneuerung, Partnerschaft. In: Der Tagesspiegel, 20.9.

Schellnhuber, Hans Joachim, 2007: Weltweites «Manhattan-Projekt» gegen Klimawandel. www.heise.de/tr/weltweites-manhattan-projekt-gegen-klimawandel ...

Schmidt, Ingo (Hrsg.), 2008: Spielarten des Neoliberalismus. Hamburg

Schumann, Harald/Grefe, Christiane, 2008: Der globale Countdown. Gerechtigkeit oder Selbstzerstörung. Köln

Schumpeter, Joseph A., 1987: Kapitalismus, Sozialismus und Demokratie. Tübingen

Senghaas, Dieter, 1997: Friedenmachen. Frankfurt am Main

Sennett, Richard 1998: Der flexible Mensch. Die Kultur des neuen Kapitalismus. Berlin

Sekretariat der Klimakonvention, 2004: Cf. FCCC/CPI 2004/INF.2 vom 19. Oktober

Soros, George, 1998: Die Krise des globalen Kapitalismus. Offene Gesellschaft in Gefahr. Berlin

Spangenberg, Joachim H., 2005: Die ökonomische Nachhaltigkeit der Wirtschaft. Theorie, Kriterien und Indikatoren. Berlin

Spehr, Christoph, 2006: Lange Haare, keine Kinder. Feminismus und weibliche Autonomie heute - Folgerungen für den Programmprozess. Programmkonvent Linkspartei/PDS. Hannover 30. 9.

Stern, Nicholas, 2006: The Stern-Review: The Economics of Climate Change. Cambridge MA

Stiglitz, Joseph, 2003: Die goldenen Neunziger. In: Lettre international 44/Frühjahr

Umweltbundesamt (Brackemann, Holger u. a.), 2000: Liberalisierung der deutschen Wasserversorgung. Berlin

Stiglitz, Joseph/ Bilmes, Linda, 2008: Die wahren Kosten des Krieges. Wirtschaftliche und politische Folgen des Irak-Konflikts. München

UNCTAD/Konferenz der Vereinten Nationen für Handel und Entwicklung, 2001: World Investment Report 2000. New York/Genf

UNDP, 2003: Bericht über die menschliche Entwicklung 2003. Berlin

UNDP, 2006: Weltentwicklungsbericht 2006. Chancengleichheit und Entwicklung. Berlin

UNDP: 2008: Bericht über die menschliche Entwicklung 2007/2008. Berlin

UNO, 2005: Weltsozialbericht 2005. Das Schicksal der Ungleichheit. 2005. Berlin

Vester, Michael, 2005: Der Mythos des individualistischen Wählers. Soziale Milieus und gesellschaftliche Lager. In: Vorgänge 171/172, Sept./Dez.
Veth, Silke, 2003: Doing the dirty work. The global politics of domestic labour in Porto Alegre, Januar. Manuskript. Berlin
ver.di, 2008: Genug gespart. Öffentliche Leistungen stärken. Berlin
Vester, Michael/Oertzen, Peter von/Geiling, Heiko u. a., 2001 (1993). Soziale Milieus im gesellschaftlichen Strukturwandel. Frankfurt am Main
Voigt, Sabine, 2000: Grüne Gentechnik. Lösung der humanitären Probleme im 21. Jahrhundert oder Verarmung für Umwelt und Menschheit Manuskript. Berlin
Wahl, Peter, 2008: Finanzmärkte als Entwicklungshemmnis. In: Aus Politik und Zeitgeschichte, Nr. 7, 11. Februar.
Wandel, Alexandra/Mittler, Daniel, 2003: Die WTO im Dienste der Konzerne – Beispiele und Alternativen. In: Bello, Walden u. a.: Die Umwelt in der Globalisierungsfalle. Hamburg
Wasserkolloquium (Hrsg.), 2008: Wasser. Die Kommerzialisierung eines öffentlichen Gutes. Berlin
Weber, Max, 1988: Gesammelte Aufsätze zur Wissenschaftslehre. Tübingen
Weber, Max, 1991: Die protestantische Ethik I. Gütersloh
Weltbank (Hrsg.), 2006: Weltentwicklungsbericht. Berlin
Welzer, Harald, 2008: Klimakriege. Wofür im 21. Jahrhundert getötet wird. Frankfurt/M.
Werner, Klaus/Weiss, Hans, 2001: Schwarzbuch Markenfirmen. Die Machenschaften der Weltkonzerne. Wien/ Frankfurt am Main
Wichterich, Christa, 1998: Die globalisierte Frau. Beichte aus der Zukunft der Unsicherheit. Reinbek bei Hamburg
WIndolf, Paul, 2003: Das Regime des Finanzmarkt-Kapitalismus. www.axel-troost.de/article/417. das_regime_des_finanzmarkt...
Windolf, Paul, 2005: Was ist Finanzmarkt-Kapitalismus.
www.uni-trier.de/uni/fb4/soziologie/apo/Was ist Finanzmarkt-Kapitalismus.pdf # search «Finanzmarkt-Kapitalismus»
World Institute for Development Economics Research der UN-University, 2007: Globale Verteilung der Vermögenswerte. In: www.wider.uni.edu/research/2006-2007/2006-2007-1/wider-wdhw-couch-5-12-2006/ wider-wdhw-press-release-5-12-2006.htm
Zeller, Christian (Hrsg.), 2004: Die globale Enteignungsökonomie. Münster
Ziegler, Jean, 2005: Das Imperium der Schande. Der Kampf gegen Armut und Unterdrückung. München.